POSITIVE DISCIPLINE
in the Montessori Classroom

蒙台梭利教室里的
正面管教

营造具备良好社会-情感氛围的班级环境

[美] 简·尼尔森 奇普·德洛伦佐 ◉ 著
胡海霞 ◉ 译

北京联合出版公司
Beijing United Publishing Co.,Ltd.

图书在版编目（CIP）数据

蒙台梭利教室里的正面管教 /（美）简·尼尔森，（美）奇普·德洛伦佐著；胡海霞译 . — 北京：北京联合出版公司 , 2024.6

ISBN 978-7-5596-7525-5

Ⅰ . ①蒙⋯ Ⅱ . ①简⋯ ②奇⋯ ③胡⋯ Ⅲ . ①家庭教育 – 通俗读物 Ⅳ . ① G78-49

中国国家版本馆 CIP 数据核字 (2024) 第 062520 号

Positive Discipline in the Montessori Classroom
by Jane Nelsen and Chip DeLorenzo
Copyright © 2021 by Jane Nelsen and Chip DeLorenzo
This edition arranged with Montessori Services
Simplified Chinese edition copyright©2024 by Beijing Tianlue Books Co.,Ltd.
All rights reserved.

蒙台梭利教室里的正面管教

作　　者：	[美]简·尼尔森　奇普·德洛伦佐
译　　者：	胡海霞
出品人：	赵红仕
选题策划：	北京天略图书有限公司
责任编辑：	周　杨
特约编辑：	高锦鑫
责任校对：	钱凯悦
装帧设计：	刘晓红

北京联合出版公司出版
(北京市西城区德外大街 83 号楼 9 层　100088)
北京联合天畅文化传播公司发行
水印书香（唐山）印刷有限公司印刷　新华书店经销
字数 254 千字　889 毫米 ×1194 毫米　1/16　21.75 印张
2024 年 6 月第 1 版　2024 年 6 月第 1 次印刷
ISBN 978-7-5596-7525-5
定价：56.00 元

版权所有，侵权必究
未经书面许可，不得以任何方式转载、复制、翻印本书部分或全部内容。
本书若有质量问题，请与本公司图书销售中心联系调换。
电话：010-65868687　010-64258472-800

蒙台梭利的读者已经成为我的北极星。与蒙台梭利教育者分享正面管教是如此鼓舞人心，不需要说服，他们就相信应该以尊严和尊重对待孩子。

——简

谨以本书献给我的导师玛格丽特·里克斯（Margaret Ricks）和乔·基根（Joe Keegan）。每个人都需要导师和引领者，而我有最好的。

——奇普

正面管教是一种切实可行的、整体性的、非惩罚性的方法，是对蒙台梭利教育理念核心原则的补充。本书是蒙台梭利教育者和蒙台梭利家庭必不可少的工具，它还提供了一个变革型框架，通过实现大人和孩子之间稳定、积极、健康和尊重的互动，来支持蒙台梭利完备的环境和家庭环境。

——穆尼尔·斯夫杰（Munir Shivji）
美国蒙台梭利协会执行董事

本书满是切实可行的解决方案。它填补了很多蒙台梭利培训项目的重大空白，是亟需的资源。这是一本班级管理实用工具综合指南，可以帮助老师为处于第1-3发展阶段的孩子准备支持其积极的社会-情感发展的环境。蒙台梭利导师会高兴地发现，书中所有建议都与我们的培训不谋而合。本书中的方法、工具和案例表述清晰，引用的蒙台梭利名言恰如其分，案例引人共鸣，所有这些都让本书成为每一位蒙台梭利教育者必备的工具书。虽然本书是为蒙台梭利教师所写，但我认为，任何教育工作者或照料孩子的人都会发现它能很好地支持他们理解孩子以及与孩子打交道。我强烈推荐这本精彩绝伦的著作。

——詹妮法·优佐迪克（Junnifa Uzodike）
国际蒙台梭利协会执行委员会委员

奇普和简捕捉到了教师帮助学生的本质。他们从蒙台梭利视角勾勒出了正面管教的框架，并提供了很多真实且引人共鸣的课堂案例。每一所蒙台梭利学校、每一个教师教育项目，都应该将本书列为参考书。本书的每一章都通俗易读，每章结尾处都提出了一些好问题，让读者们可以继续展开讨论。

——贝丝·科埃（Betsy Coe）
伍兹学校（初高中）校长

本书通过所有真正的蒙台梭利学校都有的独特的混龄视角、以伙伴关系为导向的模式，审视了积极的班级领导力。它是对蒙台梭利教师教育项目所教技能的宝贵扩展，也是那些希望改善班级文化、增强与孩子及其家庭的关系并创建更和谐与平静的学习集体的经验丰富的蒙台梭利导师们的完美参考书。

——蒂姆·赛尔丁（Tim Seldin）

蒙台梭利基金会董事长

本书随处可见源自真实生活的蒙台梭利故事，有力地说明了有效地解决问题的过程。书中提供的主意并不仅仅是课堂管理的小技巧、小窍门，而是以蒙台梭利和阿德勒理论为基础、以促进尊重与合作为目标的基于人际关系的方法。该书的每一章都突出了蒙台梭利博士的名言，阐明了正面管教实践与蒙台梭利学说之间的紧密联系。书中不仅包含关于引导孩子成为最好的自己的既接地气又积极向上的建议，还将理论指导与实际应用直接联系起来，堪称一门小型蒙台梭利进修课程。

——特蕾莎·瑞波（Teresa Ripple）

圣凯瑟琳大学副教授

在本书中，奇普·德洛伦佐分享了他在蒙台梭利学校多年任教期间运用正面管教的真实经历和遇到的波折。书里到处都是案例和切实可行建议，对处于执教生涯各个阶段的老师都适用，还探讨了老师和父母在与各个年龄段的孩子日常互动过程中如何运用简·尼尔森著作中提到的方法。

——玛丽·贝斯·瑞克斯（Mary Beth Ricks）

鲍曼学校校长

这本书让我印象深刻的一点是，它太有用了。无论你是一位新手还是资深蒙台梭利教师，只要你希望创建一个人人都知道如何以尊严和尊重对待彼此的有凝聚力的集体，本书都是你的必读书。那些阅读本书中的概念并加以运用的老师，将会看到立竿见影的效果。

——朱迪·马尔泰尔（Jody Malterre）
蒙台梭利教师培训师、注册正面管教导师

本书是蒙台梭利老师和学校管理人员的必读书！奇普·德洛伦佐分享了他本人执教生涯中的故事，让这本书引人共鸣。玛利亚·蒙台梭利博士和阿尔弗雷德·阿德勒博士不仅是同时代的人，还有共同的愿景——一个更和平的世界。在本书中，奇普和简·尼尔森清楚地展示了这两位伟大先行者的理念的一致之处，并为读者提供了帮助孩子成为更有能力、更有同情心的问题解决者的方法。

——维珠·卡达姆比（Vyju Kadambi）
闪亮繁星蒙台梭利学院校长助理

本书向我展示了通过践行正面管教，一个人可以在认知、情感、精神、社交和身体方面成长多少。书中提到的方法不仅适用于孩子，也适用于成年人，他们可以获得一种发自内心的信念，来发展出更健康的人生。

——玛丽亚·阿古德罗（Maria Agudelo）
玛利亚蒙台梭利教育中心助教

本书包含了大量经过充分研究、现实、切实可行的建议，让我们可以用来创建一个缩小版的未来社区——一个人们的所做、所想、所说皆以尊重、事实和理解为基础的和谐班级。这本书是无价之宝！

——艾玛·王·辛格（Emma Wong Singh）
玛利亚蒙台梭利学校儿童之家主管

本书是一本极其详尽的指南，用一个个例子说明了蒙台梭利教师在教室里遇到的日常挑战。它提出了蒙台梭利教师们为了让学生能做出更好的行为而可以采取的积极的、正念的、反思性的技巧。本书将成为每一所蒙台梭利学校践行正面管教的实用指南！

——雅丁娜·巴斯卡兰（Athirai Baskaran）
儿童花园蒙台梭利学院校长
达拉斯蒙台梭利教师教育项目主任

在这本书中，奇普和简很务实地阐述了"如何做"，补充了我们作为蒙台梭利老师的"什么"和"为什么"。对于那些蒙台梭利学校和儿童之家的工作人员、儿童看护人员、父母和家庭教育工作者来说，本书都是一个不可或缺的工具。

——吉利安·柯克（Gillian Corke）
国际蒙台梭利协会培训助理

在本书中，简·尼尔森和奇普·德洛伦佐在运用真实的故事、概念和语言的同时，又忠于那些使正面管教享誉全球的研究。本书所述内容非常有效，对于那些致力于在教室中建立互相尊重的人际关系的老师来说，是一种优秀的资源。

——塔尼娅·L·瑞斯金德（Tanya L. Ryskind）
纽盖特学校校长

"纠正之前先连接"是一种很有帮助的方法，可以让我们思考那些行为挑战如何才能变成对学生和老师来说积极的事情。书中有很多从我们老师经常面对的班级故事中得出的工具。它重塑了我们的思维，让孩子、教师和家庭都成为赢家！

——南希·圣.约翰（Nancy St. John）
恩利学校儿童之家主讲老师

书中分享的正面管教工具在蒙台梭利环境中非常容易实施，同时仍然坚持了蒙台梭利原则，并且可以在家长教育活动中轻松讨论。简和奇普提供的信息可以帮助我们引导孩子解决冲突，培养独立解决问题的能力以及批判性思考的能力，鼓励好奇心，进而给班里和学校里带来凝聚力、奉献、合作以及社会-情感成长。最重要的是，理解不良行为背后的信念或原因这一正面管教工具，提供了一种鼓励的方式来让孩子产生归属感。正如简·尼尔森所说："当孩子感觉更好时，他们才能做得更好。"

——尤吉·巴特尔（Yogi Patel）
蒙台梭利幼儿园指导教师、正面管教导师和咨询师

本书是每一位老师的必读书，它提供了理解孩子的行为并怀着最大的尊重加以解决，进而增进老师与孩子之间关系的深刻见解。

——迪维娅·库鲁普（Divya Kurup）
马耳他蒙台梭利学校高年级班主任

课堂管理对于任何一位新老师来说可能都是最难学会的；它是许多教师培训项目中缺失的部分。简·尼尔森和奇普·德洛伦佐为处理每一间蒙台梭利教室可能会而且一定会出现的情

形撰写了权威手册。它的原则（比如"纠正之前先连接"）、提示（比如"经过试探的限制才是限制"是我最喜欢的！）和切实可行的建议（比如，保持"在场、温暖、静默"）都以真实场景作为支持，并未理想化蒙台梭利学生的行为，而且还涉及了自蒙台梭利时代以来的社会变化。每章都附上了一些有帮助的自我反思问题，促使读者深入挖掘，寻求一些情形的答案——这些情形往往是由大人引起的！正如简和奇普联手一样，正面管教和蒙台梭利的完美结合，就像花生酱果酱三明治，或者维吉麦配淡黄油土司一样！

——马克·鲍威尔（Mark Powell）

澳大利亚蒙台梭利教育服务主任

奇普的正面管教课程将带领你踏上一段增强对课堂文化感知的旅程。对我来说，我学到的最重要的内容是对课堂上发生的任何事情承担起自己的责任，然后继续前进。我愿意为我的学校里希望参加这门课程的任何人支付费用。它真的很好！

——卡特琳娜·沃尔曼（Katrina Woermann）

湖畔蒙台梭利学校校长

前言

我从事蒙台梭利教育已经有四十余年——担任过助教、幼儿园和小学低年级班主任、学校创始人、校长和蒙台梭利教师教育者。在阅读《蒙台梭利教室里的正面管教》的过程中，我发现自己会重新审视所有这些角色，更不用说我身为母亲和祖母的角色了。从这本书的每一页里，我都能体验到灵感的闪现以及人生的回放。我看到了我自己、我所在学校的老师、助教、父母，以及我教过的实习生多年来对孩子的行为做出了那么多错误的和误导性的反应（以及一些成功的反应）。要是我们能在蒙台梭利之旅开始时拥有这本书，那该多好啊！我毫不怀疑很多这样的错误仍然会发生，但这本书中的智慧会帮助我和其他人认识自己并重新给自己定位，更重要的是，帮助我们更快地走出自我怀疑和不确定的阴影。

我在我的学校和教师教育课上使用简·尼尔森的《正面管教》系列图书已经很多年了，但是，简和奇普·德洛伦佐在本书中开创性地将正面管教和蒙台梭利的教育理念结合了起来。两位作者在阿尔弗雷德·阿德勒和鲁道夫·德雷克斯（正面管教的祖师）与玛利亚·蒙台梭利的著作和哲学之间建立了令人神往的历史联系。现在，正面管教已经被解释并融入到蒙台梭利语境中，教育工作者们应用起来将变得容易多了。

多年来，随着收集的关于孩子的社会-情感需求的研究和资源越来越多，我们的课堂领导力和学校培训手册变得越来越厚。这本书在准备环境的心理、社会、情感和精神方面，可以轻松取代所有这些资源。作者将所有这些内容交织在一起，证明并强化了蒙台梭利的思想。这本书将成为教师教育的重要内容，并且将补充甚至取代学校培训手册的主要部分。

《蒙台梭利教室里的正面管教》为老师复杂的内在转变提供了支持。从控制孩子的立场转向观察、引导和支持孩子的立场，是具有挑战性的，即使在知道并相信这样做是正确的情况下。本书提出问题并提供了证据，帮助我们认识到我们自身改变的障碍所在。更重要的是，它提供了工具和实用建议，指引我们向新方向前进。每位老师都会遇到自己反应糟糕，或者根本不知道如何以有效、尊重的方式进行下去的时候。他们将在这本书中找到支持、答案和明确的指导。如果我还在教书，我会把这本书放在床边，以备那些我苦苦思索接下来该如何处理某个孩子或某种情况的不眠之夜。

多年来，我一直主张和平教育不仅仅是通过"和平桌"和"和平玫瑰"来解决冲突。它始于发展自我意识、社会意识和文化意识这些让一个人能够解决与他人冲突的技能。《蒙台梭利教室里的正面管教》很好地阐释了这些技能，因此它将成为我们教师培训中和平教育部分的基础，还可以补充反偏见和文化意识的元素，这些是我们目前正以全新的视角面对的东西。

我很感谢简和奇普写了这本书，并分享他们自己的个人故事。他们还分享了许多与孩子相处的真实经历，我想我们都能产生共鸣。两位作者针对不同年龄段的不同情形详细介绍了恰当而且有效的处理方法，因此，无论读者是与学步期的孩子还是十几岁的孩子（或介于两者之间）打交道，他们都能在这里找到丰富而且密切相关的材料。每一章末尾的问题讨论都激发思考，而且能轻松转化为场景和反思，从而使教学更积极，更引人入胜。

阅读《蒙台梭利教室里的正面管教》真的是一种赏心乐事。虽然我相信很有必要从头到尾阅读本书，以便将这些概念完全融入自己的实践，但我能预见到，很多读者会在许多章节上折个角，并在富有挑战的新情形出现时再回过头来阅读这些章节。简和奇普给我们提供了所有蒙台梭利人都可以遵循的清晰、现代、实用的路线图，让每个孩子都得到尊严和尊重。

玛丽·施耐德（Mary Schneider）
执行主任
西北太平洋蒙台梭利教育学院
华盛顿州博特尔市
2021年3月

引 言

简的故事

正面管教源自奥地利心理学家阿尔弗雷德·阿德勒的哲学、心理学及其最基本的原则——以尊严和尊重对待每一个人，包括孩子。阿德勒去世后，他的奥地利同胞鲁道夫·德雷克斯[①]接过火炬，致力于与父母和老师们分享这一思想体系。

幸运的是，我就是那些父母中的一员。当我知道的方法只有要么专制（使用惩罚和奖励）要么娇纵时，我并不喜欢养育孩子。我在这两种方法之间摇摆不定，有时过于"坚定"，直到我讨厌那个"刻薄"的自己，然后我又会过于和善，直到我讨厌我的那几个"被宠坏"的孩子。为了寻求帮助，我去了一所大学学习儿童发展课程。我的教授说："我不会教给你们一大堆理论，而是只教给你们一个理论，这个理论包括一些帮助孩子们培养自律、责任感、合作和解决问题技能的方法。"这在

[①] 阿尔弗雷德·阿德勒（Alfred Adler，1870~1937），个体心理学的创始人，人本主义心理学的先驱，现代自我心理学之父。鲁道夫·德雷克斯（Rudolf Dreikurs，1897~1972），著名心理学家、精神科医生、教育家。——译者注

我听来大有希望。然而，我不得不承认，我当时是一个我现在会称之为"讨厌鬼"的学生。我通过发表评论和反对意见纠缠教授："我就被惩罚过，但我现在挺好。""如果我不惩罚我的孩子，那不就意味着让他们的不良行为逃避惩罚吗？"

摒弃旧信念和行为并不容易。但我还是尝试了老师教给我们的很多"养育工具"，例如，召开家庭会议来表达感激以及专注于问题的解决方法；处理行为背后的信念；帮助我的孩子体验归属感和价值感；拥抱错误是学习的机会的理念，而不是苛责自己（或者我们的孩子）。我开始享受当母亲的乐趣——而且我想把自己学到的东西分享给别人。

我继续着自己的学业。在度过了11年并且生育了5个孩子之后，我获得了儿童发展和家庭关系学士学位。在攻读咨询与指导硕士学位期间，我的第6个孩子出生了。我的论文是关于将阿德勒／德雷克斯的方法运用于那些在情绪和身体方面与一般孩子不同的孩子身上的。很多这些孩子的父母会因为觉得对不起孩子而过于娇纵孩子。当用和善而坚定的态度对待孩子时，他们惊喜地发现孩子们的行为有了改善。

后来，我找了一份小学辅导员的工作，并且有机会指导一个名为"ACCEPT"①的旨在为父母和老师开发一个计划的Title IV-C项目。该项目包括资助一位专业评估员设计一个系统，来找出两所实验学校（使用阿德勒的工具）和一所对照学校（不使用阿德勒的工具）的统计结果。我们的结果是显著的，P值小于0.001。我虽然不懂统计学，但我被告知这个结果非常好。由于这个机会似乎非常适合做博士论文的研究课题，所以，在我

---

①ACCEPT, Adlerian Counseling Concepts for Encouraging Parents and Teachers 的首字母缩写。——作者注

的第7个孩子10个月大的时候，我报名了旧金山大学的一个博士课程。我是否提过我有一个非常支持我的丈夫？

在此期间，我一直在实践并且传播我学到的方法。我先在一些小型养育小组分享这些方法，然后在家长参与型幼儿园（也叫家校合作幼儿园）和蒙台梭利学校举办讲座。蒙台梭利父母和老师成为我最喜欢合作的群体，因为不需要我说服，他们就能接受我所教的方法。后来，随着我对蒙台梭利教育有了更深入的了解，并且发现蒙台梭利和阿德勒理论有如此紧密的联系，我明白了原因。两者之间唯一的区别在于，蒙台梭利侧重于带着尊严和尊重"跟随孩子"的教育模式，而阿德勒和德雷克斯则侧重于行为以及使用基于尊严和尊重的"管教"方法。

1981年，我撰写了我的第一本书——《正面管教》，来体现以阿德勒和德雷克斯的学说为基础的很多具体"如何做"的工具。这本书包括了很多运用这些工具的父母和老师的真实案例。40年后，"正面管教"系列已售出300多万册，并被翻译成16种语言。《正面管教》在那么多国家和那么多语言文化中广受欢迎，这真的让我既惊喜又开心。我认为造成这一现象的原因有5个：

1. 基本原则具有普遍性。每个人都希望得到尊严和尊重的对待。
2. 尽管世界各地的人们存在很多文化差异，但也有很多相似之处——尤其在涉及孩子方面。我和世界各地的父母和老师合作。当我问他们面临哪些挑战，以及他们对孩子有什么期望时，他们的答案几乎都是一样的。
3. 我们提供实用的"工具"。我们没有过多关注大人不应该做什么（虽然我们也分享一些），而是分享很多"做什么和如何做"的内容。

4. 我们的教学是体验式的。(这可能是最重要的。)当父母和老师在体验式活动中角色扮演孩子时，他们会体验到一个孩子在自己所受到的管教基础上可能产生的想法、感受以及决定——而且他们能够通过自己的经历并且用自己的语言来学习。
5. 这一点也许是最重要的。数百位父母和老师与我分享过正面管教工具和原则给他们的生活带来了多么大的改变。

我很荣幸能到这么多国家分享正面管教，而且看到这一成果在全世界的蒙台梭利学校实施，更让我感到万分荣耀。很多在教室里用过正面管教的蒙台梭利老师现在正在向其他蒙台梭利老师和父母教授这些原则。我非常尊重这些蒙台梭利教育者。

我第一次见到奇普·德洛伦佐——这些蒙台梭利教育者中的一位——是在1997年，当时他到我位于加利福尼亚州萨克拉门托县的办公室参加一个工作坊。我们保持着联系，并且最终开始为各种蒙台梭利刊物共同撰写关于正面管教的文章。2015年，在一次正面管教大会上，我们萌生了写作本书的想法。我们那时的目标是（现在也是）阐明正面管教和蒙台梭利之间的深层联系，并且帮助老师创建班级社区（classroom communities），让孩子和大人能够在这样一个尊严和尊重的氛围中茁壮成长。

奇普的故事

1996年秋，我在加利福尼亚州帕洛阿尔托一所儿童国际学校（现为鲍曼学校）的小学低年级教室开始了我作为蒙台梭利老师的旅程。那时，我刚结束了小学部的第一个暑期培训并且将在学校校长兼高年级班主任玛格丽特·里克斯（Margaret Ricks）的指导下担任实习教师。我们计划在我的能力提高后，由我逐渐接管这间教室，这样玛格丽特就可以专注于学校的行政事务。

和大多数蒙台梭利新老师一样，我怀着极大的热情和对未来的希望走进了我的第一间教室，相信我可以通过一个又一个孩子来推动世界和平事业，当然，我还抱着一大摞蒙台梭利小学课程的讲义。然而，像很多人一样，我的希望和热情很快就破灭了，因为我似乎没有能力处理教室里常见的行为问题。

他叫马克斯，身高一米二左右。第一年教书教到一半，我就确信他是被派来惩罚我年少时对老师的冒犯的。他粗鲁无礼、狂妄自大、心不在焉、缺乏条理而且爱搞破坏。他还有一种特权感——特权感在过去二十年已成为常态而不再是例外。还有一点值得一提，那就是马克斯在我的小班里还有一帮支持者。

这超出了我的能力范围。每当玛格丽特在教室里给孩子们上课时，她似乎有一种"魔法粉"，可以让孩子们倾听她，尊重她，并且满怀热情地做作业。我不知道她从哪里弄来的这种"魔法粉"，但我知道当她离开教室时并没有把它留下来。她一离开，马克斯和其他孩子就开始不再专注，扰乱课堂和圆圈秩序，破坏基本规则，而且不尊重彼此也不尊重我。

几个月后，马克斯让我彻底失去了耐心！在每天的户外玩游戏时间，班里的孩子们都会努力磨练自己的体育精神。有一天，马克斯对我发了脾气，因为他不同意我作为裁判所做的裁决。我要求他坐着直到这一轮结束，这是我的规则。马克斯并没有坐下来。接着对我吐出一连串脏话。

我简直无法相信。我感到既震惊又愤怒。他竟然咒骂我？！

怎么能这样跟老师讲话！我请另一位老师照看孩子们，而我把马克斯带到办公室去见玛格丽特。我不知道马克斯会发生什么事，但我知道肯定不会是好事。也许他会被停学或开除？

好吧，这两件事都没有发生。很幸运，我有一位和善而坚定的校长，她既关心我作为教师的职业发展，也是一个很好的倾听者。玛格丽特与马克斯和我一起努力为操场上发生的问题找到了解决方法。然后，玛格丽特又私下和我谈了谈。我们这场谈话非常治愈，也非常有建设性。我向玛格丽特敞开心扉，她则关切地倾听着。我对无法维护教室里的平静和秩序表示沮丧。我知道自己也有问题。我见过玛格丽特在教室里时孩子们的表现。我很灰心，因为我不知道该做什么或者该如何改变。

当我说完后，玛格丽特给了我一些鼓励。她表示相信我的能力，并建议我去读一读简·尼尔森的一本关于正面管教的书。鉴于我正处在行为问题的"谷底"，我立刻接受了她的建议。那天晚上，我在巴诺书店[1]购买了《正面管教教师指南A-Z》。我如饥似渴地读完了这本书，而且没多久就参加了"教室里的正面管教"工作坊。

让我欣慰的是，我发现玛格丽特在执教多年后自然而然做的事情既不独特也不神秘。正面管教所信奉的阿德勒的原则已经被蒙台梭利学校（包括AMI[2]和AMS[3]）使用了几十年。我发现了玛格丽特的"魔法粉"。

在开启我的正面管教之旅时，我遇到了一位注册正面管

---

[1] 美国最大的实体书店。——译者注

[2] AMI，国际蒙台梭利协会（Association Montessori Internationale）的简称。——译者注

[3] AMS，蒙台梭利培训组织（American Montessori Society）的简称。——译者注

教导师，她给了我很大的启发。作为一名班主任，她非常成功地处理了她所在学校里最棘手的行为问题。由于她的成功，学校管理层经常把最具挑战性的学生分到她的班里。到每年年中时，这位老师的班级就会成为全校最平静的班级之一，尽管班里有几个最具挑战性的学生。这位老师将学生们取得的成功归功于让全班参加每日班会，在班会上，学生们通过致谢以及通过识别挑战并专注于解决方法来解决问题，互相帮助。她声称，仅凭她个人之力是无法在教室里创造这些明显的奇迹的。我就想成为这样的老师！

  13年后，快到我担任全职班主任的最后一年时，我开始为下一学年做计划。我的即将入学的一年级新生被他们之前的老师认定是一个"很难对付的群体"，他们面临很多行为和学业上的挑战。我并不担心，反倒发现自己满心期待地欢迎这些学生加入我们的班级。我知道我们的班级社区可以帮助这些学生在社交和学习上取得成功。这时我意识到，我已经成了第一次接触正面管教时启发过我的那位老师。通过不断实践你将在本书中读到的那些原则，我学会了如何在互动中做到和善而坚定，如何利用班会解决实际问题，如何识别和处理不良行为的根本原因，以及如何与我的学生们创造一个互相尊重和合作的环境。

  我对这项工作充满热情有两个原因。第一个原因是，我并非天生就掌握本书所描述的技能。然而，我能够掌握它们并且能够帮助那些真正遇到困难的学生。第二个是，我自己就曾经是一个存在挑战行为的孩子。我和马克斯很像。我理解每天来上学而且回家时觉得自己很失败并相信老师们不喜欢自己是什么感觉。我知道决定在学校里放弃并且不再尝试是什么感觉。我知道有一位老师能注意到你并改变你，改变你对学校和你自己的看法是什么感觉。现在，我知道了成为那种能改变学生的老师是什么感觉。

2001年，我成为缅因州达马里斯科塔蒙台梭利学校（Damariscotta Montessori School）的校长，同时也开启了作为一个蒙台梭利家长的旅程（我现在有4个蒙台梭利孩子）。正是在达马里斯科塔蒙台梭利学校，我开始向父母和老师教授正面管教的理论与实践。刚开始是在我们的学校社区里，但没过多久，我就受邀去缅因州其他蒙台梭利学校给老师和家长举办工作坊，再后来就遍及整个新英格兰地区。几年内，我利用"业余时间"与全美国的学校合作。最近，这些努力已经扩展到全世界。看着来自不同文化背景的蒙台梭利老师、父母和学校学习创建一个以合作和相互尊重为主导的环境，看到孩子们找到深深的归属感和价值感并且发现自己多么能干，真是一种让人极其欣慰的经历。

挑 战

作为蒙台梭利教育工作者，我们得到的是一份不可思议的礼物。我们不仅拥有一种被证实非常有效的方法和理念，而且现在这些都得到了当前大脑研究的验证，同时我们还被给予了很多非常具体的工具来实施这些方法和理念。与传统的教师教育方法相比，蒙台梭利教育拥有一套发展完善的、经过科学验证和时间检验的教材和一套已经成功地为孩子们服务了一百多年的课程。

然而，当老师们完成培训后，他们的学习曲线会非常陡峭。他们会遇上很多问题，比如，应该以什么方式、在什么时间以及按照什么顺序来示范课程（然后如何找到时间来让孩子进入工作状态），如何记录和准备会议，如何处理那些行之无效的孩子，以及如何应对忧心忡忡的父母。当然，最重要的是那些在课堂上突然出现的让人压力很大的行为问题。

新蒙台梭利老师可以向资深老师学习后勤、范围和顺序以及教室的准备工作，并获得记录的方法和会议报告的具体答案。然而，教孩子重要的社会-情感技能以及应对行为挑战，让孩子能够从错误中学习并且形成更强大的品格和人生技能，则要抽象得多，我们的教师培训只能引入符合蒙台梭利理念的策略和方法。管理行为和创造一个能激发积极而且尊重的行为的环境是一项艰巨的任务。与使用教具进行练习不同，准备社会-情感环境和有效地应对行为挑战只能在"工作中"面对真实的孩子才能练习。

目 标

本书的重点是帮助老师和教务人员开发一种更系统、更一致的方法来解决蒙台梭利教室中的行为问题，同时这些方法要符合我们的核心理念——尊重孩子。你在本书中读到的任何东西都不应该将其视为"魔法粉"，尽管你无疑会发现其中一些工具有着立竿见影的效果。

作为免责声明，我们承认本书假定让孩子在课堂环境中正常化（normalization）的蒙台梭利方法是建立在将孩子与教室里有意义的工作联系起来的基础上的；老师的作用是准备环境，让孩子能在其中通过自主选择工作来让自己正常化；老师在这个完备的环境中充当孩子与教具之间的向导和媒介。

社会-情感环境是教室环境的一部分。我们甚至可以说，如果没有成功地准备好一个安全和支持性的社会-情感氛围，孩子通过学习实现正常化的能力就会大大降低，甚至不可能做到。我们这些有过几年教书经验的人都知道，长期破坏性行为问题是如何影响我们的教学能力以及影响其他孩子提升专注力进而实现正常化的能力的。

安吉丽娜·斯托尔·利拉德（Angeline Stoll Lillard）博士在其著作《蒙台梭利：天才背后的科学》*(Montessori:The Science Behind the Genius)* 一书中确定了验证蒙台梭利教育基础要素的研究。我们了解并且实践了一百多年的东西，现在不出意外地得到了当前以大脑为基础的研究的支持。对蒙台梭利教育者而言，这是一个令人兴奋的时刻。

利拉德博士确认得到当前研究验证的"蒙台梭利教育的八项原则"分别是：

1. **动作和认知**："动作和认知密切相关，而且动作可以促进思考和学习；"
2. **选择和感知控制**："当人们对自己的生活有掌控感时，其学习力和幸福感会得到提升；"
3. **人类学习中的兴趣**："当人们对他们所学内容感兴趣时，他们会学得更好；"
4. **内在动机**："将外在奖励与一种活动联系起来，比如阅读或考试得高分会得到金钱奖励，当奖励被撤销，就会对参与该活动的动机产生负面影响；"
5. **向同伴学习**："互相协作的安排非常有利于学习；"
6. **学习的情境**："在有意义的情境中学习往往比在抽象情境中学得更深入、更丰富；"
7. **大人的互动风格**："成年人互动的特定方式与儿童取得更多的最优结果之间是相关的；"

8.环境和头脑中的秩序："环境中的秩序对儿童有益。"

第七条原则，即"大人的互动风格"，指的是我们看待孩子以及与他们连接的方式。正如我们将在第2章进一步讨论的那样，我们和孩子的关系构成了社会-情感环境的基础。让自己为这些关系做好准备是老师的工作，也是本书的重点。在谈到大人互动风格时，利拉德提醒我们，蒙台梭利非常具体地阐述了老师应该如何与孩子互动，并证明了蒙台梭利的建议如何"与最近的心理学研究所表明的孩子们的行为非常一致，并且与儿童取得更好的结果有关"。

当一位老师在一间学龄前教室准备日常生活区时，她会专注于生活实践教具的直接目标，即培养专注力、协调性、独立性和秩序[①]。这些特质对于成功使用教室里的其他教具至关重要，而且最终对于正常化至关重要。成功准备社会-情感环境的直接目的，是培养社会和情感技能，以实现社区成员间的合作、贡献和相互尊重。孩子在一个无法和谐工作的环境里是无法实现正常化的。准备这个社会-情感环境与准备物理环境一样重要，而且对于正常化来说同样至关重要。

在本书中，你将了解如何创建一个促进合作、贡献和相互尊重的社会-情感环境。而且，作为一名需要过于经常地应对"不良行为"的蒙台梭利老师，本书将为你提供具体的工具，来帮助你实现这些目标，包括如何有效地为孩子设立并保持界限，如何培养自我调节能力和责任感，如何鼓励开放式沟通，以及如何召开班会，让孩子从中学习诸如共情、领导力和合作解决问题等关键的人生技能。

[①] 专注力（Concentration）、协调性（Coordination）、独立性（Independence）和秩序（Order），简称CCIO。——译者注

目 录

第1章 为什么今天的孩子如此不同

老师们经常会问：孩子们为什么表现得极其不尊重？那些孩子尊重大人的"过去的好时光"都去哪里了？孩子们的行为问题都是从哪里来的……

文化转变 /1

娇 纵 /3

纵 容 /3

真正负责任的机会更少了 /4

兄弟姐妹更少了 /6

其他因素 /7

好消息 /7

第2章 正面管教背后的理念

正面管教是以阿尔弗雷德·阿德勒和鲁道夫·德雷克斯的思想为基础的，并且与蒙台梭利教育者产生深深的共鸣，其部分原因在于正面管教的工具和"方法论"所基于的原则与蒙台梭利的信仰体系相一致……

正面管教的原则 /11

  1.孩子是社会人 /12

  2.行为以目的为导向（归属感和价值感） /12

1

3.一个行为不当的孩子，是一个丧失信心的孩子 /14

4.社会兴趣／集体感 /16

5.平等 /17

6.犯错误是学习的机会 /19

7.和善与坚定并行 /21

正面管教的五个标准 /24

问题讨论 /27

第3章 不良行为的根源

不良行为只不过是孩子对于如何寻找归属感和价值感缺乏理解，或者缺乏社会技能的表现……当孩子们丧失信心时，他们就会做出不良行为，因为他们对如何获得归属感和价值感产生了一种错误信念……

什么是不良行为 /31

私人逻辑 /31

丧失信心 /32

错误目的 /33

错误目的表 /36

如何使用错误目的表 /38

故事的尾声 /41

错误目的：问与答 /42

问题讨论 /47

第4章 纠正之前先连接

"纠正之前先连接"背后的基本思想是，当孩子感到安全——当他们相信大人站在自己这边时，他们更愿意接受纠正……

纠正之前先连接 /50

　　1.让孩子参与日常惯例和基本规则的制订 /50

　　2.创建传统 /51

　　3.拥抱你的幽默感 /52

　　4.倾听 /53

　　5.事先核实 /54

　　6.一起计划有趣的活动 /55

　　7.安排特别时光 /55

　　8.欣赏和鼓励独特性 /57

　　9.通过给孩子做有意义的贡献的机会来表达信任 /58

　　10.关注进步,而不是完美 /60

　　11.坦率且诚实地面对自己的错误 /61

　　12.花时间建立心理连接(针对十几岁的孩子) /63

问题讨论 /65

第5章 准备环境:促进相互尊重、合作和自我调节

　　蒙台梭利教师花很多心思准备教室的物理环境……但是,教室里的社会-情感环境也应该精心准备……

准备环境:课堂管理的要素 /69

　　日常惯例 /70

　　活动之间的转换 /73

　　基本规则 /75

　　优雅与礼仪技能 /78

　　秩序 /84

　　大人之间的沟通 /86

问题讨论 /89

第6章 鼓 励

我们在蒙台梭利教室里所做的一切……都是为了鼓励孩子。本书中的所有工具和原则，从根本上说其目标都是一样的：鼓励孩子发现自己多么能干……

关于赞扬的研究 /92

鼓励与赞扬 /93

鼓励的话语和错误目的 /96

 寻求过度关注 /97

 寻求权力 /98

 报复 /99

 自暴自弃 /100

鼓励的话语和观察 /101

非语言鼓励：蒙台梭利"完备的环境" /103

非语言鼓励：表现出信心 /105

问题讨论 /108

第7章 限制的执行

很多老师在课堂上执行限制时会面临挑战。在本章，我们将重点介绍清晰而一致地执行限制的一套方法……

创造合作的条件 /111

 蒙式唠叨 /111

 静默的力量 /113

 转移行为，转移注意力，以及监护/观察（从学步期到三岁半的孩子） /114

 有限制的选择（两岁半及以上） /117

 用10个或更少的词提出一个合理要求（3岁及以上） /119

 用一个词提出一个合理要求（3岁及以上） /120

用无言的信号（3岁及以上） /120

　　使用便条（6岁及以上） /121

　　提供信息（3岁及以上） /122

　　描述你所看到的（3岁及以上） /123

　　观察但什么都不做（2岁及以上） /123

限制的执行：问与答 /125

　　做出榜样 /127

问题讨论 /129

第8章　从逻辑后果到解决方案

与孩子们一起努力，和善而坚定地专注于解决问题，而不是施加后果，这几乎永远是解决重复出现的不良行为的最有效的方法……

当心逻辑后果 /134

那么，什么是逻辑后果 /135

从逻辑后果到解决方案 /138

　　和孩子共同解决问题：坚持到底的4个步骤（4岁到十几岁） /139

　　导致坚持到底失败的陷阱 /146

问题讨论 /148

第9章　更多能够建立相互尊重的正面管教工具

正面管教的很多工具，都能够帮助我们建立老师与学生之间的相互尊重……

决定你怎么做（4岁到十几岁） /149

　　针对全班"决定你怎么做" /150

　　针对单个学生"决定你怎么做" /151

决定你不做什么：自然后果（两岁半到十几岁） /153
    使用自然后果的建议 /156
尊重地说"不"，无需解释（3岁及以上） /157
说"是"（2岁到十几岁） /158
让孩子们处境相同（两岁半到十几岁） /158
问题讨论 /161

第10章 自我调节与大脑

了解大脑如何运作，可以帮助老师和学生在发生冲突时进行自我调节，并增强解决冲突的能力……

一个常见的困境 /163
当我们生气或不安时，大脑如何工作 /164
掌中大脑（3岁到成年） /165
心中大脑 /167
积极暂停（3岁到成年） /168
    积极暂停区是如何运作的 /169
冷静下来或自我调节的其他方法 /172
积极暂停：问与答 /174
问题讨论 /177

第11章 培养独立解决问题的孩子

教育者必须相信自己学生的潜力，而且必须尽其所能地让他的学生体验这种力量……

选择轮（3岁及以上） /180
    一起制作一个选择轮 /183
    针对单个学生的选择轮 /186

问题讨论　/188

第12章　问题……和倾听的力量

公元前5世纪，苏格拉底用问题，而非说教，来帮助自己的学生进行批判性思考和加深理解……

反射式倾听（适用于所有孩子）　/190

激励型启发式问题（两岁半至十几岁）　/194

交谈型启发式问题（4岁至十几岁）　/197

　　自然后果　/199

　　人际冲突　/200

对小孩子的交谈型启发式问题（4岁及以下）　/201

运用交谈型启发式问题的建议　/202

问题讨论　/203

第13章　沟通技巧

在学生们学会解决冲突，并作为一个集体解决问题之前，当务之急是他们要学会用能促进诚实、坦率和理解的方式进行沟通……

"我"句式（6岁及以上）　/206

正面管教情绪脸谱　/209

烦恼与愿望（两岁半至6岁）　/210

孩子们的反射式倾听（6岁及以上）　/211

非语言沟通（6岁及以上）　/212

　　面部表情、身体语言和说话语气　213

做出弥补：矫正错误的3个R（6岁及以上）　/214

　道歉　/214

做出弥补 /215
年龄小的学生如何做出弥补（3-6岁） /217
做出示范（所有年龄的孩子） /218
示范尊重地沟通的注意事项 /220
问题讨论 /221

第14章 解决冲突的方法

教给孩子们冲突解决方法的最终目标，是让他们成为独立的解决问题的人……

社会独立的需要 /224
解决问题的4个步骤 /226
准备环境：和平桌 /226
学龄前孩子解决冲突的方法 /227
学龄前孩子解决冲突的模式 /229
小学生和十几岁孩子解决冲突的方法 /229
小学生和十几岁孩子解决冲突的模式 /230
解决冲突时的常见错误 /231
帮助孩子解决冲突的建议 /235
问题讨论 /236

第15章 班会概述

当老师运用班会时，学生们会发展出可以受益终生的社会技能，并创造出一个更有利于学习的和平环境……

班会应用实例：学龄前孩子 /239
班会应用实例：小学生 /241

班会的好处 /242

问题讨论 /247

第16章 学龄前孩子的班会

学龄前班会的直接目的，是创建一个社会-情感环境，通过社会兴趣和服务他人（孩子帮助孩子）来培养归属感和价值感。这包括解决问题能力、健全的判断力、共情能力，以及其他的社会-情感技能……

班会在混龄班中的优势 /251

学龄前孩子的班会解决的问题种类 /251

学龄前孩子的班会程式 /252

  致谢和感激 /253

  跟进上一次班会的解决方案 /254

  议程内容 /254

  个人问题 /255

  集体问题 /257

  连接活动 /260

有效班会的建议 /261

  时长、频率和时机 /261

  班会节奏的一个例子 /261

  议 程 /262

  使用发言棒 /262

  做记录 /263

  围成圆圈 /263

  沟通技能 /263

  引入班会 /264

学龄前孩子的班会：问与答 /265

问题讨论 /270

第17章 小学生与十几岁孩子的班会

小学生和十几岁的学生需要在支持、引导和独立性方面取得平衡,而班会就提供了这种平衡……

蒙台梭利教室里的班会 /274

班会解决的问题类型 /275

班会程式 /276

 致谢和感激 /277

 跟进上一次班会的解决方案 /278

 议程内容 /279

 连接活动 /284

有效班会的建议 /284

 时长、频率和时机 /284

 班会节奏的一个示例 /285

 议程 /285

 学生在班会上可担任的职位 /286

 发言棒 /287

 解决问题环节的建议 /287

解决人际关系问题 /287

解决影响全班的问题 /290

解决个人问题 /291

探讨提出的主意 /291

小学生与十几岁孩子的班会:问与答 /293

问题讨论 /304

结束语 /305

第1章

为什么今天的孩子如此不同

与蒙台梭利老师合作时，我们总是先让他们列出自己目前存在哪些压力。不出所料，他们会提到孩子们表现得极其不尊重、无论大人为他们做什么都认为理所应当并且缺乏自我调节能力。孩子不听大人的话。绝大多数老师普遍同意，现在这些行为比他们小时候或刚开始与孩子打交道时更频繁和明目张胆了。

那些从事这个职业有一段时间的老师观察到，校园里的不良行为似乎比前几代人的更多了。他们经常会问："那些孩子尊重大人的'过去的好时光'都去哪里了？""这些行为问题都是从哪里来的？""是环境使然吗？""是养育的问题吗？""是屏幕时间太多了吗？"

文化转变

真的有"过去的好时光"这种东西吗？我们知道，自从有了孩子，就有了不良行为。然而，在过去的50年中，社会发生了一些影响孩子的重大变化。这些变化可以解释我们今天在孩子的行为中看到的一些差异，并且能帮助我们在教室里为社会-情感环境做好准备，以帮助弥补我们无法控制的外部因素（电子游戏、饮食、物质主义、理所应当的心态，以及在以孩子为中心的家庭里孩子决定吃什么、在哪里吃、看什么电视节目，等等）。

50年前，这个世界充斥着威权型领导和服从的模式。在家里，爸爸的话就是终极决定；在工作场所，上司说了算；在学校，老师被认为是备受尊重的权威人物。在那些"过去的好时光"里，文化方面是支持自上而下（或垂直）的领导方式的。父母不会为自己的孩子"辩护"。如果一个孩子在学校或邻里间受到训斥，他的父母很可能会相信大人的说法，而对孩子的说法不大感兴趣。邻居可以得到父母的全力支持来互相管教对方的孩子。

透过威权文化中长大的教育工作者的玫瑰色眼镜，威权方法似乎"有效"，因为他们记忆中的孩子更顺从、更听话。在一个艰难的日子里，那些顺从和听话的孩子在一个沮丧的老师看来可能就像沙漠里的水。但是，要求孩子顺从和听话的长期结果是什么？太多时候，孩子们会成为"总是寻求别人认可的人"或"无缘无故的叛逆者"——除了他们需要证明"你无法强迫我"的时候。

蒙台梭利写道："没有哪个社会问题像压迫孩子那样普遍。"虽然在威权文化中要求孩子顺从似乎更容易，但结果是对孩子精神的压迫。而压迫正是人权倡导者们几十年来一直在反对的事情。蒙台梭利觉得压迫是战争的根源。

在19世纪20世纪之交，像玛利亚·蒙台梭利和阿尔弗雷德·阿德勒这样的教育和心理学先驱在撰写和教授一个激进的理念：即使是孩子也应该享有平等的权利（包括享有尊严和尊重的平等权利）。虽然这个理念在今天不会遇到多少阻力，但在当时却被认为是反文化的。

娇纵

20世纪60年代和70年代，人权运动势头强劲。所有人都值得拥有尊严和尊重的理念在西方文化中得到更广泛接受。然而，这是一个混乱而艰难的过程，尤其对父母和教育工作者而言。

规则正在被改写，但父母和老师尚未得到文化上的支持，也没有得到尊重的管教工具来取代旧的威权方法。结果，像大多数反文化运动一样，钟摆摆向了另一边，娇纵型的养育和教育变得更加普遍。今天，我们仍在为这钟摆的摆动而心烦。

很快，替代性或实验性的养育模式开始得到认可。尤其是在家里，吼叫被讨论、讨价还价和协商替代。打屁股被"暂停"（time-out）替代。惩罚被奖励替代。孩子们得到了更多的自由和选择，却没了限制或责任。自上而下的严厉型养育和教育模式被娇纵模式替代。

但是，娇纵的问题在于它仍然是自上而下的。只是角色互换了。在娇纵模式中，孩子在上，大人在下。正如玛利亚·蒙台梭利所说："在孩子尚未发展出任何控制能力前任由他按照自己的意愿行事，是对自由理念的背叛。"

纵容

今天的孩子面临着无数的刺激，这些刺激争夺着他们的注意力。他们有更多的物品、更多的娱乐、更多的休闲体验、更多的玩具、更多的媒体、更多无需真正互动就能传递信息的"教育"体验、更多的活动、更多的一切。孩子是宇宙的中心。他们往往能决定在家里准备什么饭菜，一家人外出就餐时应该去哪里。另一方面，他们却没有学到很多现实生活的技能。在对进步的狂热中，我们无意中偷走了真正的人类连接、发现和探索的机会。

真正负责任的机会更少了

我们不再像20世纪初那样需要孩子做事了。通常情况下，我们不再需要孩子们每天打理农场或做家务，也不再需要他们为家庭创造收入。

我（奇普）在纽约州北部的一个农业社区长大。我有些同学为了帮忙经营家庭农场，天不亮就要起床做家务，这种情况并不罕见。大多数在农场长大的12岁孩子都有拖拉机驾驶证。他们的周末不会花在踢足球、上舞蹈课，或者和小伙伴一起玩耍上。我们这些不住在农场的孩子要送报纸、修剪草坪、在小商店工作，并且在家里承担责任。那是真正的工作。那是真正的责任。

真正的责任让年轻人有机会培养一些了不起的人生技能。他们知道自己是被需要的，也是有能力的。他们有机会培养出实用的人生技能，以及像适应力、毅力、自律、责任感和强烈的职业道德这样的品格。孩子是被需要的，但通常不被尊重，也得不到与成年人同等的对待。

我（简）在城市里长大，但孩子们仍然要做家务，包括清洁厕所。做作业不能成为躲避家务的借口。我父母也不会帮我做作业，那被认为是我的责任。我也没有任何压力必须要考出好成绩，考上好大学。大多数女生高中一毕业就结婚，而且被期待成为全职家庭主妇和母亲。我很幸运，一位明智的导师建议我每学期选修一门大学课程，这样等孩子长大时我就能获得一个学位。经过了11年，并且生了5个孩子后，我获得了学士学位。

随着重视儿童运动的势头渐猛，我们给予他们真正感到被需要的机会变得更少。今天，大多数孩子不会自己做午餐带到学校，而且很多孩子也不做家务。以爱之名，他们得到了太多，而对他们的要求却太少。他们形成了一种理所应当的心态。为了给孩子"最好的"，大人剥夺了他们培养强大品格的机会，也剥夺了他们体验通过做有意义的贡献而获得归属感（无条件的爱）和价值感（能力和责任）的机会。

许多人被正面管教吸引，是因为他们反对惩罚和严厉的管教方法。然而，一些正面管教的追随者错误地认为，避免严厉型管教方法最好的方式就是简单地给予爱。这就可能导致娇纵，因为这些父母虽然和善（给予爱）但并不坚定（帮助孩子通过学习一些技能去承担责任并培养能力，来体验价值感）。

你可以给孩子爱，但他们需要培养责任感。如果父母不理解帮助孩子培养责任感的重要性，往往就会落入溺爱的陷阱——这通常会导致孩子形成一种特权心态。当父母理解了归属感和价值感的区别，以及平衡两者的重要性，他们就能帮助孩子培养出成功人生所需要的品格和人生技能。

蒙台梭利课程旨在通过让孩子承担责任和发展能力来培养孩子的价值感。正如你很快就会看到的，归属感是通过"纠正之前先连接"这个正面管教的基本概念，以及参加每日班会以便给予和接受致谢并且专注于解决方案来形成的。

兄弟姐妹更少了

另一个要提到的因素是家庭规模和出生顺序。除了在当今忙碌的生活里，孩子们被给予更多而对他们要求更少之外，家里孩子的数量也比近代史上任何时候都少。大多数家庭现在都只有一两个孩子。如今，一间教室里有很多独生子女的情况并不少见。最近，我（奇普）的学校有一个22人的班级，其中有17人是独生子女，其余的孩子都有弟弟或妹妹（中间没有其他弟弟妹妹）。家庭越小，大人的帮助和干预就会越多。孩子培养责任感的机会减少了，而父母为孩子做孩子力所能及的事情的机会变多了。给孩子们提供以有意义的方式做贡献并培养真正的责任感的机会，现在需要有意识地去做。这是一项艰巨的工作。

如果你有过小班教学经验，你就会知道培养孩子们的独立性有多么困难，以及你需要多么有意识才能做到这一点。当我（奇普）还是一名年轻教师，尚处于摸索阶段时，我以为我会更喜欢小班教学。小班在很多方面似乎更易于管理（包括上课、保持教室内的一切井井有条、管理行为等）。然而，事实证明小班的工作比我预想的要多得多。尽管我能够给予孩子更多个性化的关注，但是，我给的越多，他们要的似乎就越多，无论是在社交方面还是在学习方面。

体验了几年之后，我被安排到一个有30名学生的大班。随着学生数量的增加，孩子们不得不变得更加独立。迫不得已，我不得不学着信任孩子们，结果我发现他们可以那么有责任感、独立和能干。更重要的是，他们发现了自己的能力。看到他们就像蒙台梭利所说的那样应付自如，真是太让人惊奇了。

其他因素

除了日益增多的娇纵型养育方式、更少的真正承担责任的机会、更少的兄弟姐妹之外，还有其他外部因素影响着孩子的行为。屏幕时间如今主宰了他们在家的时间；孩子们的日程被安排得满满当当；有些孩子很少见到父母，因为父母工作繁忙；有各种各样的生活方式选择和家庭结构；还有暴力视频游戏和网络霸凌。

好消息

好消息是，尽管影响孩子的现代因素很真实而且很重要，但是，不良行为本身并不是什么新鲜事。在《童年的秘密》一书中，一位老师在给蒙台梭利的信中讲到了她和"娇生惯养的孩子"相处的经历：

G小姐，一位美国老师，从华盛顿给我写信。她这样写道："孩子们会从对方手里抢东西。如果我试图给其中的一个孩子展示点什么，其他孩子就会丢掉自己手里的东西，闹哄哄地围拢到我身边。当我讲完一个教具，孩子们就开始争抢。这些孩子们并不是真的对教具有兴趣。他们有一个抢一个，却不会在任何教具上逗留。有个孩子根本没法在一个地方久待，甚至连给他一个教具摸一摸的时间都坐不住。在很多情况下，孩子的行动是漫无目的的：他们只是在房间里乱跑，全然不顾自己造成的破坏。他们会撞倒桌子，掀翻椅子，踩在为他们准备的教具上。有时候，他们会开始在一个地方玩儿，然后跑开，拿起另一个教具,又无缘无故地扔掉。"

听着很熟悉吧?这是一个很好的提醒,让我们意识到我们并不孤单,而且那些"过去的好时光"也并不总是那么轻松。今天的问题并不是新问题,即使一些行为是因为不同的因素而恶化的。

玛利亚·蒙台梭利、阿尔弗雷德·阿德勒和鲁道夫·德雷克斯都是杰出的思想家。其他人的思想兴起又消失,他们的哲学思想不仅存活下来而且发展壮大。我们必须承认,我们很高兴地看到现在的神经科学验证了这些方法的有效性,而这些方法已经为造就一个父母、老师和孩子更快乐的世界做出了巨大的贡献。

第2章

正面管教背后的理念

正面管教建立在阿尔弗雷德·阿德勒和鲁道夫·德雷克斯的学说之上。阿德勒被认为是现代心理学的奠基人之一。他的人生经历以及他对儿童及其人格发展的观点与玛利亚·蒙台梭利非常相似。虽然两人之间有记录的会面只有一次,但他们却都属于同一个建构主义者的圈子(皮亚杰[①]、塞甘[②]、杜威[③]等)。阿德勒于1870年(与蒙台梭利同年!)出生在维也纳郊外。他是一名医生,也是最早被称为精神科医生的人之一。他于1895年毕业于维也纳大学医学院。他喜欢将病人当作一个完整的个体来对待,这让他在医学执业生涯初期就对心理学产生了兴趣。

和蒙台梭利一样,阿德勒也经历了两次世界大战并深受影响。一战期间,他在奥地利军队医院服役3年,并开始高度关注战争对人类集体良知产生的影响。他成为一名和平的倡导者,并提出了一个革命性的理念——孩子应享有与大人同样的

[①] 让·皮亚杰,1896—1980,瑞士人,近代最有名的儿童心理学家。——译者注
[②] 塞甘,又被译作"瑟坎""谢根",指的是法国精神病学家、心理学家、心智障碍研究的先驱,爱德华·塞甘(1037—1880)。——译者注
[③] 约翰·杜威,1859—1952,美国著名哲学家、教育家、心理学家。——译者注

尊严和尊重。他坚信孩子的个性是在出生后的前6年内形成的，而且，和蒙台梭利一样，他认为对孩子的自由和自我肯定的限制，是导致其后来出现心理问题的直接原因。他是第一位将心理学概念应用于学校环境的精神病学家。蒙台梭利和阿德勒都坚信要从整体上看待人的发展，要考虑认知和社会因素，而不仅仅是身体症状。

　　蒙台梭利关注孩子是如何学习和发展的，阿德勒则专注于人们为什么会做出某种行为。蒙台梭利和阿德勒都倡导相互尊重、合作和社会责任是人类发展的基本要素。他们都相信，人们成为他们自己是基于他们所做的决定，而且一个孩子所处的环境会影响这些决定并能支持其最优发展。对蒙台梭利来说，这种最优发展来自教育环境，而对于阿德勒来说，它的来源是社会-情感环境。

　　1932年，为了逃避纳粹的迫害，阿德勒离开了维也纳。（2年后，蒙台梭利也离开了法西斯政权控制的意大利。）阿德勒移居美国，成为长岛医学院的教授，同时还在哥伦比亚大学担任客座教授，并在世界各地演讲。1937年，他在苏格兰进行巡回演讲时因心脏病发作去世。

　　鲁道夫·德雷克斯是阿尔弗雷德·阿德勒的学生和同事。他于1897年出生在维也纳，在第二次世界大战爆发前移居美国，并成为芝加哥医学院的精神病学教授。与阿德勒一样，德雷克斯相信心理学的见解可以由普通人（如父母和老师）教授和使用，而不仅仅是学者和精神病学家。他喜欢在一个公共论坛[1]工作，在那里每个人都可以从他采访过的父母、老师和孩子身上学到东西。由于人们在德雷克斯那里得到了尊重和鼓励，

---

[1] 家庭咨询公共论坛，由德雷克斯在芝加哥创办。——译者注

在一位听众面前分享自己遇到的挑战并不会让他们感到尴尬，相反，他们感到一种"社会兴趣"，这让他们在为自己寻求帮助的同时也能帮助别人。德雷克斯展示了一种清晰而且务实的方法来理解孩子不良行为的根源，并且无需运用奖励和惩罚就能培养孩子的合作与尊重他人的行为。

1964年，德雷克斯的著作《孩子：挑战》出版，随后被许多蒙台梭利培训中心和老师当作一个尊重地管教孩子的指南使用。他于1972年去世。

正面管教的原则

正面管教与蒙台梭利教育者产生深深的共鸣，部分原因在于正面管教的工具和"方法论"所基于的原则与蒙台梭利的信仰体系相一致。正面管教并不是老师掌控课堂的一套把戏，而是一种经过深思熟虑、研究和实践的管教方法。这套方法植根于孩子应该得到尊严和尊重的对待这一基本理念。

下面列出了一些阿德勒思想的基本原则，在你开始实施正面管教方法时，这些原则将有助于你的理解：

1. 孩子是社会人
2. 行为以目的为导向
3. 一个行为不当的孩子，是一个丧失信心的孩子
4. 社会兴趣／集体感
5. 平等
6. 犯错误是学习的机会
7. 和善与坚定并行

1. 孩子是社会人

> 我们应该在人生的道路上携手前行，因为万事万物都是宇宙的一部分，而且彼此连接，形成一个不可分割的整体。这个观念有助于孩子的心思确定下来，停止在漫无目的的求知中徘徊。孩子会感到满足，因为他找到了自己与万事万物共通的中心。
>
> ——玛利亚·蒙台梭利

蒙台梭利和阿德勒都将每个人视作一个独一无二的个体，同时又是一个更大的整体（包括其所在的家庭、社区、地球和宇宙）的不可分割的一部分。我们是社会人。因此，我们从和谐的生活以及与周围人的连接中获得了一种深深的安全感和幸福感。渴望与他人建立连接，是我们内在的强大动力，也是我们人类天性中的一个基本构成部分。阿德勒称之为Gemeinschaftsgefühl，这个词是他用一个德文词创造的，用来表示社会感受、社会兴趣，以及为我们的人类同胞、我们的社区和我们的世界的福祉做出贡献的愿望。阿德勒对"社会兴趣"的感情如此强烈，以至于他相信这是一个衡量心理健康的标准。

2. 行为以目的为导向（归属感和价值感）

> 我们应该试着理解，一个孩子的行为背后都有一个明白易懂的原因。他们做任何事情都不会是毫无缘由、毫无动机的。我们很容易说，每一个幼稚的反应都是一时兴起，但每个一时兴起都不简单。它是一个有待解决的问题，一个有待解答的谜题。
>
> ——玛利亚·蒙台梭利

随着孩子走上社会化的旅程，并与周围的人建立关系，他们会不断做出决定并形成关于如何在家庭和社区中生存或者茁壮成长的信念。这些决定中，有些是微不足道的、暂时性的，而有些则是重要的、影响终生的。其中一些更重要的决定/信念包括如何行为才能满足他们对爱和价值感的需求；他们是否有能力；以及如何看待自己与他人的关系。

孩子形成的决定和信念系统，受到他们如何看待自己周围的世界的影响。虽然大人不能为孩子做决定，但我们确实会对这些决定产生深刻的影响。就像蒙台梭利教室里的学习环境一样，我们可以营造一个建立在相互尊重与合作基础上的社会-情感环境，这个环境将促使孩子做出促进健康的自我认知、积极而且富有成效的社交互动，以及与社区成员建立安全连接的决定。

蒙台梭利和阿德勒都观察到，孩子的行为是以目的为导向的。阿德勒相信，孩子（和大人）的首要社会目标是在他们的家庭或社会群体中感受到归属感和价值感。虽然孩子未必总能意识到这个目标，但他们会不断地调整自己的行为，以获得归属感（连接）和价值感（责任感和能力）。

归属感指的是我们是否感觉自己融入了我们的社会群体、家庭或社区。我是你们中的一员吗？你们和我一样吗？你们接纳我吗？我被包括在内吗？你们想要我吗？如果答案是否定的，那我该怎么做才能融入你们并且与你们建立连接呢？回想当你还是个孩子时这些想法和感受有多么强烈并不困难。它们对成年人来说也很强烈。

价值感指的是我们是否觉得自己很重要，以及我们是否能够在我们的社会群体中有所作为。我有能力吗？我有责任感吗？我的贡献有价值吗？当孩子觉得自己有能力、有责任感、能有所作为时，他们也会获得一种归属感。

当孩子知道自己有归属感和价值感，他们会感觉更好。当他们感觉更好，他们就会做得更好。研究表明，当人们感到有连接时，他们更有可能合作、表达善意、尊重他人、与人共情并帮助他人。

3.一个行为不当的孩子，是一个丧失信心的孩子

发脾气（不良行为）就像一场风暴，它阻止了孩子的灵魂从隐匿之地走出来，并且把自己展现给世界看。

——玛利亚·蒙台梭利

在生命的前6年里，孩子们以在自己的家庭和社区中体验归属感和价值感的方式为基础来发展自己的个性。他们的个性是由这些基本需求是否被成功地满足来塑造的。当他们体验到强烈的归属感和价值感时，他们会对人生和他们自己做出决定，以创建一个"健康"的个性。如果他们没有体验到强烈的归属感和价值感，他们通常会做出不健康的决定来加以弥补。这通常会引起"不良行为"。德雷克斯发现4种基本的"不良行为"：

寻求过度关注："只有得到你的关注时，我才有归属感和价值感。"

寻求权力："只有当我说了算或至少不能由你对我发号施令时，我才有归属感和价值感。"

报复："我得不到归属感和价值感，我感到很受伤，所以我也要让你受到伤害。"

自暴自弃："我没有归属感，我也感觉不到价值感，所以我放弃。"

孩子们并没有意识到他们做出的决定，然而，这些决定却形成了他们的个性和人生道路。

一个行为不当的孩子，是一个丧失信心的孩子。孩子想感受到连接，却并不总是知道怎样才能做到。社会技能是通过直接教和模仿周围的人而习得的。由于孩子没有完全意识到自己的目的是寻求归属感，他们想要建立有意义的关系的努力往往看起来很奇怪或适应不良。对于大多数孩子来说，掌握社会技能主要是通过反复试错，重点在于犯错误。

尴尬的融入尝试，会让人觉得或者看起来像是不尊重的行为。当孩子们对朋友或老师无礼时，他们通常会遭遇到不耐烦、批评、责骂或惩罚。孩子的不良行为会引发大人和其他孩子的不良行为。这可能导致他们从那些他们试图获得认可的人那里得到的是拒绝和孤立。

作为回应，这个丧失信心的孩子往往会加倍努力，用更加无效的方式建立连接。这会招致更多来自朋友和大人的不良行为，如此循环不断。听起来熟悉吗？在每一个行为不良的孩子的内心深处，都有一个只是想获得归属感却不知道如何实现的年轻人。对于大人来说，困难的部分在于，这些不良行为很少看起来像是一个孩子单纯地在说："我只是想要归属感。"在那一刻，它可能看起来像是在打人、伤害、嘲弄、权力之争、不尊重人，等等，我们可以列一个长长的清单！

在一篇强调社会连接与身体健康和幸福的相关性的文章中，埃玛·塞帕拉（Emma Seppälä）博士写道："事情的真相是，社会连接感是我们人类的基本需求之一。"她的研究表明，当我们努力追求物质利益、社会地位或荣誉时，我们实际上是在努力寻找自己的社会归属感和价值感。在同一篇文章中，她引述了布琳·布朗（Brené Brown）博士的话："深深的爱和归属感是所有人都无法抗拒的需求。我们在生理、认知、身体和精神层面都渴望爱、被爱和归属感。当这些需求得不到满足时，我们的身体就无法正常运作。我们会崩溃，我们会分崩离析。我们会麻木，我们会痛苦，我们会伤害他人，我们会生病。"

当我们开始理解孩子们行为不当是因为他们丧失了信心，而且只是在寻求归属感和价值感时，我们的视角就开始改变，画面也开始变得不一样起来。我们看到了构成图像的笔触，并开始理解孩子。理解孩子是与那些从表面上看似乎是在告诉这个世界他们觉得被拒绝和孤立的孩子们共情的第一步。但是，他们渴望的事情更多。答案是什么呢？

4.社会兴趣／集体感

蒙台梭利教室里有一种强烈的集体意识，不同年龄的孩子在一种合作而非竞争的氛围中共同学习。他们尊重环境和环境里的每一个个体，而这种尊重是通过在集体中体验到的自由得来的。

——玛利亚·蒙台梭利

如前所述，阿德勒给这种来自社会兴趣和集体感的归属感起了个名字Gemeinschaftsgefühl（社会兴趣）。他观察到，那些丧失信心、被孤立和失去连接的人会表现出反社会行为，而当他们能够对他人产生兴趣时，他们就会感受到更强烈的归属感，而且也会做出更和谐和合作的行为。

当孩子们感觉更好时，他们才会做得更好。当他们体验到归属感（爱）和价值感（通过承担责任为他们的集体做贡献）时，他们才会感觉更好。这是孩子们在做出不良行为而丧失信心时的解药。你可能在一间蒙台梭利教室里观察到了这种现象：一个存在问题行为的孩子在被指定用其特殊技能或兴趣帮助他人时，他的行为问题就会开始迅速改善。几乎同时，这个孩子开始与教室里的其他成员建立更深层次的连接，而且行为也将开始改变，因为他们通过做贡献获得了归属感。班会也为孩子们提供了每天体验归属感和价值感的机会，这一点将在第15至17章中详细讨论。

虽然社会兴趣对于某些孩子来说来得似乎更自然，但它也可以通过教育和鼓励来培养。在蒙台梭利教室里，当我们真正实施蒙台梭利理念时，我们就会拥有一片沃土来种下集体连接（community connection）的种子。根据发育敏感期，我们有很多由不同年龄的孩子组成的小组，在小组中，年龄大一点的孩子会被鼓励去帮助年龄小一点的孩子。孩子们按照自己的节奏独立工作，这样他们才能真正掌握技能，然后继续教其他人。教室里应该承担的责任则让他们通过照顾共同的环境来建立连接。每个人都有无限的机会去帮助别人和获得帮助。在一个运转良好的教室里，入学第三年的学生会因为成为班级的领导者而自豪，他们讲课、帮老师完成更具挑战性的班级事务、给年纪小一些的同学读故事，或者帮助系鞋带、拉上外套拉链，或带潜在的新生参观教室。他们做这些事情并不仅仅是因为他们最年长或者最聪明，或者想要得到认可。随着学生越来越多地看到自己的个人价值以及他们如何真正地为整个集体做贡献，他们开始获得一种真正的责任感和连接。他们会认为自己属于这个班集体，进而产生一种真诚做贡献的欲望。

5.平等

孩子是值得尊重的人类，他们比我们优越，因为他们拥有纯真和未来更大的可能性……

让我们以我们所有的善意对待他们，并且希望帮助他们培养出这些善意。

——玛利亚·蒙台梭利

在19世纪末20世纪初，蒙台梭利和阿德勒写作和演讲的时候，孩子应享有与大人同样的尊严和尊重的想法是革命性的。那时的孩子只能被看到不能被倾听。社会结构非常威权化，家庭也反映了这一点。孩子与大人之间的关系是垂直的，大人在上，孩子在下。服从是最理想的状态。今天，娇纵型养育模式已成为常态，但这种模式仍然是垂直的，孩子在上，大人在下。

在学校招生期间，我（奇普）偶尔会听到那些有可能把孩子送来的父母说希望自己3岁的孩子也能参与选择幼儿园的决策过程。虽然父母的意图可能很单纯，但孩子有什么背景可以做这样一个决定？我欣赏父母们希望培养高水平的沟通以及通过让孩子对家里重要事件发表意见来参与决策的欲望，但是，一个3岁的孩子还没有生活经验或必要的认知发展来做出如此重要的决定。这样的父母没有理解和尊重孩子的发展局限性。

平等并不意味着所有人都一样，而是指他们有同等的权利获得尊严和尊重。需要强调的是，以与大人同样的尊严和尊重对待孩子并不意味着忽视孩子的发展需求和能力。娇纵型的养育或教育模式犯了三个根本性错误。第一，它给孩子们赋予了他们并不具备的能力；大人将孩子当成小大人一样对待，经常让他们做一些他们尚未准备好做的决定。第二，没有考虑到孩子的能力有多强；成年人常常将孩子视作无能之人。第三，娇纵型父母或老师不知道孩子正在做出的这些决定将成为他们未来看待这个世界的滤镜。太多时候，其中的滤镜之一就是认为

"爱"意味着要被当作宇宙中心对待。

玛利亚·蒙台梭利和阿尔弗雷德·阿德勒都认为孩子应该得到尊严和尊重，他们的能力应该受到尊重。孩子没有大人那样的智慧、经验和能力，但是，当给他们机会来开发他们的潜能和发展那些让他们未来受益的信念，他们就可以拥有惊人的能力。

6.犯错误是学习的机会

那些散漫的孩子通过和他人一起学习来接受纪律，而不是通过被告知自己很顽皮。因此，管教主要是一种学习体验，而非惩罚性体验，如果处理得当的话。

——玛利亚·蒙台梭利

蒙台梭利教室就像一间实验室，孩子们在一个完备的环境中通过自己的发现来自由地学习，这个环境不仅鼓励而且要求他们犯错误以便从中学习。这正是蒙台梭利自我纠错教具背后的基本（也是鼓舞人心的和乐观的）原则。犯错误是学习机会的想法，植根于对孩子和对人性本身的信任——相信孩子渴望学习并且渴望探索周围的世界。

话虽如此，把学业上的错误看作学习的机会是很容易的。观察到孩子使用邮票游戏①（Stamp Game）犯了错误的大人往往会带着信任和耐心加以纠正。这个大人可能会让孩子自行纠正错误，如果孩子有能力的话，或者他可能给孩子重新讲一遍。因此，蒙台梭利孩子在面对新挑战时往往很有信心，而且能很自在地从他们学业上的错误中学习。但是，行为上的错误

---

① 邮票游戏，蒙台梭利数学教育中的一种游戏。——译者注

呢？我们所有人都希望自己能像对待邮票游戏中的错误那样耐心地对孩子的不良行为做出反应，但事实上，这要困难得多。

尽管孩子行为不当是因为他们丧失了信心，但他们的不当行为可能让人非常反感，而且也会非常伤人，例如，打人、取笑别人、排挤别人、反叛、固执、毁坏财产，或者完全不尊重别人。在情绪激动的时候，尤其当一个孩子的行为一再造成伤害时，我们中没有几个人会把这种情况视作一个培养孩子一生的社会技能的学习机会。在这些情况下透过不当行为的面纱看到这个丧失信心的孩子——并且给予鼓励，是很难做到的。学习并且练习技能以便实现这个目标是本书的一个主要焦点。重点是，我们不会因为孩子犯错而惩罚他们，而是让孩子参与寻找解决方法以便纠正这个错误。

无论孩子是3岁还是13岁，他们一生都在学习如何发展人际关系，如何以互相尊重的方式沟通，如何对待朋友，当感情受到伤害时该怎么办，如何寻求帮助，如何以恰当的方式对朋友说"不"，当一个朋友对他们说"不"时该怎么办，等等。他们通过实践来学习这些及其他的社会技能。他们会行为不当，会犯错误，而且他们会再次尝试做这件事。孩子们在一个自己的不良行为不会受到羞辱、责备和侮辱的环境中才能茁壮成长。当大人把错误行为看作是一个学习机会时，孩子们天生的合作和贡献的欲望就会得到滋养和发展。而这并不意味着娇纵，正如你会发现的那样。

研究发现，犯错误对学习有益处，但前提是学习者得到了鼓励和安全的支持。错误能够鼓励复杂思考，刺激进一步的教育和成长，而且能产生更深入的理解。

那么，我们如何营造一个前后一致的、安全的社会-情感环境，让孩子从他们的错误中学习，而不用担心感到羞耻或受到侮辱呢？答案就是营造一个教室环境（我们将在下面的章节中进行全面讨论），在这里：

- 大人理解孩子行为不良的原因，并把错误视为学习机会；
- 孩子观察到大人坦率地承认自己的错误并公开改正它们；
- 大人理解社会技能是后天习得的，并花时间通过直接教优雅与礼仪①和社会技能来训练孩子；
- 孩子们参与解决问题，既包括个人问题，也包括集体问题；
- 大人之间的交流既和善又坚定；
- 孩子体验到一种尊重的、前后一致的而且可预测的管教方式，大人有着明确的期待，并且前后一致、以支持的方式坚持到底。

7.和善与坚定并行

年轻人必须有充分的自由，来让他们发挥个人主动性。但是，为了让个人的行动既自由又有用，它就必须受到一定的限制和规则的约束。可以给予这些限制和规则必要的指导。

——玛利亚·蒙台梭利

有效的管教建立在相互尊重与合作的基础上，既和善又坚定，既能引导孩子当下的行为，又能让他们从错误中学习。它是支持性和鼓励性的。这就是正面管教的"特殊调料"。

"管教"一词来自拉丁语 disciplina，意思是"教"、"指导"或"课程"。有效的管教可以让孩子学习和培养社会-情感

---

① 优雅与礼仪是蒙台梭利教育的重要组成部分。——译者注

独立性，因为他们能学会如何成为有能力、有贡献的集体成员。

20世纪70年代，发展心理学家黛安娜·鲍姆林德（Diana Baumrind）对大人与孩子间的互动进行了广泛研究，希望找到不同养育方式所产生的影响。虽然她的研究是在家庭中进行的，但对任何与孩子打交道的人都具有深远的意义，而且显然也适用于教室。鲍姆林德博士总结了四种主要的养育方式：

专制型

在这种垂直或自上而下的关系中，大人表现出高度的控制和坚定，但缺乏和善。大人做出所有的决定，制定所有的规则，而孩子们则被期待遵守它们。这是一种"因为这是我说的"的模式。大人设定的期望很高，而灵活性很小。寻求理解的责任落在了孩子身上。违反规则的后果通常是惩罚，而遵守规则的结果往往是奖励或赞扬。

鲍姆林德在研究中发现，来自专制型环境的孩子可能很顺从，但他们往往也缺乏独立性，会表现出攻击或退缩的迹象，可能存在情绪的自我调节能力很低以及低自尊的问题，并且在学业上可能会遇到困难。换句话说，他们可能会发展出强烈的价值感（责任感和能力），但缺乏强烈的归属感（无条件的爱）。

娇纵型

娇纵型养育方式中的大人与孩子的关系也是一种垂直关系。然而，高高在上的不是大人，而是孩子。这种关系里有过多的和善，但坚定或控制不足。处于娇纵型养育环境中的大人会迎合孩子的需要，放任他们，以使他们快乐，并且避免他们感到失望或不适。这样的环境中规则较少，大人对孩子的成熟度、独立性和自我调节能力的期望较低。（一些人声称他们的孩子在以后的人生中会有足够的时间来学习承担责任；这些父母不明白那些影响人一生的决定是如何在孩子出生的头几年做出的。）这些大人反应迅速、和善，但在管教孩子时前后矛盾、宽松且迟钝。孩子参与做很多决定，而且常常被给予太多超出他们能力范围的权力。

娇纵型环境通常会养育出自我调节能力和自律能力低的孩子。他们往往在学校里表现不佳，难以把握社交界限，攻击性和焦虑程度较高，而且往往以自我为中心且苛求别人。来自娇纵型家庭的孩子在青少年时期出现吸毒、酗酒和青少年犯罪行为的比例更高。换句话说，这些孩子可能会感受到无条件的爱（归属感），却没有形成强烈的价值感（责任感和能力）。

忽视型

忽视型养育方式的特点是既缺乏坚定，也缺乏和善。这些大人脱离了孩子们的生活，虽然规则少而且期望低，但大人的参与度也很低。这可能是由于酗酒、药物滥用、工作狂或严重的抑郁症造成的（也许是由于配偶或另一个孩子的死亡造成的，也可能是失业造成的）。在极端情况下，这些大人甚至可能会虐待或忽视孩子，并且无视他们的基本需求。

在极端情况下，忽视型养育方式可能会导致更严重的心理问题，如焦虑、抑郁和创伤障碍。在不那么极端的情况下，来自忽视型家庭的孩子会出现低自尊、自我调节能力差、在学校里表现不佳等问题，并表现出反社会和危险行为，比如药物滥用或暴力。这些孩子无法培养出归属感或价值感。

权威型

权威型养育模式做到了和善与坚定并行。鲍姆林德是这样描述权威型大人的："他们监督孩子的行为，并告诉他们清晰的行为标准。他们很自信，但不会干涉和限制孩子。他们的管教方法是支持性的，而非惩罚性的。他们希望自己的孩子既自信又能承担社会责任，既能自我调节又能合作。"

这种养育模式或与孩子打交道的模式专注于自由与秩序、有限制的选择，并在合适的时候让孩子参与做决定。权威型环境下充满了高度的热情与和善，但也有规则以及对大人和孩子尊严的根本性的尊重。尽管大人可以自在地领导和引导孩子，并担任权威角色，但也会迅速做出响应，愿意倾听，行使民主领导，和孩子一起解决问题而不是惩罚孩子。

鲍姆林德和其他人发现，来自权威型环境中的孩子通常很快乐、自信、成就高；他们具有高度的自我调节能力、独立性和自我激励能力。权威型环境中的孩子也更有可能自信、有社会责任感，并且更容易被同龄人接纳。换句话说，这些孩子最有可能培养出强烈的归属感和价值感。

下页图表列出了孩子们在不同的养育模式下可能形成的一系列特征。

要想让管教有效，孩子们必须感到自己是集体的一个重要组成部分，拥有健康的自我概念，可以学习解决问题的技能，并有机会以有意义的方式为集体做出贡献。这就是正面管教方法的重要原则，总结如下：

正面管教的五个标准

(1) **大人要做到和善与坚定并行。**正面管教既不控制也不娇纵孩子。它尊重孩子及其获得尊严和尊重的权利，而且尊重大人保护孩子安全、培养孩子的社会责任感、并且尊重他人的责任。

专制型	娇纵型
外部调节	缺乏自我调节能力
愤怒	咄咄逼人
批判	苛求别人
顺从	散漫
依赖	过度自信
不自信	依赖
傲慢	焦虑
退缩	没有社会意识
过度负责	没有责任感
死板	以自我为中心
愤恨	理所应当
控制欲强	低成就
外部动机①	被动的
不诚实	爱支使别人

忽视型	权威型
不受约束	自我调节
抑郁	和善
焦虑	接纳
上瘾	纪律严明
退缩	有信心
精神疾病	独立
受创伤	自信
暴力	有社会意识
反社会	有责任感
危险/伤人	有共情能力
自我伤害	感恩
极度渴望成就	高成就
成就欲望极低	自我激励
垂头丧气	有主见
受害者心态	诚实

---

① 指个体行为的动机来自外部的奖励或惩罚，而非内在的兴趣或价值观。——译者注

（2）**孩子感受到归属感（爱）和价值感（责任）**。即便孩子知道并感受到自己有归属和有价值，他们在个性化和试探自己的力量和边界的过程中，仍然会有一些"不良行为"，但是，做出不良行为的需求很快会被帮助、合作和做贡献的愿望所替代。

（3）**方法长期有效**。如果你的目标只是让某种行为停止，惩罚在短期内就可以发挥作用；但是，长期效果如何呢？孩子学到了什么技能，做出了什么决定？在正面管教看来，依据以下两点，长期结果与即时结果同样重要。

（4）**教给孩子宝贵的社会和人生技能**。营造一个培养尊重、关心他人、解决问题与合作，以及能为家庭、学校或更大的群体做贡献的技能的环境，是有效管教的基石。正面管教认为，孩子会成为他自己，而且社会和人生技能是可以被教授、练习和体验的。

（5）**让孩子发现自己多么有能力**。孩子具有不可思议的潜力，可以成为有能力、能做出贡献的集体成员。正面管教允许孩子参与做出与其发展阶段相适合的决定，并鼓励建设性地使用个人权力和自主权。当孩子为集体做出更多贡献，他们会感受到连接。当他们感受到连接，他们会继续发展共情、积极的自我概念和社会责任感，并做出更有意义的贡献。这是一个强有力的积极循环！

问题讨论

1. 鲁道夫·德雷克斯说："一个行为不当的孩子，是一个丧失信心的孩子。"这一点并不总是显而易见的。请描述你能在学生身上清晰地观察到这个原理的时刻。
2. 玛利亚·蒙台梭利和阿尔弗雷德·阿德勒认为人类行为是目的导向的。孩子们的首要社会目的是什么？
3. 想一个你自己的人生中深深感受到归属感和价值感的时刻。此时，你做出不良行为的可能性有多大？这种连接感会让你做出哪些行为？
4. 鼓励孩子帮助他人（社会兴趣）是如何帮助他们感受到连接的？
5. 在你看来，当大人试图展现平等精神时，怎么做会让孩子觉得一切理所应当？
6. 你是否有过把犯错误当作学习的机会的老师、上司、教练或父母？在那样的环境里有什么感受？你对自己做出了什么决定？
7. 你认为孩子在一个娇纵的环境下会形成哪些品格？
8. 你认为孩子在一个专制的环境下会形成哪些品格？
9. 你还记得在你小时候能做到和善与坚定并行的大人吗？他们的行为让你有什么感受？你是如何对他们的领导力做出回应的？

第3章

不良行为的根源

一个行为不当的孩子,是一个丧失信心的孩子。

——鲁道夫·德雷克斯

告诉一个孩子他很顽皮或很愚蠢,只会让他感到羞耻;这会冒犯他、侮辱他,却不会让他改进。因为如果一个孩子想要不再犯错误,他就必须变得把事情做得更好,可是如果他已经达不到标准,还丧失了信心,他又怎么能不犯错呢?

——玛利亚·蒙台梭利

伊莎贝拉是我(奇普)小学五年级班里的学生。她是一个兴趣广泛、勤奋、精力充沛的学生。她也喜欢挖苦人,机智风趣且早熟。伊莎贝拉帮助我理解了在我们能有效鼓励孩子改善行为之前了解造成他们不良行为的原因的重要性。事情是这样的。

本学年开始的头几周就像做梦一样。多亏了一位了不起的导师和我自己的努力工作,我在第一年的教学生涯里学到了很多东西。开学前4周,教室里取得的成功让我深受鼓舞。我的课程和教室都经过了精心准备,日常活动安排得很到位,孩子们也热情地回应着。随后……一切开始崩溃，而伊莎贝拉就是主要的催化剂。

伊莎贝拉在这一学年开始时充满了热情。她很合作，渴望完成自己的工作，对人友好而且尊重他人。变化是从圆圈活动时的一些小干扰开始的，很快就发展到必须让她离开教室我才能完成课程或会议的地步。伊莎贝拉会发表无礼的评论，说挖苦人的话，还贬低其他孩子（或者我）。她还会翻白眼、发出不合时宜的笑声，并且未经允许就擅自离开圆圈。如果伊莎贝拉待在圆圈内，课堂或班会就无法顺利进行。这让人非常沮丧。

在圆圈活动之外，伊莎贝拉和朋友们的相处也出现了问题。她会因为相对较小的问题与他们争论，而且她在工作周期里也总卷入社交冲突。取笑、排斥别人和争吵成为她日常生活的一部分。

对于这种情况，我的第一反应是愤怒。我不可避免地"请"她离开大家。她会跺着脚离开，然后扬扬得意地看着其他孩子，就好像她刚刚完成了使命一样。下一次我们作为一个团队再见时，伊莎贝拉会继续上次的行为。在圆圈活动之外，我对她的不友善行为的回应是让她承担后果，比如让她独自学习。虽然她会暂时服从，但她之后的行为只会愈演愈烈。

我想尽了一切办法来"管理"伊莎贝拉的行为，但事情似乎变得越来越糟。我管不住她，而且全班都知道这一点。现在这种态势开始引发其他孩子的不良行为；一些孩子行为不良似乎只是因为看上去班主任管不住大家。

伊莎贝拉显然是能够合作并且尊重他人的，因为她在学年之初已经证明了这一点。到底发生了什么？她为什么要这样做？

什么是不良行为

不良行为只不过是孩子对于如何寻找归属感和价值感缺乏理解，或者缺乏社会技能的表现。缺乏对建立社会连接的理解或技能，孩子们在试图与他人建立连接时就会感到沮丧。

孩子们在被直接教授社会技能以及看到其他人——尤其是大人——示范这些技能时，他们会更成功地培养出社会技能和意识。玛利亚·蒙台梭利提出了优雅与礼仪课程的概念，给了我们一份美好的礼物。她理解学习经历社交场合（navigate the social world）对孩子的发展至关重要。她写道，"如果与人交往不是解决社交问题、行为得体，以及追求大家都能接受的目标，那么它是什么呢？"

伊莎贝拉缺乏有效处理与朋友和老师之间关系的技能。她不知道如何在不扰乱圆圈或者不陷入和我的权力之争的情况下找到自己在群体中的位置。

好消息是，正如我们将在本书中一遍遍提及的，犯错误是学习的机会。如果孩子有机会从他们所犯的错误中学习，并且不用害怕会受到惩罚，我们就创造了一个让他们能够茁壮成长，并且成长为一个受尊重且对集体有贡献的集体成员的环境。

私人逻辑

每个人对周围世界的看法都略有不同。鲁道夫·德雷克斯用"私人逻辑"（private logic）一词来描述孩子对自己、对他人和对周围世界的错误假设或解释。由于这些错误的解释，孩子们会形成错误的信念，并形成如何在他们所在的家庭和社会中寻找归属感和价值感的决定。这些信念和决定很少是有意识的，随之而来的行为往往在社交方面是无效的，而且也不会带来归属感和价值感。

解释 ⟶ 信念 ⟶ 决定

在上述故事中，伊莎贝拉正在寻找归属感。她11岁了，仍然在努力寻找自己在群体中的位置。然而，她似乎相信，若想在群体中占有一席之地，她就必须掌控并且说了算。她在试图使用"错误目的"中的寻求权力实现这一目标。结果是与她的朋友和老师都产生了争执。换句话说，她并没有实现自己想要归属感的目的。有趣的是，其他孩子是真心想和伊莎贝拉成为朋友的。她风趣、有吸引力且富有创造力。在旁人看来，伊莎贝拉的行为适得其反，弄巧成拙。但依据伊莎贝拉的私人逻辑，她的行为对她来说是完全合理的。正如德雷克斯所说："通过自己的私人逻辑，他的行为变得恰如其分。"

阿德勒和德雷克斯认为，孩子是通过对其早期童年经历的理解和解读，发展出自己的私人逻辑的。虽然私人逻辑在一个人的一生中非常持久，但是，如果人们在一个促进连接和发展富有成效的社会技能的环境中，他们是能够"改变想法"并且用更有成效的方式来寻求归属感和价值感的。

丧失信心

当孩子们经历社交场景，做出不良行为或在社交方面犯了错误，他们很少能得到自己真正想要的连接。事实上，他们的行为往往会招致他人的负面反应,然后他们就会丧失信心。这种丧失信心会导致他们做出更多无效努力,并开启一个弄巧成拙的不良行为循环。

伊莎贝拉就处于一个不良行为循环中。她不具备技能或理解能力来获得她如此渴望的归属感和价值感。她的不良行为使得老师和同学都和她进行权力之争。她没有得到自己想要的连接,而且她的很多朋友开始把她从学习小组和户外活动中排挤出去。她的老师也不让她参加圆圈活动。一天下来,伊莎贝拉会有什么感受?她会感到丧失信心,进而让她做出更多不良行为,这又会让她更加丧失信心,从而导致她做出更多不良行为……听起来熟悉吗?

引导一个丧失信心的孩子摆脱不良行为循环,需要洞察力、耐心和巧妙的回应,这些回应会让孩子感到安全、受到鼓励和支持。伊莎贝拉需要一个能以这种方式回应的人。虽然当时我并不知道,但我将成为那个人。

错误目的

当孩子在他们所处的环境里感受到支持和鼓励,并且知道自己有归属(被爱)并感到有价值(通过承担责任和做贡献)时,他们就会茁壮成长。经过引导,他们会发现自己是多么有能力。他们会对他人产生兴趣,并且和善而尊重地对待他人。他们会对自己所处的群体产生一种责任感。他们的尊重、合作和体贴会引来大人和同伴的欣赏。

当孩子们丧失了信心,他们就会做出不良行为,因为他们对如何获得归属感和价值感产生了一种错误信念。鲁道夫·德雷克斯观察孩子时，辨别出了孩子们在丧失信心时会选择的四种错误目的：

- **寻求过度关注**：让别人围着自己忙得团团转，或者得到特殊服侍。
- **寻求权力**：我说了算或掌控一切。
- **报复**：以牙还牙，因为没有归属感很痛苦。
- **自暴自弃**：放弃，并且自己待着。

当被问及"你怎么能老把孩子往这些框子里放呢？"时，据说德雷克斯是这样回答的："不是我老把孩子往这些框子里放，而是我老是在那里找到他们。"孩子意识不到自己行为背后的信念。如果你问伊莎贝拉为什么会做出不良行为，她会说："我不知道。"她说的是说实话。当孩子做出不良行为时，他们是在用密码说话。好消息是这个密码是可以破译的。当大人学会如何识别孩子行为背后的信念，并破译这个密码，他们就能做出有效的回应，满足孩子的需求，而不仅仅是暂时阻止其行为。

让我们再来看一下这些错误目的。这一次，错误目的背后的错误信念也被包括在内，还有那些能帮助孩子感受到鼓励从而改变他们的行为的密码信息（线索）。当你阅读每一个错误信念时，花点时间想想你教室里的学生。有没有哪个孩子的名字或面孔浮现在你脑海中？

· 寻求过度关注

错误信念：唯有得到特别关注或特别服侍时，我才有归属感。唯有让你们为我忙得团团转，或者让你为我做那些我能做的事情时，我才是重要的。

密码信息：注意我。让我参与并发挥作用。

· 寻求权力

错误信念：唯有当我说了算或控制，或证明没人能指使我的时候，我才有归属感。你强迫不了我。

密码信息：让我帮忙。给我选择。

· 报复

错误信念：我没有归属感，没有人喜欢我，没有人爱我，所以当我受伤时，我也要伤害别人。

密码信息：我很伤心。认可我的感受。

· 自暴自弃

错误信念：我没有归属感，因为我不完美，所以我要让别人知道不能对我寄予任何希望。努力也没有用，因为我怎么也做不好。

密码信息：不要放弃我。教我如何迈出一小步。

错误目的表（第36~37页）提供了一种方法，来识别孩子的错误目的、错误目的背后的信念，以及为他们提供所需要的鼓励和支持以便让他们在集体中找到归属感和价值感的要点。

错误目的表

1 如果家长或老师的感受是：	2 而且想采取的行动是：	3 如果孩子的回应是：	4 孩子的错误目的是：	5 孩子行为背后的信念是：	6 密码信息	7 老师主动的、鼓励性的回应，包括：
心烦；恼怒；着急；愧疚	提醒；哄劝；替孩子做他自己已经会做的事情	暂停片刻，但很快又回到老样子；或换成另一种打扰人的行为；当得到一对一的关注时，不当行为才停止	寻求过度关注（操纵别人为自己奔忙或得到特殊服务）	"唯有得到特别关注或服侍时，我才有归属感。""唯有让你们为我忙得团团转时，我才是重要的。"	注意我。让我参与并发挥作用。	通过让孩子参与一项有用的任务，转移孩子的行为，而且"我在乎你，等会儿会花时间陪你。"；要避免就行动（不要替孩子解决或处理自己的感受）；安排特别时光；默默地安抚孩子；让孩子在班会上和建立日常惯例；让孩子参与设定一些无言的信号；忽视（不理会）；坚持找到下一个解决方案。
生气；受到挑战；受到威胁；被击败了	应战；投降；心想："你休想"或"想逃脱了，瞧我怎么收拾你"；希望自己能做对	变本加厉；虽服从，但藐视；看父母或老师生气，觉得自己赢了；消极对抗	寻求权力（我说了算）	"只有当我控制了或证明没人能指使我的时候，我才有归属感。""你强迫不了我。"	让我帮忙。给我选择。	承认你不能强迫孩子，并通过让有限制的选择；既不要开战也不要投降，让自己冷静下来；决定你该做什么，只说，不说；设立几个常例说了算；坚持到底；培养相互的尊重；在日常惯例上合理的限制时得到孩子的帮助；让孩子在班会上和一对一的情况下找到解决方案。

36

(续表)

不良行为的根源

如果家长或老师的感受是：	而且想采取的行动是：	如果孩子的回应是：	孩子的错误目的是：	孩子行为背后的信念是：	密码信息	老师主动的、鼓励性的回应，包括：
伤心；失望；难以置信；憎恶	反击；以牙还牙；心想："你怎么能这么对我？"；认为行为是针对自己的	反击；伤害别人；毁坏东西；以牙还牙；行为升级，或换另一种"武器"	报复（以牙还牙）	"我没有归属感，所以当我受伤时，我也要伤害别人。""没有人喜欢我。没有人爱我。"	我很伤心。认可我的感受。	承认孩子伤心的感受（你可能得猜测它们是什么。）不要认为行为是针对你的；通过避免惩罚和反击，退出报复的循环；建议双方都积极暂停，然后专注于了解孩子；运用反射式倾听；用"我"句式说出你的感受，并做出弥补道歉；鼓励其长处；不要选边站；让孩子在班会上和一对一的情况下找到解决方案。
绝望；无望；无助；无能为力	放弃；替孩子做；过度帮助；表示缺乏信心	更加退避；消极；毫无改进；毫无响应；避免尝试	自暴自弃（放弃，且不愿别人介入）	"我不相信我能有所归属，所以我要让别人知道不能对我寄予任何希望。""我很无能，也很无助。""既然我不好，努力做都不好，也没用。"	不要放弃我。教我如何迈出一小步。	将任务分成小步骤；简化任务；设置成功的机会，孩子能体验成功。花时间训练；教给孩子技能或示范该怎么做，但不要替孩子做；鼓励任何一点点的积极努力；停止批评；信孩子的能力，关注优点；真心喜欢这个孩子；不要放弃；不要怜悯；以孩子的兴趣为基础，让孩子在班会上和一对一的情况下找到解决方案。

37

如何使用错误目的表

第一步：

　　第一栏列出了很多种感受，描述了大人对孩子的每一个错误目的对应的不良行为的情感反应。一个孩子不良行为背后的动机的第一条线索，是大人的主要感受。因此，当孩子行为不良时，可以查看第一栏中的哪些感受最准确地描述了你对孩子行为的情感反应。

　　例如，如果一个孩子正在打扰你，而且让你感觉受到挑战、被威胁或者被打败了，那么这个孩子的错误目的很可能是寻求权力。如果大人感到心烦、恼怒、担心或内疚，那么孩子的错误目的很可能是寻求过度关注。如果大人感到伤心、失望或者难以置信，那错误目的很可能是报复。如果大人感到无助或无能为力，其错误目的很可能是自暴自弃。（注意：有时候，大人可能会感到"无助"，以在权力之争中获胜。）

　　大人的情感反应是破译孩子的错误目的的第一条线索。

第二步：

　　表中的第二、三栏给我们提供了关于孩子的错误目的的第二条线索。它是大人与孩子之间上演的"剧本"。在第一栏中，你确定了孩子的行为让你产生了什么感受。第二栏描述了你对该行为的反应。第三栏则描述了孩子对你的反应的回应。

　　如果你在从第一栏中识别你的感受时遇到了困难，那也没关系。对自己的感受感到困惑是很常见的，尤其是在一个不良行为循环让你不堪重负的时候。只要选择一种最接近的感受就可以了。然后检验你的假设：看看第二、三栏中的"剧本"是否描述了你和孩子之间的互动。

大人和孩子之间形成的"剧本"可以在第二、三栏找到，这是识别孩子错误目的的第二条线索。

第三步：

运用前三栏的线索，你现在已经识别出孩子的错误目的，也就是第四栏所列内容。注意不要用错误目的名称来给一个孩子的不良行为贴标签。错误目的的名称描述的不是行为，而是行为背后的动机。例如，对一个在教室里跑来跑去的孩子，老师可能会想，"为了引起我的关注，罗莎啥事都做得出来"，并假设这个孩子的错误目的是寻求过度关注。然而，在使用错误目的表之后，这位老师可能会发现，当罗莎在教室里跑来跑去时，她感觉受到了威胁和挑战。如果真的是这样，那么罗莎实际上是在试图向老师表明她说了算。寻求权力才是罗莎的错误目的。理解了这一点，老师现在就可以解决罗莎行为的根源，而不是症状。

识别出一个孩子的错误目的，可以帮助你改变对孩子动机的看法，这样你就能通过鼓励、耐心和技巧，有效地解决不良行为。

第四步：

现在让我们来看一下第五栏。这是让许多老师"顿悟"的地方。这一栏的信息识别出了"行为背后的信念"——德雷克斯认为是孩子的私人逻辑。这是错误目的行为背后的错误信念。错误目的名称（第四栏）简洁地描述了错误目的背后的错误信念。

"行为背后的信念"是孩子的私人逻辑——他们认为为了找到归属感和价值感需要做些什么。

第五步：

第六栏是"密码信息"。这是一条线索，它指出了孩子们真正想要的是什么，以及什么能帮助他们在教室里感受到归属感和价值感。例如，一个错误目的是寻求过度关注的孩子真正要求的是被注意到，让他参与并发挥作用。密码信息是打开有效转移孩子行为之谜的钥匙。它是孩子最容易获得他们所追求的连接的途径。当孩子感觉到连接时，他们会做得更好！

在孩子寻找归属感和价值感的过程中，"密码信息"能帮助大人理解孩子真正要的是什么。

第六步：

解决办法！第七栏，也是最后一栏，列出了人们发现的对每个错误目的最有效的反应或积极的解决方案。这些解决方案有助于有效地引导孩子的行为，让他们以更有效的方式找到归属感和价值感，教他们受益终生的社会技能，并鼓励他们合作和相互尊重。我们将在整本书中对这些反应和解决方案进行更详尽的解释。

积极的而且能赋予人力量的回应，是那些有助于实现密码信息所揭示的需求的具体建议。

故事的尾声

通过与伊莎贝拉的互动，我了解到错误目的表是多么有效。伊莎贝拉的错误目的是寻求权力。每当伊莎贝拉打断圆圈活动，或与她的朋友发生争吵，我都会感觉受到挑战和威胁。我觉得她威胁到了我在其他学生中的权威地位。错误目的表的第二栏说，大人的反应往往是"你休想逃脱"或"瞧我怎么收拾你！"。当我读到这段时，感觉好像有人在读懂我的心！这些情绪几乎完美地映射出我内心的对白。而且，相应地，伊莎贝拉的回应几乎完全对应第三栏的内容；当我根据自己的反应采取行动，通常是通过控制她的行为，她就加大了权力之争的力度，表现得好像她赢了一样。这恰恰验证了第五栏所描述的她的信念。令我懊恼的是，我意识到我通过加入权力之争，试图证明自己控制一切，而伊莎贝拉必须按我的要求去做，从而促成了她的行为。

运用错误目的表之后，我开始对伊莎贝拉行为背后的动机有了新的理解。她需要被给予选择，而且要感觉自己能够提供帮助。这就是她的密码信息。我开始看到新的希望，并着手行动。

接下来发生的事情对我这个新老师来说简直就是一个奇迹。我开始使用错误目的表最后一栏中的一些建议。具体来说，我让伊莎贝拉在圆圈活动中承担一些责任，并且在每天制订工作计划时给了她更多的选择。伊莎贝拉的字写得很棒，而且很喜欢书写。我问她是否愿意为班会和课程做笔记，她欣然接受了这个机会。很快，她在圆圈活动中的行为变得积极主动而且富有成效。当我给伊莎贝拉更多选择，让她选择一天内以何种方式以及何时做作业时，她开始成为班上最有效率的学生之一。这不仅帮助了伊莎贝拉，而且也给我上了宝贵的一课，让我了解蒙台梭利的核心原则之一——在教室里选择的重要性。对我来说最有趣的是，随着伊莎贝拉和我的关系的改善，她与同学们的关系也改善了。

今天，我想起伊莎贝拉就觉得欢喜，相信她对我的感觉也是如此。那年年底的时候，伊莎贝拉不仅成为学校社区的真正成员，还被其他学生视为领导者。她是一个我们所有人都可以依靠的孩子。

我运用错误目的理论已经超过25年，我要告诉你的是，并不是每个有行为问题的孩子都像伊莎贝拉那样有如此戏剧性而且如此持久的反应。通常要花些时间才能确定孩子的错误目的，找到对孩子有效的解决方案。然而，很多孩子确实会做出这种回应，而且很多时候，即使那些没有如此戏剧化回应的孩子，随着时间的推移，也会有显著的改善。

错误目的：问与答

1.错误目的是一个演化进程吗？

鲁道夫·德雷克斯相信，随着孩子丧失信心程度的加重，他们的错误目的可能会是一个进程，从寻求过度关注到自暴自弃。一些无法赢得权力之争的孩子可能会走向报复。然而，那些没有得到恰当的关注进而无法获得归属感的孩子可能会跳过寻求权力和报复，直接进入自暴自弃。每个孩子都是独一无二的。我们很多用过错误目的表的人还发现，有些孩子对世界的反应方式似乎是预先编排好的，没有任何外部理由可以解释他们这种渐进式的沮丧。好消息是，无论孩子的错误目的是一个进程，还是他们只倾向于某种特定的错误信念体系，错误目的表都有效！

2. 一个孩子可以同时有不止一个错误目的吗？

不会。据德雷克斯所说，虽然孩子可能会根据大人的个性以及他们观察到的什么对大人"有效"，尝试用不一样的方法来获得归属感和价值感，但他们自己的错误目的好像会保持相当的一致性。例如，一个错误目的是寻求过度关注的孩子可能会与一个控制欲很强并且容易与学生发生权力之争的大人进行权力之争。而且有时候，一个孩子可能对发生在教室之外的情形感到沮丧；也许是父母自己的行为引起了错误目的。

3. 如果我很难识别孩子的错误目的怎么办？

如果孩子的不良行为让你不知所措，有时候是很难识别他们的错误目的的。这可能会让你感受到表格第一列中的很多情绪。当大人觉得一个孩子可能有不止一个错误目的，更有可能是他们对自己的感受感到困惑，而不是孩子有多个错误目的。这没关系，而且也很常见。当你发现自己很难识别出一个错误目的时，你可以试试以下这些建议：

- 放下错误目的的表，休息一下。让自己远离当时的情形，然后在你感觉更加专注和客观的时候再回到错误目的的表上来。试着在周日晚上，边喝着一杯葡萄酒或其他喜欢的饮料边看错误目的的表。
- 向同事寻求帮助。有时我们与孩子太亲近；他们只要戳到我们的痛处，我们的反应就会非常强烈。一个和这个孩子关系不同的同事，或对孩子的行为更加客观的同事，也许能帮你更清楚地识别出你有什么感受和反应（剧本），这样你就可以更清楚地识别孩子的错误目的。
- 请记住，无论是什么错误目的，都有很多正面管教工具可以鼓励和帮助孩子。

4.如果我把错误目的弄错了怎么办？

有时候，你会发现识别出一个孩子的错误目的非常容易。当这种情况发生时，会让人非常满意，因为这个孩子的行为通常会迅速开始转变，而且他们与其他孩子的交往会开始变得更加成功。有的时候，正确地识别错误目的更像是一个过程。不用担心！最坏的情况不过是你给出的一系列尊重的回应或积极的建议可能不如另一些有效。

5.有特殊需求的孩子怎么办？

并非所有的无效社会行为都是不良行为。有些孩子由于生理上的差异，导致他们的行为与正常发育的孩子有所不同。他们的行为可能不符合社会规范，而且会被误解为不良行为。例如，患有多动症的孩子可能很难整节课都坐着听讲，也很难在上午的学习周期内安静地学习。他们的行为并非受到对如何寻求归属感的错误想法的驱使，而是由他们几乎无法控制的生理差异引起的。我们用"无辜行为"一词来描述由生理或发育差异引起的无效社交行为。[1]

所有的孩子都会做出不良行为。有特殊需求的孩子甚至可能比正常发育的孩子做出更多不良行为。在得到具有执业

---

[1] 简·尼尔森、史蒂文·福斯特和艾琳·拉斐尔合著的《特殊需求孩子的正面管教》一书可能会有帮助。——作者注

资格的专业人士准确诊断，并制定成功的教育方案来支持和适应孩子的特殊需求之前，一个有"无辜行为"（展现出特殊需求症状的行为）的孩子会出现频繁而激烈的不良行为，因为他们很容易丧失信心。他们的"无辜行为"往往被贴上了不良行为的标签，而且人们认为他们能控制自己的行为，但实际上并不能。他们感到被拒绝、被排斥、与别人不同。他们丧失了信心。他们做出不良行为。不良行为加上"无辜行为"会迅速导致他们严重丧失信心和激烈的不良行为。

由于所有孩子都会做出不良行为，所以错误目的表对所有孩子都有帮助，包括做出"无辜行为"的孩子。许多有特殊需求的孩子的父母报告说，正面管教工具不仅能帮助他们处理不良行为，还有着强化亲子关系的额外好处。瑞典的一项研究发现，"合作解决问题能够明显减少对立违抗性障碍（ODD）、注意力缺陷多动障碍（ADHD）和情绪不稳定的症状。"

如果一个孩子没有被诊断出有特殊需求，运用错误目的表可以帮助老师更好地理解、更有效地应对孩子的不良行为。当老师能够有效地应对孩子的不良行为时，倘若这个孩子有几乎无法控制的无辜行为，就会变得更加明显。下面是一个真实的例子：

特蕾莎很难坐着参加完圆圈活动。她很难关注别人在说什么，也很难安静地坐着。随着圆圈活动的进行，她会打断老师或者开始和某个朋友聊天。她的老师运用错误目的表，并且发现特蕾莎的错误目的是寻求过度关注。于是老师和特蕾莎一起建立了一个秘密信号系统，提示她在感到不安时可以离开圆圈休息一下。当她觉得准备好能够安静地坐下来时，可以回到圆圈活动中来。

这个方法非常管用。特蕾莎遵守了约定。特蕾莎不再因为干扰而被赶出圆圈活动，而是和老师一起找到了一种尊重的方式,来给她需要的休息时间。她不再干扰朋友,也不再打断圆圈活动。然而,这个秘密信号系统运行几周后,特蕾莎的老师注意到她坐着完成整个活动的能力并没有提高。虽然特蕾莎不再干扰和打断,但她还是无法坐着完成圆圈活动。特蕾莎的老师明白了,特蕾莎在圆圈活动中无力控制住自己的躁动。她有"无辜行为"。

　　特蕾莎的无辜行为之所以被发现,是因为她的老师使用了错误目的表来有效解决她的不良行为。不久之后,特蕾莎被正式诊断为患有注意力缺陷多动障碍(ADHD)。老师为她制定了一份正式的教育支持方案,包括与其诊断结果相适应的措施,以及从错误目的表中找到预防和应对特蕾莎的不良行为的解决办法。因此,这个学年的下半年对特蕾莎来说非常顺利。

问题讨论

1. 你记得在你的生活中你对自己寻找归属感的能力感到沮丧的时刻吗？这让你有什么感受？你对自己做了什么决定，你需要做什么来找到连接？
2. 你认为你小时候的错误目的是什么？
3. 当你想到鲁道夫·德雷克斯的名言"一个行为不当的孩子，是一个丧失信心的孩子"时，你会想起现在或以前教过的某个学生吗？
4. 大人对不良行为的哪些回应可能会让孩子感到更加沮丧，进而做出更多不良行为？
5. 理解孩子行为背后的信念如何影响你在孩子出现不良行为时与他们互动的方式？
6. 想想你班里一个有行为问题的孩子。用错误目的表来识别他的错误目的。你认为错误目的表最后一栏里的哪些解决方法可能会激发这个孩子与你合作？

第4章

纠正之前先连接

世间万物中,爱最有力量。

——玛利亚·蒙台梭利

如果我们意识到合作和爱永远无法用武力赢得,这个世界就会避免无数紧张和无用的努力。

——阿尔弗雷德·阿德勒

上午下课时,小学老师塞莱娜和3岁的尼古拉斯以及彼得一起站在走廊上。尼古拉斯明显在生彼得的气,而彼得则抱着胳膊站在一旁。塞莱娜担心尼古拉斯可能会打彼得。她蹲在尼古拉斯身边,说:"尼古拉斯,我能抱抱你吗?"尼古拉斯犹豫了一下,然后伸出双臂,绕过塞莱娜的脖子,给了她一个大大的拥抱。他的脸色柔和下来,眼眶里噙满了泪水。塞莱娜说:"我想知道你是否可以走过去告诉彼得,你需要一个拥抱?你可以对他说,'我需要一个拥抱',也许他会拥抱你,然后也会感觉好起来。"尼古拉斯走到他朋友身边,说:"彼得,我需要一个拥抱。"彼得紧紧地抱住他,然后两个男孩手拉手到外面玩去了。

纠正之前先连接

研究表明,预测学生成功最重要的因素之一,是孩子觉得老师关心他们。简言之,当孩子感到与老师和同伴有连接时,他们会做得更好。当教室文化建立在关爱的关系上,孩子们就会茁壮成长(大人也是如此)。

2011年的一项研究发现,师生关系对于学生的短期成功和长期成功极为重要。根据这项研究,课堂应该是合作的和鼓励的,而不应该是娇纵的;正面管教方法支持社会-情感关系的建立。"这些积极的连接能培养对学生来说至关重要的适应能力。"

"纠正之前先连接"背后的基本思想是,当孩子感到安全——当他们相信大人站在自己这边时,他们更愿意接受纠正。规则就是关系第一。这并不意味着大人应该以建立关系的名义娇纵孩子。事实上,娇纵会削弱信任。在正面管教中,我们专注于和善而坚定的做法,让老师能够在对孩子的不良行为做出有效回应的同时,建立起牢固、充满信任的关系。让我们来看看一些有助于在教室里建立连接的有意识的做法。

1.让孩子参与日常惯例和基本规则的制订

日常惯例让孩子们有机会预测接下来会发生什么。这使他们有能力决定如何在实际和情感上为下一步(活动的过渡环节、他们喜欢或不喜欢的事情等)做最充分的准备。前后一致的日常惯例能够营造一个滋养自我调节能力的环境。

基本规则让孩子们知道在保持互相尊重与合作的同时,他们在班集体里活动时应该遵守哪些界限或限制。在蒙台梭利教室里,基本规则简单明了且数量不多,而且我们会教给孩子们遵守这些基本规则所需要的技巧。

让孩子们参与制定基本规则和日常惯例，会让他们更愿意遵守自己帮忙建立的规则，从而激发合作、尊重和连接感。当孩子有机会分享自己的担忧和意见时，他们会形成一种归属感和集体感。不出意外地，在同学们犯了错误或试探界限时，孩子还会帮助维持这些基本规则和日常惯例。为什么不呢？他们帮忙准备了这个环境。这就是"纠正之前先连接"！

不应该把让孩子参与制定日常惯例和基本规则，与让孩子制定日常惯例和基本规则混为一谈。这里的指导原则是有限制的自由。只要有可能，我们就要尽量让孩子参与到环境的准备过程中。所以，如果你和很小的孩子一起工作，不要告诉他们我们走路时要绕开工作毯，而是要问："当我们看到工作毯上有别人的工作时，我们怎么做才能保证不踩到它？"如果你正在和小学生或十几岁的学生一起工作，不要说孩子们在上午的工作周期内说话要小点儿声，而要考虑这样问："当你们努力专注于自己的工作时，你们遇到过什么困难？"收集看法，然后问："我们怎么做才能确保教室安静而且不被打扰？"

对于十几岁的学生来说，参与制定基本规则非常重要，因为老师一旦被视为专制主义，就会引发不尊重和严重的权力之争。当十几岁的孩子被邀请以民主的方式参与制定规则，他们通常会提出和大人可能"强加"给他们的相同（甚至更严格！）的规则。

我们将在下一章更详细地讨论基本规则、日常惯例和班级议事程序。

2.创建传统

和家庭传统一样，班级传统让孩子们有一种作为班级成员的认同感。传统标志着时间、成长和成熟。生日散步、节日庆祝活动以及每年固定的课程和活动都是孩子们的里程碑,帮助孩子们将自己看作是一个更大的群体的一部分。

在蒙台梭利教室里,由于我们会与孩子们共同度过整整3年时间,所以我们有很好的机会来形成班级传统,这将让孩子和他们的家人铭记很多年——它提醒我们一起度过的时光,还有我们永远拥有的连接。传统给了集体一个共同计划并见证计划开花结果的机会。

我(奇普)喜欢给我的学生们讲故事。这么多年来,我积累了一系列的故事,我会在午餐后讲故事,每周一次。我的学生都爱听这些故事,而且急切地等待着"故事日"的到来。年纪大点的学生会请求我重复讲述那些他们最喜欢的故事,并且试着给自己的父母和班级里年纪小的学生讲述这些故事。离开我的班级很多年后,我的学生们不仅会想起这些故事,还会回忆起他们在教室里与朋友和我度过的那些特别时刻和那种归属感。

3.拥抱你的幽默感

当大人和孩子分享他们的幽默感、自嘲,被孩子的笑话逗笑,或者拿自己开玩笑时,他们会让孩子看到他们并非圣人并且也有弱点。他们向孩子们表明他们也是普通人,并示范给孩子什么是弱点。幽默能缓解困难情形中的压力,并且帮助每个人记住真正重要的是什么。笑声的确是最好的良药!

运用你的幽默感可以有效地解决不良行为,并直抵问题的核心,同时还可以与学生建立连接,让每个人的尊严不受伤害。在上午的工作周期,莫妮卡的老师戴恩看到她把文学书藏到了书架底下。之后,她向戴恩解释说她找不到文学书了,所以她第二天才能做文学作业。戴恩会心一笑，问："你找过几何书架底下没有？"意识到自己被识破了，莫妮卡也笑了，于是把她的书取了回来。

　　笑是一种精神上的交流方式：无需言语，我们就可以对彼此说，"我与你同在。我明白。"

——布琳·布朗

4.倾听

　　深入倾听他人，会建立一种深刻的人类之间的连接感。当孩子感觉被听到和被理解时，他们就会产生归属感。在和孩子建立关系的过程中，倾听的重要性再怎么强调都不为过。

　　费伊·道尔（Faye Doell）在2003年做的一项研究发现，倾听有两种类型：为了理解而倾听和为了回应而倾听。为理解而倾听的人都对他们的人际关系表示了高度的满意。如果你曾经花时间和为了理解而倾听的人而不是为了接下来自己该说什么而倾听的人在一起过，你就知道我的意思。感觉被理解，或者甚至是感觉有人在试着理解你，是一个人能遇到的最有力量的人类连接体验之一。

　　有些人似乎是天生的倾听者。他们有一种与生俱来的在场以及为了理解而倾听的能力。而我们其他人必须通过练习才能成为好的倾听者。好消息是，倾听技巧只是——技巧而已。它们可以被教授和学习。更好的消息是，良好的倾听技巧将改变你和每个人的沟通和连接方式。在第13章"沟通技巧"中，我们将讨论与孩子进行沟通以加深理解和加强连接的方法。

5.事先核实

在做出臆断之前先核实情况，是一种与孩子建立信任、合作和连接的简单但深刻的方式。很多时候，大人看到一个情形，对自己看到的做出假设，然后采取行动。然而，事情往往比我们看到的要复杂。就大人在课堂上对出现行为挑战的孩子做出回应而言，情况尤其如此。

蒙台梭利老师肖娜莉观察到4岁的男孩阿玛尔穿过房间，为他正在做的工作取纸。他每次从纸盘里拿起一张纸后，都会用力把它扔在地上，微笑着把它捡起来，然后再走回自己的桌子。在介入之前，她看见他这样做了好几次了。

我的第一个念头是跳出来阻止他，告诉他我们需要尊重地对待这些教具。幸运的是，我想起了我接受的正面管教培训，并且决定在假设他不尊重教具之前，先向他核实一下。他告诉我，他一次只应该拿一张纸，但有时纸会粘在一起。所以，他就把纸扔在地上，因为扔的时候纸张就会散开。纸张散开后，他就把多出来的纸放回去。从大人的角度，我看到的是一个孩子在不尊重地对待教具。但是，真正发生的是，一个孩子自己想出了遵循班级规则的方法。我向他展示了如何在不把纸扔到地上的情况下把它们分开，我们都学到了一些东西。我对跟他核实了情况感到欣慰。我没有让他沮丧，我还打开了增进沟通和理解的大门。

想象你看到一个孩子一次又一次地用力将纸扔在地上。你很容易做出错误的假设并且迅速纠正他。"阿玛尔，我们要温柔地对待我们的教具。你可以尊重地使用这些教具，否则就要把它放回去。"如果肖娜莉对阿玛尔这样说，他的体验会有什么不同？她没有这样做。她对他做了无罪推断。

6.一起计划有趣的活动

花时间一起玩耍是和孩子建立连接非常重要的一部分。有那么多事情要做，而时间又那么少。在每间蒙台梭利教室里，孩子们度过的3年时光转瞬即逝。让我们不要忘记好好享受孩子与我们在一起时的欢乐时光。

小学老师玛丽写道：

我最喜欢的一些课堂回忆是当我们因为外面下大雨或太泥泞而在室内进行课间休息的时候。我有意识地决定，在室内进行课间休息时，不要被动地监督孩子们，而要在他们玩耍的时候主动参与。我想和孩子们共度一些时光，既没有任何安排，也不试图教他们点什么，既不解决冲突，也不帮助他们完成任务。我会拿出拼图、游戏或者美术用品，和孩子们坐在一起玩耍或创作。这会带来很多精彩的对话，让我对每个孩子有更多的了解。这种看似毫无成效的活动培养了我们所有人之间的连接。对我来说，这让孩子们成为主体，而不是客体。我发现了他们是谁，是多么有趣，以及我是这么喜欢他们每个人。我们有机会了解彼此。这是一种如此强大的建立连接的方式，我投入的每一分钟都是值得的。后来，当需要转移孩子的行为时，我就能够带着更多的了解走近他们，而他们反过来也更加配合。

7.安排特别时光

琳赛是一名小学低年级学生，每天早上都会风风火火地进入教室。她会从教室门口冲进去，跑到她的朋友山姆身边，然后事无巨细地向他诉说自前一天分别以来发生的一切。过几分钟，琳赛就会和山姆发生争执，而且每次都以山姆哭得稀里哗啦告终。接着，他们的甄老师就要花10~15分钟来努力帮两人解决冲突。甄老师很快就意识到，琳赛故意在这些互动中和山姆作对。他怀疑这是琳赛在试图引起他的注意。

午饭时，甄老师花了些时间与琳赛交谈，他说："琳赛，我真的很想在上午的工作周期多花点时间和你一起阅读。你愿意吗？"琳赛兴高采烈地给出了回应。甄老师继续说："你到学校后，我们一起做的第一件事就是读书。你进教室后可以直接到我身边坐下。一旦我准备好了，我们就一起读书。怎么样？"琳赛非常喜欢这个想法。

在甄老师和琳赛设立他们的特别时光惯例后不久，她早上与山姆的冲突就结束了，而且在这一年剩余的时间里，甄老师和琳赛都遵守着他们的阅读时光。甄老师反思道："每天早上和琳赛一起读书只需要花5分钟左右的时间。我认为通过安排这段和她的特别时光，我每天可以节省10分钟。而且我们每天的第一次互动也从消极变得积极。大约一周后，我真的很期待我们在一起的这段时光，而且我们也建立了非常好的关系。"

有些老师可能想知道，"要是每个学生都想在早上安排特别时光怎么办？"通常不会有这样的情况。然而，如果这确实成为一个问题的话，我们可以把它列入班会议程，让孩子们想出一个时间表或者提出其他解决方法，比如轮流担任早晨的迎宾员。

特别时光是专门留出来的时间，目的是与你的班级里的孩子们培养连接并发展更深层次的关系。这不需要很长时间，也不需要打破你的日常惯例。在每天三个小时的工作周期里，蒙台梭利老师们会花很大一部分时间一对一地与孩子们一起工作。你有一个绝佳的机会与孩子们建立个人连接。

以下是如何与学生创建特别时光的一些例子：

- 每天与一名学生在一张两人桌共进午餐
- 花一点时间询问一个孩子有哪些爱好或校外活动
- 建立惯例，让孩子相信你会到场。例如，每天安排一个特定的时间让孩子给你朗读
- 每天一起做一项特定的班级事务，例如，一起打扫零食区或整理书架
- 参加学生的课外活动（足球、舞蹈等）

对于错误目的是寻求过度关注的孩子来说，创建特别时光是一个特别强大的连接工具。定期安排的特别时光能够以主动的、建设性的方式帮助寻求过度关注的孩子满足他们对连接的需求。如果你能始终如一地保持这个惯例，定期安排的特别时光也有助于培养孩子的自主性和自我调节能力。有了你定期给予的关注，能帮助他们学会管理自己的情绪和欲望，因为他们期待这段时光的到来。

8.欣赏和鼓励独特性

你有没有注意到孩子最大的弱点似乎也是他们最大的优点？一个邋里邋遢的孩子也会很有创造力。一个控制欲很强的孩子也会很有条理。一个好斗的孩子总是会为朋友挺身而出。一个过于敏感的孩子在别人受到伤害时会温柔且富有同情心。像大人一样，大多数孩子都能意识到自己的不足，并且会努力

做到最好，即使他们看起来并非如此。

所有的孩子都有着独特的个性和才能。这些个性特征让他们成为他们自己。当你花时间认可并鼓励孩子的独特性时，你就在让孩子知道他们是因为他们本身而被接受和珍视的。你成了将他们与班集体连接在一起的一座桥梁。

"托马斯，我注意到你真的很照顾你的朋友。我很感激你是我们班的一员。"

"明达，你总能用很多不同的媒介来表达自己。"

"霍普，你对别人的感受非常体贴和关心。"

"阿什尔，你真的很努力让你的储物间井然有序。我注意到你还帮了本。"

提醒孩子的不足可能会让他们沮丧。要理解，每一个不足的背后都是一个天赋，而且欣赏这些天赋可以鼓励孩子，并和他们建立连接。

9.通过给孩子做有意义的贡献的机会来表达信任

蒙台梭利理念的一个主要原则是，孩子是有能力的。我们相信，孩子有着与生俱来的学习和为所在的群体做贡献的愿望。我们信任他们；而且更重要的是，我们信任存在于每个人内心的人类与生俱来的善良。我们准备的环境能够释放孩子所有惊人的潜力。当人们相信孩子能够以一种有意义的方式做贡献时，孩子们就会茁壮成长并体验到自己的重要性和做贡献的感觉。

蒙台梭利和德雷克斯都强调了培养孩子独立性和能力的重要性。这是一个起点，却并不止于此。如果孩子可以利用这种独立性和能力为他们所在的集体做有意义的贡献，他们就会产生连接感和归属感。帮助孩子独立是我们的义务；然而，我们还必须为他们提供工具来让他们成为对集体有贡献的一员。提供做有意义的贡献的机会，是实现这一重要目标最有效的方法之一。

以下是一些鼓励孩子做有意义的贡献的方法：

- 关注优点。找到孩子的才能，并给他们提供机会帮助别人！
- 在教室里寻找一切机会给孩子分配任务（复印文件、做真正的清洁工作、塑封、帮助准备活动、帮助制作课堂教具、带领一个圆圈活动）。看看你每天要做的事情，想想有哪些可以让孩子们来做。记住，他们不是在为你做这些事，而是你在给他们提供一个为集体做贡献并且找到归属感和价值感的机会。
- 不要等着孩子们相互帮助做课堂作业；鼓励他们去找那个能提供帮助的特定的孩子。例如，如果一个孩子刚开始学习架子和试管[1]，而且需要帮助，就让刚刚掌握这个教具的孩子帮助他们，或者让需要得到帮助的孩子去请教那些已经掌握该教具的孩子。
- 确保班级事务（杂务）真正有意义。例如，如果你的教室里有 25 个孩子，而真正需要完成的杂务只有 20 件，要避免为了让每个人都有事做而制造实际上没必要的工作。孩子知道哪些不是真正的工作，而且也会做出相应的行为，这些行为甚至会渗透到其他有意义的工作中。在一些教室里，孩子们制作了一本带插图的《班级事务描述》。

---

[1] 蒙台梭利教具，由一组 4 个板子和一堆珠子组成，用来进行除法运算。——译者注

- 注意不要把有意义的工作只交给那些"赢得"你信任的孩子。行为不当的孩子渴望建立连接,而找到这种连接最有效的方式是通过社会兴趣或者帮助他人。当孩子找到归属感和价值感时,他们对不当行为的需求就会消失。

10.关注进步,而不是完美

在成长的过程中,我们中的很多人学会了对行为的期待是"及格／不及格"。你要么达标,要么不达标。关注点永远是我们在哪些方面可以做得更好,我们的弱点是什么,以及我们需要做些什么来纠正这些弱点。这类想法的问题在于,它往往会让人丧失信心。如果关注点改为认可那些为实现目标而取得的进步和改善会怎么样?

梅奥诊所[1]的一篇文章解释说,专注于完美实际上对于实现我们的目标是有害的。它会减慢我们的速度,助长消极的自我认知,并阻碍问题的解决。相反,当我们的头脑专注在已经取得的进步时,我们可以继续前进:"通过专注于进步,你可以更容易地克服障碍,因为你知道会有起伏。你知道你不必完美。你知道通往成功的道路并不是一条直线。这种认识会让你一直走在通往成功的道路上。"

苏珊正在和她所在中学的一个班级开班会。这次班会是关于一个叫詹姆斯的男孩,他一直在故意伤害其他孩子。孩子们喜欢詹姆斯,但是他们很沮丧,因为尽管很多孩子已经在和平桌上和詹姆斯讨论过打人的事,可他还在继续打人。苏珊还

---

[1] 1863年在美国明尼苏达州罗彻斯特创立,是世界著名的综合性非营利医生执业组织。——译者注

从其他几个孩子的父母那里听说了詹姆斯对他们孩子的攻击行为。现在是春天，可这个话题在整个学年里已经被提起了好几次。其他孩子都很沮丧。一个孩子气愤地说，他不得不浪费时间讨论这个问题，而它只会再次发生。

客观上讲，攻击行为还在发生。但事实上，詹姆斯在这一年里取得了长足的进步，这在很大程度上要归功于孩子们在班会上所做的工作。现在，詹姆斯伤害同学的事情已经很少发生了——也许每隔几周一次。（年初时，每周发生好几次。）苏珊能看到这点，但孩子们看不到。他们用追求完美而不是进步的眼光来衡量詹姆斯的成功。

在这次班会上，苏珊问了一个简单的问题："自从我们年初开始在班会上讨论这个问题以来，詹姆斯有进步吗？"整个讨论的基调都变了。孩子们承认他偶尔还是会打人，但已经取得了很大的进步。班会结束后不久，当詹姆斯用讨论或走开的方式解决问题时，苏珊听到其他学生开始赞扬他。几周之内，詹姆斯的攻击行为完全消失了。他再也没有在学校打过人。这是真实发生的一个故事。

当我们关注进步而不是完美时，孩子们就会感受到老师和其他孩子的支持。

11.坦率且诚实地面对自己的错误

我们都会犯错误。当老师能够坦率且诚实地面对自己的错误时，孩子们就会学到犯错误没关系，而且承认自己犯的错误也没关系。

艾伦正在给他的一些初中学生上代数课。他通常提前一个小时到校，备课并为当天做准备。那天早上他很匆忙，没有提前备课并做准备。艾伦已经教代数很多年，他理所当然地认为自己可以即兴讲课。开始上课了，磕磕绊绊地讲了15分钟之后，艾伦停下来并对学生们说："我要求你们每天晚上做作业，并且做好预习再来上课。我想当然地觉得自己可以不用备课就上课，我没有做我的作业。我要求你们在犯错误时改正问题，现在我必须解决我自己的问题。接下来的时间大家可以补任何没做完的作业。今晚也不留作业了。明天我再教这节课。"

艾伦分享说：

在我刚开始教学的头几年里，我绝不会承认这样的错误。我认为向学生承认错误是软弱的表现。我认为我的工作就是示范如何正确地做事。很明显，试图向孩子们隐藏我的不完美是徒劳的。当我试图掩盖它们，实际上却在我和孩子们之间制造了隔阂，因为他们知道我犯了很多错误。当我开始示范如何承认自己的错误时，令人惊叹的事情发生了。他们开始为自己的错误承担责任。课堂上的整体氛围发生了变化，因为我们更加信任彼此了。

蒙台梭利写道："从对错误的觉察中，涌现出一种兄弟般的情谊。错误使人们产生隔阂，但是，改正错误的行为却是让人团结的一种方式……它成为一种纽带，当然也是人与人之间的关系纽带。它尤其有助于实现孩子和大人之间的和谐。发现大人身上的一些小错误，并不会让孩子对你不尊重，也不会让大人失去尊严。"

我们是蒙台梭利教室日常环境（living environment）的一部分，而且我们的习惯和行为很荣幸地能够被当作一个教学工具使用。如果要鼓励孩子们把错误看作学习的机会，我们就必须以身作则。当我们这样做时，我们就为孩子创造了一个安全空间，让他们承认错误，并把错误用作促进个人成长和营造一个充满接纳和集体感氛围的手段。

12.花时间建立心理连接（针对十几岁的孩子）

十几岁的孩子正在向成年人过渡。他们正在成为独立于父母和老师之外的个体，而且此时他们主要的归属感和价值感来自他们的同龄人。和大人的关系虽然还是非常重要，但同龄人关系变得更重要。随着十几岁的孩子努力在这个世界上，尤其是在他们的班集体里，寻找自己的位置，"纠正之前先连接"的理念对于创建一个支持性的环境就变得至关重要。

如果你曾经与十几岁的孩子打过交道，你就会知道一场冲突会破坏一整天（或一整周）的学业。冲突在寻找自己在群体中的位置的过程中是自然的而且是不可避免的。但是，并非所有的冲突都是有益的。如果十几岁的孩子没机会建立连接，并找到他们作为一个群体的身份，冲突很快就会演变成一个破坏性的循环，尤其是在较小的蒙台梭利环境中。

为了帮助十几岁的孩子建立连接并在群体中找到自己的身份，也为了帮助每个学生在群体中找到自己的身份，许多学校会在学年开始时投入大量时间来帮助建立班级凝聚力。

萨曼莎是一名初中教师，她解释了她所在的学校是如何为学生安排时间进行连接的。

每年开学的第二周，我们都会花一周的时间，在校外参加一个领导力和团队建设项目。学生们会花整整一周时间专注于学习沟通技巧、策划团队建设活动、提高决策能力和领导技能。开学第八周，我们会再次离开校园，开始一年一度的奥德赛之旅。这是一次为期八天的实地考察，聚焦我们这一年的历史课学习。旅行中的活动安排得满满的，并且给了全班同学进行团队合作的压力。虽然我们在参观博物馆、现场历史展和历史遗迹时学到了很多东西，但这次旅行更重要的目的是为学生提供一个作为群体进行连接的机会。如果我们不主动花时间满足他们对连接和身份的需要，那我们就得在整个学年花更多的时间来帮助学生解决通过冲突寻找自己在群体中的位置问题。

问题讨论

1. 你有哪些做法有助于在你和学生之间建立连接？
2. 在制定日常惯例和基本规则时，你会如何让你班里的孩子们参与？在不娇纵的情况下，你会说什么话来鼓励他们参与？
3. 回想一次你对孩子的行为做了假设并且事后希望自己能先核实一下的情况。
4. 找出你的班级里那些让孩子们找到对集体的归属感的传统。
5. 描述你小时候的一个情形：一个大人信任你，并给你机会让你做出有意义的贡献，从而让你从中感受到归属感和价值感。
6. 回想一下你的孩童时代，大人意外地向你展现出脆弱的一面时，你的反应是什么？
7. 你是如何关注进步而不是完美的？

第5章

准备环境：促进相互尊重、合作和自我调节

现在，大人本身就是孩子环境的一部分；如果大人不想成为孩子的障碍，也不想在孩子成长和发展所必需的活动中替代孩子，他就必须调整自己以适应孩子的需要。

——玛利亚·蒙台梭利

我们可以通过改变我们自己，来改变我们的整个人生和身边人的态度。

——鲁道夫·德雷克斯

时间已经是四月初，可梅觉得夏天来得似乎还不够快。她所在的幼儿园班级里的学生已经"不受控制"。教室里有四五个孩子不停地打扰其他孩子。孩子们之间互不尊重，也不尊重老师。每天操场上似乎都会有人挨打。作业完成得很少，父母们已经开始抱怨。这一年从一开始就很艰难。到了六月，梅已经迫不及待地准备放暑假了。这种感觉并不好。你可能有过类似的经历。

梅不是一个新老师。从教十多年,这是她教过的最难对付的班级。暑假来了,带着挫败感和这个班这一年到底怎么回事的困惑,她去度假了。假期第三天,梅决定不能什么都没学到就让这一年翻篇儿。她给好朋友阿尼卡打了个电话,问其是否愿意和自己一起解析一下这一年,以便找出问题所在。阿尼卡欣然同意,她们约好一起喝咖啡。

梅开诚布公地谈了自己的困扰,阿尼卡专注地听着。她描述跟孩子们一起设立和保持界限有多么困难,而且因为她的助教和她不一致,孩子们会把助教当成好警察,而把梅看作坏警察。梅觉得她没办法享受和孩子们在一起的乐趣,因为她要被迫维持基本规则和纪律,而她的助手则可以享受很多和孩子们一对一的时间。她还解释说,到了学年中期,孩子们似乎并不遵守基本规则,而且活动之间的过渡环节是一天中最糟糕的时刻。年长的学生没有起到带头作用,梅觉得自己永远都不能离开教室,甚至连上个厕所都不行。

阿尼卡开始问一些非常有洞察力的问题。"你是怎么跟你的助教沟通的?""告诉我你是怎么在教室里建立日常惯例的。""你是怎么让孩子遵守课堂基本规则的?""你多久观察一次你的班级?每次观察多久?""你有没有和助教分享你的观察笔记?"

原来阿尼卡也有过类似的经历。教室里一个真正的难题让她彻底检查了自己的做法和教室布置,包括物理环境和社会-情感环境(日常惯例、课堂纪律、优雅与礼仪、社会技能,等等)。她问梅的这些问题就来自她自己来之不易的经验。梅很感激这次谈话,并对阿尼卡表达了谢意。阿妮卡说:"事后看来,最艰难的那几年是我最好的礼物。它在我的职业生涯开始进入舒适区的时候,迫使我坦诚面对自己的不足并愿意接受改变。"阿尼卡和梅说好了这一整年都要保持联系。这次讨论给梅带来了很多思考。

准备环境：课堂管理的要素

作为一名蒙台梭利老师，没有什么比在新学年开始之前布置教室更有趣、更令人满足了。在布置书架、创设工作（creating work）、摆放教具、塑封、装饰教室，以及在为即将到来的热切的学生们做准备的过程中，你会发现很多乐趣。老师们充满了希望和期待，这种感觉在整个校园里弥漫。

梅艰难的那一年也是从同样的乐观情绪开始的。她花了好几天时间为学生们准备教室。但她无法预测迎接她的将会是什么。引用《阿甘正传》里的一句话，"生活就像一盒巧克力。你永远不知道下一颗是什么味道。" 受到我们无法控制或无法预测的因素影响，比如，最后一刻录取、尚未确诊的特殊需求孩子占比较高、群体动力弱、父母的影响等，最困难的几年似乎突然就出现了。但是，在阿尼卡的帮助下，梅发现有一些变量是她可以控制的，这些变量有助于营造一个促进合作和相互尊重的社会-情感环境。

在蒙台梭利教室里，我们的主要目标之一是促进独立、自我调节和尊重。我们花很多心思准备教室的物理环境来实现这些目标，但是，教室里的社会-情感环境也应该能实现这些目标。社会-情感环境由两部分组成：人际关系和支持这些人际关系的结构。人际关系是班集体的心脏和软组织。但是，为了保持生命力，心脏必须得到骨骼系统——也就是结构——的保护。在本章中，我们将讨论蒙台梭利教室的结构，它通过营造一个安全、一致、可预测的环境来促进自我调节，进而为软组织和心脏提供安全和保护。以下是我们骨骼系统的组成部分：

- 日常惯例
- 活动之间的过渡环节
- 基本规则
- 优雅与礼仪技能
- 秩序
- 大人之间的沟通

日常惯例

　　日常惯例为孩子们提供了一致性和可预测性。稳定、一致的日常惯例会营造一个环境，让孩子们知道接下来会发生什么，并且能够在逻辑和情感上独立地驾驭环境。当日常惯例是一致的、经过深思熟虑的、沟通良好的而且经过练习时，孩子们就能从心里为即将发生的事情做好准备。这有助于培养独立性、时间管理技能（甚至在孩子很小的时候）、合作和自我调节能力。

　　在梅的例子中，她知道日常惯例的一致性很重要，但她掉进了一个很多有经验的老师都会落入的陷阱。和大多数老师一样，她喜欢在教室里给孩子示范工作，并让他们与工作建立连接。然而，随着她作为一名老师的技巧越来越娴熟，这些年来她的日常惯例变得松散且不一致。不知不觉间，梅成了那个"说了算的"，而不是依靠日常惯例来引导课堂。孩子们得靠她才能成功，这让她感到筋疲力尽，让孩子们感到沮丧。

　　当日常惯例变得软弱无力且不一致，孩子们就要依赖大人指引下一步该做什么。这对大人和孩子来说都是很大的压力。大人必须给出实时指令，这些指令很快变成命令，然后孩子们会选择服从或反抗。这两种选择都会造成一个依赖循环。通常情况下，大人是最后一个看到问题根源的人，然后他们开始责怪孩子。"这群学生太难带了"，或者"这些孩子怎么不听话？"，或者"我得跟他们说多少次才……？"。

下面是创建一致的、可预测的日常惯例的一些建议：

- **花时间计划**：创建一致且可预测的日常惯例最有帮助的做法之一，是在学年伊始，在所有大人（老师、助教、专家等）都在场的情况下创建并记录日常惯例，这样每个人都清楚日常惯例是什么，何时发生，以及如何执行。这一整年里，要花时间对日常惯例进行评估，看看它们是否对包括孩子和大人在内的整个集体都适用。如果不是，就一起修改。

- **先做这个，后做那个！** 在建立教室里的日常惯例时，要考虑把需要更多自律的活动放在娱乐性活动之前。例如，"我们先打扫教室，然后再去外面玩"，或者"我们先除掉花园里的杂草，然后再踢一场足球"。这是延迟满足和培养自我调节能力的绝妙做法。它很简单，但无论对单个孩子还是对教室管理来说都有着深远的影响。

- **让日常惯例说了算！** 一致且可预测的日常惯例本身就是一种沟通形式。当孩子们了解了教室里的日常惯例后，大人就不需要再发号施令了。如果一个学生需要转换行为或需要提示，老师可以简单地问："下一步是什么？"当日常惯例说了算，每个人的压力都会减轻。孩子获得了独立，而大人花在纠正和引导上的时间也更少了。这让我们有更多精力放在喜欢的事情上，比如上课、观察，以及简单地享受班级里那些丰富多彩的个性。只要有可能，要邀请孩子们帮忙创建和评估教室里的日常惯例。当孩子们帮助创建并评估日常惯例，他们就会培养出对所在班级的归属感、价值感和主人翁精神。在第15—17章中，我们将讨论当日常惯例不起作用时如何让孩子参与解决一个问题。孩子拥有独特而重要的视角，而且他们的观察和建议对于帮助解决班级日常惯例中的问题非常宝贵！

- **不被打断的工作周期**：要保护好不被打断的工作周期！蒙台梭利的工作周期是一天的核心和灵魂——也是最重要的每日日常惯例。这是孩子们自由选择工作、独立工作、和朋友一起工作，以及跟着老师上课的时间。正是在这段时间里，孩子们培养专注力、好奇心、适应力和独立能力。很多时候，学校或课堂会开始逐渐削弱蒙氏教育一天中的这一关键元素，然后又纳闷为什么孩子们不像他们想要的那样独立或专注，或者为什么会出现不良行为。请记住，整个环境都是为了促进独立而创建的。如果孩子们没有时间通过在环境中的体验来建立持久的专注力，我们又怎么能期望他们变得独立呢？

正如玛利亚·蒙台梭利所写："在获得这种注意力和专注力之前，老师必须学会控制自己，这样孩子的精神才能自由扩展并展现其力量；本质上，老师的职责是不要打断孩子的努力。这是老师在培训中习得的微妙的对是非的辨识能力发挥作用的时刻。她必须知道，给予帮助并不容易，甚至静静地站着观察可能也不容易。"

准备环境：促进相互尊重、合作和自我调节

活动之间的转换

activity之间的转换是孩子和大人在校期间最困难的时刻之一。在大多数情况下，这是你观察到不良行为最多的时候，不管你是和小孩子、小学生还是十几岁的学生一起工作。

活动之间的转换会发生很多事情。一个活动必须结束，而另一个活动正在开始。在转换开始时，群体里的一些成员可能还没有结束上一个活动，而且他们会感到沮丧。总体来说，有些孩子在转换活动时很难调节自己的情绪。

在转换期间，大人经常会在无意间引发不良行为。当阿尼卡帮助梅回顾她的转换环节时，梅意识到，在这些时候她和助教往往不能全身心地陪伴。他俩有一个可能会迅速去洗手间，或者留下来清理一些小的烂摊子，或者继续完成转换开始前正在做的事情。孩子们注意到了这一点，并且觉得在最需要大人陪伴的时候他们缺席了。梅还意识到，她没有花时间与助教一起规划课堂转换环节的细节。这让他们不断错误地以为或猜测对方在做什么。几乎每一次活动之间的转换都会出现沟通不畅的情况，而且都需要灭"火"。

好消息是，当活动之间的转换经过精心计划和练习，并且大人能全身心地陪伴，它们就可以做到无缝衔接。在一个转换环节开始前，大人需要把手头正在做的事停下来，并且做好监督的准备。简言之，当转换开始时，大人需要全身心地陪伴，以便帮忙维持转换环节的日常惯例。当学生们感受到大人的全力关注，而且转换环节的日常惯例一致而可预测时，会让他们产生安全感，不良行为也会大大减少。

下面是让活动转换成功进行的一些注意事项：

- 大人要花时间计划和沟通。
  - 每个大人将扮演什么角色（宣布解散、监督，等等）？
  - 大人应该在什么时间、在哪里就位？
  - 转换时间是什么时候？
  - 孩子将如何解散？
  - 哪些孩子需要额外支持？他们需要什么支持？由谁来提供（老师或者另一个学生，等等）？
  - 你期望孩子做什么（优雅与礼仪，与后勤有关的工作）？
  - 当一个例行的转换环节需要做出改变时，大人需要沟通哪些内容？

- 在转换开始之前给你自己留出为转换做准备的时间。结束手头正在做的事情，去洗手间，收拾好上课用的物品，等等。

- 让那些需要一些提前期的学生做好准备。一些仍在发展自我调节能力的孩子需要一点时间让自己为即将到来的转换做好准备，否则他们会感到沮丧。老师可以说："芬恩，我的课结束后我们要一起做圆圈活动。你是现在就开始准备呢，还是等铃声响了再开始？"

- 考虑用其他替代方案代替转换环节的排队。事实上，要尽可能省去排队。大人排队也会出乱子！为什么我们希望孩子们能好好排队而不调皮捣蛋？有时候，为了安全起见，排队是必要的。然而，通常我们让孩子们排队是因为我们没有考虑其他方案。例如，不用排队出教室，可以安排一个大人在室外，另一个大人在室内监督孩子。当孩子们准备好走出教室时，他们只需要走出去就好了（显然每个学校的规定不同，安全还是要放在首位）。或者只是让孩子们走在一起，并且教孩子们优雅与礼仪技能中的沿着走廊、楼梯间或人行道的一侧行走的技能。
- 在转换环节尽量不要让孩子围成圆圈（尤其是在幼儿园的教室里）。例如，不用让所有人先围成一个圆圈，再整体移动，只须轻拍孩子的肩膀，让他们知道要进行下一场活动就可以。在学龄前课堂里进行转换时，一定要让年长一些的孩子帮助年幼一些的孩子（使用结伴制或给年长的孩子安排特定的工作）。
- 注意突然发生的转换。从操场进到教室并直接进入圆圈活动，就属于突然发生的转换，因为孩子们正从兴奋的、粗大运动[①]活动和独自玩耍（有时还会发生社交冲突）直接转换到需要立即进行自我控制的环境。在进行整体活动之前，比如班会、圆圈活动或专家指导，要考虑安排安静的自主时间。

基本规则

蒙台梭利教室里制定基本规则的目的，是为尊重的行为建立指导原则，从而促进社会独立性和自我调节能力。蒙台梭利教室一直因为过于娇纵、松散或自由，或者反过来，因为过于僵化或控制，而受到批评。这些批评的背后是对我们的理念及其执行的一种根本性误解。

一个领导得很好的蒙台梭利教室既不会娇纵也不会过度控制。孩子们对于恰当的界限有清晰的感觉，而且拥有在这些界限内活动的自由。这就是有限制的自由的概念。大人的职责是

---

① 指涉及整个身体或大肌肉群的运动，如走路、跑步、跳跃等。——译者注

准备一个环境，让孩子有清晰而坚定的限制，有选择的自由并且能从错误中学习。基本规则应该少且简单，能够促进每个人都享有尊严和尊重的权利。

一个孩子的自由应该以他所属群体的利益为界限……因此，我们应该防止孩子做出任何可能冒犯或伤害他人，不礼貌或不体面的事情。除此之外，一切可能有用的行为都可以表达出来。不仅要允许他们表达，还应该被老师观察到。

——玛利亚·蒙台梭利

在正面管教中，我们希望尽可能地让孩子们参与制定日常惯例和基本规则，因为这会让孩子对班集体产生一种主人翁意识。当孩子觉得他们是班级的主人时，在帮助自己的同学成为集体中更负责任的一员的过程中，他们不仅更有可能合作，而且更有可能担任领导角色。

梅执教已经很长时间了，而且总是非常有意识地在开学之初教孩子们教室里的基本规则。但是，她一直是给孩子们制定基本规则，然后和他们一起练习。当她了解让孩子们参与制定基本规则的好处时，她决定试一试。在下一学年的头几周，梅问孩子们："你们愿意帮我为我们班制定规则吗？"所有的孩子都举起了手。她接着问："为了确保我们的教室是安全的，是相互尊重的，我们应该制定哪些规则？"孩子们有很多想法，其中大部分与梅一直以来制定的基本规则非常相似。当然，第二年和第三年的学生发言最多。随着时间的推移，梅注意到了一些变化。年长的学生真的会采取行动，通过提醒和亲身示范来帮助年幼的学生。她还注意到，当她和助教遵守基本规则时，孩子们会更加合作。

准备环境：促进相互尊重、合作和自我调节

研究表明，当学生们参与制定规则和日常惯例、参加班会并且参与自我评估时，他们会受到积极影响。不仅他们的行为得到了改善，还表现出了更高水平的批判性思维能力。

在学龄前阶段，你可以通过先给出规则的一般性标准，再征求孩子们的意见，来让孩子们参与制定基本规则。"我们有哪些方法可以确保我们以和善和尊重的方式对待每个人？"孩子们几乎总是会想出与老师相似的基本规则。但是，当他们参与时，他们就建立起了连接并投入其中，从而让他们更愿意合作，领导能力也得到提升。

在小学阶段，孩子们的理智开始形成。他们处于道德发展的敏感期；他们内心的是非观、尊重与不尊重的意识正在形成。他们正在根据自己的社会经验发展自己的道德指南针[1]。在这个过程中，他们会犯很多错误。为了尊重这一敏感期，让小学生参与制定课堂基本规则极为重要。他们不仅会从自己的经验中学习，还开始看到行为在班集体的背景下造成的后果。

随着道德活动的发展，他（孩子）希望运用自己的判断力，而他的判断力往往与老师的大不相同。没有什么比教这个年龄段的孩子道德价值观[2]更困难的事情了；他会第一时间反驳我们所说的一切，因为他已经成了一个反叛者……他的内在发生了变化，而本性是非常合乎逻辑的，它现在不仅唤起了孩子对知识和理解的渴望，同时还唤起了他对精神独立的主张，唤起了他用自己的力量区分善恶的愿望，以及对专制权威限制的

---

[1] 指的是引导道德走向的一种精神智慧。由超个人心理学领域的领军人物K.维尔伯提出。——译者注

[2] 指个人或社会对于道德行为和原则的认同和重视。——译者注

憎恨。在道德领域，孩子现在需要的是自己内心的光芒。

——玛利亚·蒙台梭利

在学生到了十几岁的时候，他们开始个性化，测试他们的个人力量。我们有时会开玩笑地问："你们怎么拼写individuate（个体化）啊？"答案是"R.E.B.E.L.（叛逆）"。当十几岁的孩子被赋予在所在的群体中使用他们的"力量"的自主权时，叛逆就不那么明显了。十几岁的孩子希望并且需要对如何运作他们的群体有更大的发言权。他们对于维护自己的个人尊严、对于在社会中找到自己的位置，对他人（尤其是大人）的虚伪都很敏感。在大人的引导下，让十几岁的孩子参与制定尊重的群体基本规则，可以支持这些发展的敏感性，并滋养他们寻求归属感和价值感的深切渴望。

在我（奇普）的一间小学教室里，我们和往常一样，在新学年开始时一起制定基本规则。一位从传统私立学校转来的新生（习惯了与老师的敌对关系）建议其中一条基本规则应该是，如果学生不喜欢老师做的事情，就可以罢课。我没有回应，只是把这个想法写在了白板上。当我们收集完意见，并根据3R1H[合理（Reasonable）、相关（Related）、尊重（Respectful）和有帮助（Helpful）——见第135页]评估这些基本规则，从3岁起就是蒙台梭利学生的克里斯蒂娜举起了手，并说："我不认为罢课是合理的、相关的、尊重的或者有帮助的。在我们学校，我们不那样对待彼此。"

优雅与礼仪技能

人与人之间的交往如果不是解决交往问题、举止得体和追求所有人都能接受的目标，那么它是什么？

——玛利亚·蒙台梭利

　　优雅与礼仪课会帮助孩子们学会成功地驾驭教室里的人际交往环境，甚至教室外广阔天地里的交往环境！孩子不是天生就具备社会技能，然而，大人却常常因为孩子没有运用从未被教过的举止而责骂他们。你可能还记得因为违反了自己并不知道的社交规范而被责骂的经历。这是一种孤立的经历。优雅与礼仪技能为在教室里培养彼此尊重的关系，实现归属感和价值感提供了路线图。蒙台梭利教学法的绝妙组成部分之一，就是社会技能能够并且应该在各个层面上被主动地教给孩子，以便促进一个尊严和互相尊重的环境。

　　美国全国学校心理学家协会（The National Association of School Psychologists）坚称，良好的社会技能有助于促进学业成功并促进健康的人际关系。此外，那些主动教社会技能的学校更有可能拥有身心安全的环境，这也有助于提高学业成绩。

　　教授优雅与礼仪课程（社会技能）需要投入时间和精力。不幸的是，即使在最好的蒙台梭利学校里，这些"软技能"往往也是最先被忽视的，因为老师开始专注于教学业课程、与家长见面、写会议报告、写简报、解决冲突，日复一日地应付日常事务。时间在每一间教室和每一所学校里都是一件宝贵的商品。然而，投入时间教孩子优雅与礼仪技能并让他们练习，这样做所节省的时间往往比花费的时间要多。

　　当我们直接向所有年龄段的学生教优雅与礼仪课程，他们将学会和同龄人及大人成功进行社会交往所需要的技能。在人际交往中取得更多成功的孩子能体验到更多连接感和较少的挫败感，而较少的挫败感意味着更少的不良行为！当需要处理的不良行为变少，老师就会有更多时间给孩子们上课。研究一再表明，当孩子们在人际交往取得成功时，他们在学业上的表现也会更好。

　　以下是一些你可以考虑在整个学年里教给孩子们的社会技能和优雅与礼仪课程。你可以教出自己的特色。但是，要考虑的一件事情是，有多少是需要学习的以及有多少是我们想当然地认为孩子不需要上任何正式课程（即便在蒙台梭利教室里）就应该知道如何驾驭他们的人际交往世界的！

在学龄前教室：
- 问候他人
- 询问是否可以与某人一起工作
- 以尊重的方式拒绝别人
- 以尊重的方式接受拒绝
- 自我介绍
- 道歉
- 小声说话
- 轮流
- 用尊重的语气说话
- 说"请"
- 说"谢谢"
- 排队等候
- 为别人开门
- 握手
- 走路时绕过其他孩子的作品
- 请求加入一个群体
- 礼貌地打断

准备环境：促进相互尊重、合作和自我调节

- **擤鼻涕**
- 用袖子挡着咳嗽和打喷嚏
- 等候同桌的其他人一起吃饭
- 请求观看别人工作
- 提供食物或饮料
- 坐在椅子上
- 在群体环境中举手
- 基本的餐桌礼仪
- 爱护工作
- 卷工作毯
- 在工作毯上工作
- 交朋友
- 当别人说话时倾听
- 解决简单的冲突

在小学教室（除了学龄前教室清单以外）：

- 邀请一群人一起玩
- 小组项目分工
- 解决与同伴的冲突
- 发起对话
- 分享教室资源
- 给予和接受有意义的致谢
- 感激他人的贡献
- 在小组项目中与他人合作和交流
- 运用"我"句式识别和表达感受
- 主动倾听
- 做出弥补

- 让别人说完自己再说
- 电话礼仪
- 写感谢信
- 请求帮助
- 邀请朋友参加聚会
- 更高级的餐桌礼仪，例如：悄悄地把食物从嘴里吐出，切割食物，离开时要有礼貌，要求添菜，谢绝不想吃的食物，尝试新食物，坐着吃完饭，请求帮忙做饭，等待所有用餐者就座后再开始吃
- 介绍他人
- 礼貌地转换话题
- 尊重地拒绝邀请
- 拒绝回答冒犯且唐突的问题
- 对正在经历悲伤或丧失的人做出回应
- 谢绝参与不恰当的游戏或谈话
- 抽身离开令人不适或不恰当的情景
- 在交谈时称呼对方的名字
- 拒绝不想要的身体亲昵行为
- 问路
- 为更需要帮助的人让座（老人、残疾人、孕妇、婴幼儿）
- 乘坐自动扶梯或电梯
- 在演讲或表演过程中适时鼓掌
- 正式展示工作
- 在人行道的正确一侧行走
- 解决集体和小组中的问题
- 理解和尊重文化差异

- 为朋友辩护
- 读懂非语言线索[1]

在十几岁孩子的教室（除了学龄前／小学教室清单以外）
- 处理与朋友在家庭价值观上的差异
- 尊重地表达意见
- 真诚而尊重地表达反对
- 坦诚听取不同的观点和意见
- 直接面对问题
- 在不同场合穿着得体
- 顾客服务礼仪
- 发送专业信函（电子邮件、信件等）
- 寻求专业知识（微观经济、研究等）
- 采访专家
- 辅导年纪小的学生
- 手机礼仪
- 社交媒体礼仪
- 在公共场合代表学校
- 协调朋友之间的冲突
- 拒绝参与冒险或不恰当的行为
- 何时保守以及何时泄露秘密
- 表达共情

---

[1] 指人们在交流中使用的非语言方式，如面部表情、手势、姿势等，用于传达情感、意图或信息。——译者注

秩序

  秩序在于认识到每个物品在其环境中的位置，并记住每件东西应该放在哪里。这意味着人们能够在自己的环境中定位自己。适合安放灵魂的环境，是一个人可以闭着眼睛在里面四处走动，只需伸手就能找到他想要的任何东西的环境。这样的环境对于平静与幸福来说是必需的。

——玛利亚·蒙台梭利

  幼儿园教室里最年幼的孩子正处于秩序敏感期。他们的认知和心理发展需要秩序，而教室的环境就是为了支持这种发展而准备的。然而，秩序在蒙台梭利教室里的重要性并不仅限于学龄前年龄段。秩序为所有发展阶段的社会-情感环境中的自我调节、独立、尊重与合作提供支持。

  在蒙台梭利教育中，井然有序的教室并非一种"风格"，而是我们理念的重要组成部分。秩序支持并促进独立，因为孩子们可以自己成功地驾驭课堂。他们不会被迫依赖大人来帮助他们清理和寻找工作材料。与日常惯例一样，秩序提供了一致性和可预测性，进而培养孩子的自我调节能力。孩子们知道可以对环境有什么期待，而这给了他们一种安全感，因为他们可以预测和决定下一步可能要做什么，以及他们该如何为此做好准备。

  教室里的秩序也有助于集中注意力。因为孩子们可以无缝隙地从一项工作转换到另一项，而不必担心寻找那项工作或能否完成它，他们在活动的转换环节不太可能分心。此外，那些难以集中注意力的孩子发现，在一个装饰简单、整洁而且有序的环境中，他们更容易集中注意力。

  你是否参观过美丽的大教堂、博物馆或政府大楼，例如，梵蒂冈城里的教堂、美国国家美术馆或泰姬陵？这些建筑，这些环境，通过它们的布置方式，在我们走进去时召唤着我们并激发我们内心深处的敬意。你是否走进过这样一间蒙台梭利教室，它的布置是如此精美而且井然有序，以至于让你惊叹不已？当你置身于这样一间教室里，在如何行事方面，环境向你传达了什么信息？美和秩序会激发并让人产生互相尊重的感觉。这是一种视觉邀请，请置身于该环境中的人做出尊重的行为，但同时也告诉这些人："你是受尊重的。"

蒙台梭利写道："后来我认识到，孩子们的一切不仅应该井井有条，而且还要和孩子的使用相匹配，一旦消除了混乱和冗余，他们就特别容易产生兴趣和专注。"

现代研究支持了蒙台梭利的观察结果，研究表明我们的物理环境会影响我们思考、感受和反应的方式。最近的神经科学研究表明，建筑元素可以影响大脑过程，比如与情感和记忆有关的过程。整洁有序的空间有助于学习和创造力的发展。

最后，当整个学年都能保持秩序，就会向孩子传达一个信息：大人前后一致而且会坚持到底。秩序是对孩子们的一种具体的、有形的提醒，即大人说到做到。课堂秩序得到了教室基本规则的支持。当孩子看到有形的秩序和美得以维持，他们就会看到大人会坚持到底，而且他们的行为是可以预测的。在当今这个忙碌的世界里，亲子互动往往是娇纵的、由当下需求支配的、而且不可预测的，教室里的秩序感和一致性可以为在一个忙碌世界中成长的孩子提供真正的安全感和平静。

梅的一大优点，是她在教室里始终保持着一种简单、美和秩序感。尽管这一年很不容易，但当她反思自己教室里的秩序和组织时，她感觉良好；这为那些自我调节能力更强的孩子提供了安全感和独立性，也帮助了那些注意力难以集中的孩子。

这有助于她为有需要的孩子提供更直接的支持。

大人之间的沟通

你有没有注意到孩子对于父母或周围大人之间的不一致有多敏感？教室里也不例外。新学年伊始，梅最大的感悟之一是，过去一年大人间的互动对课堂行为产生了多么深远的影响。回顾上一学年，梅发现她和助教之间的沟通一直很差，而且不一致。在示范、纪律和坚持到底方面，他们并没有达成一致。梅的助教既不固执，也不叛逆；只是俩人之间没有建立沟通机制，来帮助确保他们与孩子之间的互动是一致的。

梅在暑假里花时间研究课程，并在学校布置周之前布置好她的教室，这样她就能花尽可能多的时间和助教沟通。她想确保他们有时间制定清晰的日常惯例、期望、流程和沟通渠道。

这种投入的结果在新学年开始没几周就显现了出来。由于梅和助教间的有效沟通，他们在和孩子们的互动中变得更加一致。孩子们注意到了这一点，而且他们感到很安全。他们工作、遵守基本规则并且互相帮助。教室里一片安静又团结！

当大人保持一致，孩子们就可以预测接下来会发生什么（或者大人会如何反应）。当孩子们能够预测接下来发生什么，他们就会发展出自我调节能力。变得更平静的不止是孩子。梅的焦虑水平也比去年同期低多了。她和助教保持了一致！

在某些情况下，一个不一致的教学团队，可能只是双方不合适的结果，原因可能是他们对于孩子和课堂有着不同的信念，或者大人对事情有着不同的看法，进而有不同的行事方式。这种情况可以通过更谨慎的招聘或教职人员分配流程来解决。然而，很多大人之间不一致的情况，是由于在教室结构的下述方面缺乏清晰的沟通：

- 角色和责任（谁做什么，以及如何做出决定？）
- 基本规则和日常惯例
- 管教的方法

　　如果教室里的所有大人都清楚自己的角色和责任，和孩子们一起制定了教室日常惯例、基本规则和程序，并采用同样一致的教室管教方法，那会是什么样子？答案是显而易见的。但是，我们怎样才能实现呢？

　　尽管对于如何促进大人之间的沟通没有"正确答案"，但制定一个沟通的"游戏方案"或许有助于实现更高水平的沟通和一致性。虽然方案中的项目看起来可能有点正式，但这是有意为之的。大人之间的沟通对于为孩子们创造一致的、可预测的环境至关重要，这有助于培养他们的自我调节能力。在我们繁忙的日程上，沟通时间通常是最先被重新安排的事情，但它原本应该是最后一项。想要保持高效而流畅的沟通，需要花费时间和有意识地努力。

教师沟通方案

①每周和你的教学搭档或助教见面并且保护你们的沟通时间。

②制定一个每周议程。严格遵守你们约定的议程。要承认，坚持按照议程交流会很困难，因为你们双方每天都有那么多日常事务，这可能会填满沟通时间（关于孩子们的趣事、与父母打交道的挫败，等等）。以下是一些可以考虑的议程主题：

a. 与孩子有关的问题

　　　b. 与父母有关的问题

　　　c. 接下来的日程安排和课程计划

　　　d. 社会实践计划

　　　e. 日常惯例和过渡环节

　　　f. 班级事务

③每次见面时选择一个正面管教工具来回顾。

④用作文本或其他通讯日志来记录每天的沟通内容（父母的接送说明、后勤工作、提醒、每周会议的议程内容等）。这有助于在一整周内保持顺畅和彻底的沟通。

⑤考虑每月单独开一次一小时会议，来讨论更为严重的行为问题，并用错误目的表制定策略，来支持学生和老师。

问题讨论

1. 作为大人，你是否曾在工作环境中遇到过日常惯例不一致或不可预测的情况？这对你的独立性和自我调节有何影响？
2. 在你的教室里，哪些日常惯例可以变得更加一致？
3. 在你的教室里，哪些转换环节是最困难的？你可以做哪些改变让转换更加平静？
4. 你有参与为自己所在的团体（工作、学校、志愿服务等方面）制定基本规则的经历吗？这对你的归属感和价值感有什么影响？
5. 描述一下你小时候由于没有被教过某种社交情况下所需的优雅与礼仪技能而犯的一个社交方面的错误。这对你的归属感和价值感有什么影响？
6. 想一想你自己的班级。班级里的秩序感是如何促进独立性和自我调节的？举一个例子。
7. 回想在你的生活中你所在的小组领导遵守基本规则并以身作则的一个情形。这对你的归属感和价值感有什么影响？
8. 想想目前你和教学搭档或助教的沟通方案。你在哪些方面做得不错？哪些地方想要改变？

第6章

鼓 励

> 鼓励比养育孩子的其他任何方面都重要。它是如此重要，以至于缺乏鼓励可以被看作是导致不良行为的根本原因。
>
> ——鲁道夫·德雷克斯

> 那些曾经做过真正伟大或成功的事情的人，没有谁是仅仅为"奖励"所吸引或者因为害怕所谓的"惩罚"而去做的。
>
> ——玛利亚·蒙台梭利

玛利亚每天都会兴冲冲地走进幼儿园的教室，接她3岁的女儿索菲亚。索菲亚一看到妈妈，就会跑过去紧紧地拥抱并亲吻妈妈，然后去储物间里翻找她白天做的艺术作品。玛利亚会高兴地说："太美了。我好喜欢！你太让我骄傲了。"索菲亚听了也会眉开眼笑。

新学年开始时也和以前差不多；索菲亚和玛利亚会以同样的仪式结束一天的活动：拥抱、亲吻和赞扬索菲亚的艺术作品。然而，到了一月份，索菲亚在语言区花的时间开始变多，而在艺术区的时间变少了。她已经学会了所有字母的发音，并开始使用移动字母表进行工作。没多久,她几乎整个上午都在阅读和写故事。一天,玛利亚来接索菲亚,发现她正在教室的图书区阅读一本书。索菲亚看到妈妈,脸一下子沉了下来。她赶紧把书放回原处,并跑到艺术区,抓起蜡笔在一张白纸上涂鸦。然后,索菲亚跑回到妈妈身边,拿出那张潦草的纸,脸上露出灿烂的笑容。玛利亚一头雾水,不知道该如何回应,于是半真半假地说:"非常棒,亲爱的。"索菲亚笑着回道:"谢谢你,妈妈。"

一周后,玛利亚和她的丈夫罗伯特与索菲亚的老师进行了面谈。那件事让玛利亚感到震惊,并促使她和罗伯特一起做了些研究;他们读到《奖励的惩罚》(Punished by Rewards)一书的作者阿尔菲·科恩(Alfie Kohn)的一篇文章。面谈一开始,罗伯特就说:"我觉得我们正在毁掉女儿!"索菲亚的老师笑了,然后他们开始了一场关于赞扬和鼓励的区别以及各自的长期结果的富有成效的对话。

关于赞扬的研究

很多父母和老师对待孩子的方式与玛利亚一样。他们赞美孩子的作品("真漂亮")或孩子的特质("你真坚强")。他们的初衷是好的。他们希望孩子自我感觉良好,而且希望激励孩子继续好好做下去。然而,越来越多的研究表明,赞扬实际上可能会产生相反的效果——从长期来看,它并不能帮助孩子感觉更好或做得更好。

心理学家卡罗尔·德韦克(Carol Dweck)针对赞扬对孩子的影响进行了研究。在一系列实验中,她将五年级学生随机分成两组,并给他们各自分配了一项任务去做。完成任务后,一组学生会因为聪明而得到正面反馈,另一组则会因为努力解决问题而得到正面反馈。那些因为聪明而受到赞扬的学生被告知"你在这方面一定很聪明",而因努力而受到赞扬的孩子则被告知"你一定努力工作了"。

德韦克在其后续研究中的发现非常有意思。那些因为聪明而得到口头正面反馈或赞扬的学生,如果他们认为自己犯错误的概率更高或不能立刻表现得很好的话,更有可能放弃潜在的学习机会。他们几乎总是会选择更容易、成功率更高的任务,而不是难度更高、更有挑战性而且有机会学到东西的任务。那些因自己的努力而获得正面反馈的孩子选择难度更高和更有挑战性的任务的可能性几乎是前者的两倍。他们更关注工作的过程以及学习和改进的潜力,而不是因表现好得到的直接奖励。德韦克得出结论,强调孩子的努力(鼓励)而不是外部的认可(赞扬),会培养孩子将注意力放在对材料的掌握和技能的提升上。

鼓励与赞扬

当我们为老师或父母举办工作坊时,我们通常会进行一项名为"鼓励与赞扬"的活动。在这项活动里,两位参与者并排坐在椅子上,扮演孩子的角色。他们面前站着两位扮演大人的参与者。两位"大人"轮流给他们的"孩子"信息。其中一位"大人"给出的信息是赞扬,另一位"大人"给出的信息是鼓励。在活动结束时,我们会花时间和接收信息的"孩子"一起回顾这段经历。他们的反馈提供了关于赞扬和鼓励的效果的深刻洞察。以下是参与者的一些典型反馈:

受到赞扬的"孩子"

我感受到了压力。

我感觉被操纵了。

一切都跟他们有关,跟我没关系。

一开始感觉还不错,但后来我开始担心如果下次我没做好怎么办。

我想取悦大人。

我觉得他们没有看见我。

我不相信他们。

我害怕失败。

我想尽自己所能不要让她失望。

受到鼓励的"孩子"

我感觉到了与这个大人的连接。

它让我思考并评估自己的决定。

我感到自信。

这和我有关。

我觉得我们是一个团队。

她相信我。这个感觉很棒。

我想尝试更多。

我知道他支持我。

我觉得自己很能干。

鼓励(En-courage)。"勇气"(courage)一词来自拉丁语词根cor,是"心"的意思。前缀en表示"内在"。鼓励意味着"灌输勇气",或"付出真心"。

我们在蒙台梭利教室里所做的一切,从准备物理环境,到安排每日日常惯例,再到与孩子互动,都是为了鼓励孩子。本书中的所有工具和原则,从根本上说其目标都是一样的:鼓励孩子发现自己多么能干。语言上的鼓励就是做到这一点的一种方法。鲁道夫·德雷克斯说:"孩子需要鼓励,就像植物需要水。"

赞扬	鼓励
我真为你骄傲!	我感谢你的帮助。
你真聪明!	你搞明白了。
真棒。	干得好。
真了不起!	你实现了自己的目标。
我喜欢!	你对此有什么看法?
你做的和我演示的一模一样。	你真能干。
这件衣服你穿起来真可爱。	你是特别的。
这是目前最好的。	你觉得哪一个最好?
你是一个很棒的读者。	你读这个真的付出了很多努力。
我为你感到自豪。	我真的很感谢你是我们班级的一员。
我就知道你能做到。	我相信你的判断。
你做到最好了。	恭喜你,你一定对此感觉很好。
真是个好帮手。	谢谢你。
这真是太好了。	看,你已经走了这么远。
我们来拍张照片,给你妈妈看。	给我讲讲你的照片。
这是你目前最好的作品。	你可以自己决定。
我太佩服了。	你看起来对此很自豪。
你做的完全正确。	你已经实现自己的目标。

上页列出了与我们在鼓励与赞扬活动中使用的类似的鼓励和赞扬的话语。我们将它们并排排列，这样你在阅读的时候就能体会到两者之间的区别。

回顾两组话语，你注意到了什么？当孩子听到大人鼓励的话语时，他们可能会对自己做出什么决定？

鼓励的话语：

- 专注于过程。你在这个研究项目上花了大量时间研究支持性的细节。我看到你用了卡片系统来整理你的想法。
- 专注于努力。你在那个研究项目上真的花了很多时间。你喜欢了解那个主题的哪些内容？
- 将孩子的努力与结果联系起来。你真的很努力地记住了数学知识。我注意到你现在花在长除法[①]上的时间少多了。
- 注重所做的事，而非做事的人。你实现了你的目标，祝贺你。
- 专注于进步。你今天完成了三道数学题。比昨天多了两道。你感觉怎么样？
- 专注于信任。我相信你的判断。

鼓励的话语和错误目的

当我们学习错误目的表时，我们发现，孩子们会因为对于需要怎样做才能获得归属感和价值感产生一种错误信念，进而感到丧失信心。错误目的表的最后一栏列出了应对或预防不良行为的一些工具。使用这些工具将鼓励那些能够获得归属感和价值感的积极行为。以下是根据孩子的错误目的说鼓励的话语的一些方式。

[①] 一种算术除法，将除法的各个步骤详细显示出来。——译者注

寻求过度关注

我先给玛丽卡上完课。你能在10分钟后到数学区来,和我一起上一节专项课吗?

你能帮我洗碗吗?

让我们每天下午吃完午餐并清理完毕后,首先花点时间一起阅读吧。

这是个好主意;你能把它列入班会议程吗?

我很想在课后多听听这件事。到时候你一定要和我谈谈,好吗?

当你举了手并且被我点名以后,我一定会回答你的问题。

我注意到,在圆圈活动时,你举了手并且等待被点名。谢谢你;这很有帮助。

这个办法看起来没用。你愿意再想一个对我们都管用的解决办法吗?

我真的很感激你,而答案是"不可以"。

我相信你会想办法和他一起解决这个问题。

等你准备好跟我尊重地说话时,我很乐意与你一起解决这个问题。你准备好了告诉我。

谢谢你的帮助。

寻求权力

哪种方式对你最有效——是从你真正喜欢的事情入手，以便你能让自己进入状态；还是从你不太喜欢的事情开始，以便能把它完成并且放到一边？

我需要你帮忙确保每个人都戴着手套出去。你能帮我查看一下失物招领处吗？

听起来这对你来说真的很重要。你愿意和我一起解决这个问题吗？这样我们都能得到自己想要的。

你自己想出了办法。祝贺你。

你是愿意在这儿把外套穿上，还是到外面的操场上穿？

我们的约定是什么？

你有什么想法来解决这个问题？

听起来你不喜欢目前的进展。我很乐意明天听听你的建议。在我们想出一个对我们双方都行得通的方法之前，我得要求我们继续执行现有计划。

这个想法很好。我想知道其他孩子是不是也有同感。你愿意把它列入班会议程吗？

你愿意在圆圈活动时负责做笔记吗？

你想试试"选择轮"中的哪种解决方案？

我不想和你争吵，但我想解决这个问题。让我们休息一下，看看能不能在午饭后一起解决这个问题。

报复

你一定感到很难过。

多和我说说这件事。

你一定很伤心才会那样伤害凯莱布。你没事儿吧？我们去看看凯莱布是不是没事。

听到这些你一定很难过。很遗憾发生了这样的事。

我注意到你又伤害了安娜。我想知道你是不是也感觉受到了伤害。

你能帮我把堆肥倒掉吗？

我们一起试试吧。

我注意到你独自一个人解决了与尼古拉斯的问题。干得好。

我能理解为什么你会这么难过。你为什么不给自己点时间冷静下来，然后我们一起解决这个问题呢？

如果我和你一起去"冷静区"会有帮助吗？

我相信当你感觉好点儿时，你会尊重地解决这个问题。

如果你走开会发生什么？

自暴自弃

我给你列了一份检查清单（或者，我们一起列一份检查清单吧）。你想一起试试吗？

你看起来真的很沮丧。你想午餐后再试一次吗？

我先做第一个任务。然后我们一起做一个。

当你独自尝试时，我就在这儿陪着你。

让我们今天早上做第一步，然后我们可以明天尝试第二步。

你能告诉我这是怎么工作的吗？

你在那张地图上下了不少功夫，一个人就完成了整件事。恭喜你。

你认为你能教娜塔莉如何拉上外套拉链吗？

这件事很难。你想要我帮你，还是想自己再试一次？

犯错误没关系。如果你不犯错误是很难学到东西的（笑）。

我信任你。

我打赌我们可以一起解决这个问题。你先来，还是我先来？

我会一直陪你，直到你做完。

梅布尔因为放弃"邮票游戏"而感到难过。我们能做些什么来帮助她？

鼓励的话语和观察

观察是教室管理实践的基石。蒙台梭利教师接受的培训让他们能够不带评判地观察孩子，以便了解孩子并发现他们的发展需求、优势、能力、敏感性和倾向。这些观察可以引导老师"跟随孩子"，并支持孩子在智力、精神、身体和社会-情感方面的发展。

蒙台梭利教师培训师和注册正面管教导师乔迪·马尔特雷（Jody Malterre）开发了一种观察方法，来支持和鼓励她的班级里的孩子们的社会-情感发展。

我一直都知道，在完备的物理和情感环境中，应该始终进行观察。在诸如正在使用的工作、班里孩子的流动模式、参与程度，以及偶尔对个别孩子的关注等方面，我的蒙台梭利培训提供了许多如何观察以及观察什么的有用技巧。随着我学习更多正面管教原则，我发现自己有了新的观察方法。

虽然我欣赏正面管教的所有概念，但有几点让我特别有共鸣。首先，"管教"的意思是"训练"，而"正面"的意思是需要训练做什么，而不是不做什么。这意味着我需要搞清楚我想在孩子们身上看到什么。第二是鼓励的概念。我需要学习如何鼓励孩子做出我希望他们做的这些行为。

在我为大人做的正面管教培训中，我通常会用一个叫作"两个清单"的活动开始课程。首先，我们会列出一个我们经常要面对的学生的挑战行为清单。这份清单很容易列出来！接下来，我们列出一个我们希望学生发展出来的所有的个人品格和人生技能清单。当我们列第二个清单时，大人在支持这些品格的发展和培养方面必须发挥积极作用就变得显而易见。这两个清单会成为我进行社会-情感观察的框架。

在开始观察之前，我会写下每个学生的名字。在每个名字旁边，写下这个孩子需要养成的品格或人生技能——换句话说，我想在他身上看到更多，哪怕找到任何蛛丝马迹的东西！我像一名猎头一样，花时间观察，寻找这些品格的任何存在证据。令人惊奇的是，当你选择去寻找什么时，你就总能找到它。不是"眼见为实"，而是"相信才能看见"。我在每个孩子身上都能多多少少发现我在寻找的那些品格。

这个证据为我提供了强有力的数据，让我可以在鼓励孩子时使用。我可以对他们说："当你提出帮助彼得学数学时，我看到他脸上露出了如释重负的表情。谢谢你的好意"，或者，"我能看得出来，当你感到挑战时，你几乎都要放弃了。你又坚持了10分钟，这表明你有多么坚毅"，或者，"等候三轮车轮到你玩需要很多耐心。我敢打赌那三分钟的感觉一定很漫长"。

鼓励的话语是有证据支持的，而且并不要求孩子总是善良、有耐心，或者坚毅。它只意味着，在那一刻，他们表现出了我希望看到的特定品格。这让我相信他们确实具备这个能力，而且当我向孩子强调这一点时，他们也会对自己产生新的信心。最细微的行为也不会被忽视。这改变了我对孩子们的信念，进而改变了孩子们对自己的信念。

我经常用几种不同的方式运用该技巧：

- 我为全班选择一个品格，而不是为每个孩子单独选择一个品格。
- 在班会上，我要求同学们就某个特定的品格相互致谢。例如，"今天我们来致谢诚实。有谁想对本周表现诚实的同学致谢吗？"

- 我选择观察那些对班级有积极社会影响或贡献的行为。我倾向于阿德勒的 Gemeinschaftsgefühl（社会兴趣）这个概念，并强烈希望在教室里强调社会兴趣这个概念。
- 我会写一些鼓励的话语，并留给一个特定的孩子去寻找（对于大一点的孩子，我通常会延迟一天左右才留下这张字条）。孩子们似乎对于他们微不足道的行为产生这么大的影响，足以让我记住并且花时间写下来并递给他们，而感到印象深刻。这对那些行为上面临最大挑战的孩子非常有帮助。
- 我不仅对我的学生说鼓励的话语，我还会对我的助教这样说。我们需要的不仅仅是鼓励，还是有具体数据支持的鼓励。

我不仅会继续鼓励学生已有的积极行为，还会将更多注意力放在寻找那些我希望看到更多的积极行为上。孩子们知道这个鼓励是真实的，因为我用不可否认的细节强化了它。一个不认为自己具备领导能力的学生无法拒绝一个有证据支持的致谢。另一个几乎无法专注工作的孩子在我指出她完成的工作而不是她没做的工作时，会受到鼓励。随着时间的推移，这个观察的"侦探"工作确实得到了回报。

非语言鼓励：蒙台梭利"完备的环境"

谈到鼓励，语言上的鼓励是我们大多数人会想到的，但这只是鼓励孩子的一种方式。可以想想蒙台梭利教室里的一些非语言元素，它们显示了对孩子能力的信心并向孩子"付出真心"：

1. **独立**：所有年龄段的蒙台梭利教室都旨在最大限度地提高孩子在环境中独立操作的能力。日常惯例、期望和流程都支持学生独立。

2. **自我纠错教具**：蒙台梭利教具让孩子经由自己的发现来学习。孩子从自己的错误中学习，而且自我纠错的教具相信孩子有能力通过自己的过程来学习。

3. **日常生活**：在每一个层面上，日常生活活动都能教孩子变得能干和自立。

4. **隔离难点**：蒙台梭利课程的教具、范围和顺序隔离了概念的难点，这样孩子可以在掌握和成功的基础之上进行他们的学习。

5. **按自己的节奏工作**：蒙台梭利环境提倡自我发展而不是竞争。孩子们会对自己的能力及其承担学习的风险的意愿产生信心。

6. **适龄发展教具**：蒙台梭利教具都经过精心设计，旨在吸引孩子们的兴趣并迎合其发展需要。这会自然而然地培养好奇心和对学习的热爱。研究人员安吉丽娜·利拉德发现，当学生们被鼓励去探索有意义的学习教具和情形时，他们的乐趣和学习成效都得到了提高。

7. **混龄班级**：在蒙台梭利教室里，年龄较大的学生会积极帮助年龄较小的学生，而且所有学生都被鼓励分享彼此的天赋、能力和才能，这让学生在他们的群体中真正拥有了价值感和归属感。

8. **优雅与礼仪**：孩子们会被直接教授能促进成功与人交往的社会技能。他们将发展出能够自信地驾驭人际关系的技能。

9. **选择**：当学生通过选择活动参与自己的学习时，他们的参与度和兴趣会提升，从而使他们的专注力、投入度和学业成功率得以提升。参与自己的学习过程的孩子会一直参与其中，并感受到与这个过程的连接。

10. **横向的师生关系**：当孩子们感觉好时，他们才能做得更好。与老师的横向关系让他们产生连接感。当孩子们知道老师关心他们，他们就会感受到鼓励和连接。

非语言鼓励：表现出信心

如果有人信任你并对你的能力表现出信心，你会有什么感受？大人做了什么甚至比他们说了什么更有力量。当我们对学生表现出信心，他们会感觉受到了鼓励。下面是通过行动而非语言来鼓励孩子的一些方法。

1. **设定高且可实现的期望**。对孩子表现出信心！你是否遇到过这样的老师、父母或上司，他们要求你对他们认为你能做到的事情负责，即使你认为自己做不到？你当时有什么感受？你当时是如何回应的？通过仔细观察我们的学生，我们会发现他们是多么能干。理解了这一点，大人就能怀着一个小孩子或十几岁的孩子现阶段尚未拥有的信心和笃定，对孩子表现出信心。这种信心具有感染力。当孩子们意识到你对他们的能力的信心是有根据的，一股信任之情就油然而生，不仅源于你对他们的信心，也源于对他们对自己的信心。

2. **提供适度的挑战**。大多数孩子都喜欢那些可以通过自己的努力来克服的挑战。我们常常会高估或低估一个学生的能力，无论是在学业上还是与人交往上。这两者都令人沮丧。低估会让一个孩子认为你对他的能力没有信心，而且觉得他可能需要保护。高估可能会让一个孩子觉得自己能力不足或没有能力。观察并与我们的学生建立连接，有助于我们保持适度的挑战，这样学生们就能培养出自信心和能力感。

3. **让学生参与解决问题**。让学生们参与到解决问题的过程中，尤其是当问题涉及他们时，他们会感到被信任、被尊重和有价值。只要有可能，就要设法让孩子参与到共同解决问题的过程中（第8章中的"坚持到底的4个步骤"，以及第15—17章中的"班会"）。当孩子感到被信任时，他们会受到鼓励。当他们感觉受到了鼓励，他们就会做得更好。

4. **给学生有意义的责任**。学生们喜欢帮忙，但即使是最年幼的孩子也能觉察到一个不真实的求助请求。一定要寻找那些孩子们能做出有意义的贡献，感觉受到信任，并能发现自己多么能干的机会。你在教室里做的一些任务一个学生能做吗？有让孩子们发挥领导力，帮助他们树立自信心并做出真正贡献的机会吗？

5. **允许学生经历艰难和犯错**。允许孩子们犯错表明你对他们以及他们克服障碍的能力有信心。做到这点最好的方法之一，就是什么都不做。当一个学生犯了一个你知道他们可以改正的错误时，一个简单的微笑或一句"我相信你会想出办法的"就足够了。

6. **忘掉结果，专注于过程**。这一点对蒙台梭利老师来说似乎是不言自明的，但我认为我们都可以承认，有时我们会受到诱惑，打着为孩子好的幌子，灌输我们自己的计划。例如，你是否曾经因为想让孩子在年底前实现某个学业目标而过早地让他们学习某种教具？我们中的许多人都这样做过，而结果几乎总是一样的——孩子体验到的是沮丧。

同样的原则也适用于孩子的行为。有时候我们希望孩子从一个情形中学到我们希望他们学到的东西。我们不去倾听，也不让他们自己犯错，我们介入其中，给他们讲课并且试图帮助孩子们理解一个不同的观点。我们关注的是结果，而不是支持孩子的过程。要相信过程，相信孩子！

问题讨论

1. 在你的人生中，有没有大人曾经鼓励过你？他们做了什么鼓励你的事情？他们说了什么？你有什么感受？
2. 当孩子得到很多赞扬时，他们可能会对自己做出什么决定？
3. 复习语言鼓励的标准。用你自己的话列出3条或更多你能用来鼓励你的学生的话语。
4. 在看完每个错误目的对应的鼓励的话语的范例后，使用"错误目的表"（36~37页）来列出你自己的清单。列清单时，要考虑"行为背后的信念"。
5. 描述一个你曾经用语言鼓励来对一个孩子"付出真心"的情形。
6. 你在你的课堂上使用了哪些非语言的鼓励？

第7章

限制的执行

在孩子尚未培养出任何控制能力的时候让他随心所欲地做事，是对自由理念的背叛。

——玛利亚·蒙台梭利

在冲突发生时，通过语言无法向孩子传递任何信息。

——鲁道夫·德雷克斯

当我（奇普）开始我的第一份教学工作时（在成为蒙台梭利老师之前），我收到了来自我的主管老师的一些反馈，说我需要对学生执行限制。尽管这个评估很准确，但反馈本身并没有多大帮助——这就好比建议我如果想要赢得比赛，就应该努力跑得更快一样。我不知道怎么有效地对学生执行限制。没有人给过我这种知识，而且寻求具体的帮助也让我觉得尴尬，因为那些资深老师似乎凭直觉就知道该怎么做。在我看来，存在一个对孩子们执行限制的通用方法，每个人都知道，但不包括我。我一定是错过了那场会议！

时间快进到今天。和蒙台梭利老师们一起合作了这么多年，我注意到很多老师在课堂上执行限制也面临着类似的挑战。绝望之下，他们通常会把从其他老师、书籍、文章或工作坊里学到的工具或技巧拼凑起来。随着时间的推移，他们根据自己的经验、个性和教学风格，创建了一个补丁式教室管教模型。这就制造了一些难题。首先，他们学到的很多"技巧"都是控制当下行为的"小把戏"，而且它们无法做到长期有效，也无法教给孩子自我控制的人生技能。其次，这些技巧或工具通常并非建立在全面分析和对孩子的理解的基础上，因此可能和我们蒙台梭利的原则不一致。最后，一位老师多年来通过各种渠道拼凑起来的工具和技巧很难传授给另一位老师或助教，因为缺乏一致的做法和清晰的方法论。

在本章，我们将重点介绍清晰而一致地执行限制的一套方法，它体现了第3章讨论过的基本原则：和善与坚定并行，教授有价值的人生技能，以及相互尊重。

> 一个孩子的自由应该以他所属群体的利益为限；以我们普遍认为的良好教养为形式。
>
> ——玛利亚·蒙台梭利

当大人能够有效而一致地执行限制，他们的行为对学生来说就变得可预测。可预测的行为能培养自我调节能力。孩子们能够更好地对可预测的行为做出恰当的回应，尤其是如果该行为既和善又坚定的话。前后一致而且尊重地执行限制，可以在学生们体验教室里的社会–情感环境时产生一种安全感，并促进合作。

执行限制 ⟶ 可预测性 ⟶ 自我调节能力与合作

创造合作的条件

正如我们在第5章中讨论过的，如果学生能够参与设立限制（建立基本规则）的过程，那么这样设立的限制将是最有效的。这样做有助于营造一种充满相互尊重和社会兴趣的氛围。当大人需要执行一个限制时，如果该限制是学生帮助设立的，他们会更合作。此外，当学生感受到主人翁意识或社会兴趣时，他们会帮助你在教室里维持自己参与设立的限制。

蒙式唠叨

普通教育中最常见的偏见是，一切都可以通过说话（通过吸引，也就是吸引孩子的耳朵），或者通过把自己当作效仿的榜样（一种对眼睛的吸引）来完成，而事实上，人格只能通过运用自身的力量才能形成。

——玛利亚·蒙台梭利

在深入探讨如何对学生执行有效的限制之前，让我们花点时间看看大人使用的最无效的一种执行限制的方法：提醒（或唠叨）。简单地说，就是大人说了太多话。我们说得太多，解释得太多，唠叨得太多！是的，甚至蒙台梭利老师也唠叨。我们有自己独特的唠叨方式，但我们仍然唠叨。我们将唠叨定义为一遍遍地向孩子提醒或解释他已经知道的事情，以期获得合作。提醒孩子（或大人）他们已经知道的事情是不尊重的（即便是出于好意）。这样做也是无效的。它会招致反叛、操纵或消极对抗。

父母和老师都知道，很多孩子"对我说的话一个字也听不进去"。可他们还在继续这种徒劳的做法，这是双倍的徒劳！

——鲁道夫·德雷克斯

那么，什么是"蒙式唠叨"呢？这是一种提醒孩子已经知道的事情的非常友好的方式。想想你认识的一位蒙台梭利老师（房间另一头的那位），友善地走近一个孩子，用尊重、文绉绉而且善解人意的语气对他说：

我们不在教室里打人。
请选择一项工作。
用你走路的脚。
我们总是把午餐收起来，这样朋友就不会踩到它了。
别忘了你的包，否则你今晚需要的东西就没了。
如果你不把你的工作收起来，别人就没法用了。
请用室内音量说话。
把手放在自己的身体上。
不要翘椅子腿儿，因为如果椅子翻了，你的头可能会受重伤。
你完成工作了吗？
以及，我个人最喜欢的（讽刺意味），你还需要再上一节关于它的课吗？

从表面看，老师的语气可能和善而尊重；然而，她内心的对话听起来更像是："我得告诉你多少次你才能_____？"

事实上，提醒、解释、讲理和唠叨都不管用。这些方法无法激发合作，而是与孩子的意愿冲突；无法引导孩子的意愿并相信孩子合作和连接的天然欲望。

静默的力量

如果蒙式唠叨和提醒孩子没有效果，那我们该怎么办？我们如何帮助引导孩子的意愿，而不是扭曲（或破坏）它？想想这句通常被认为是玛利亚·蒙台梭利所说的话："不要告诉他们怎么做。要向他们示范怎么做，而且一个字也不要说。如果你告诉他们，他们会看着你的嘴唇嚅动。如果你展示给他们看，他们会愿意自己做。"

蒙台梭利建议向小孩子示范教具时要保持静默。蒙台梭利老师还会用静默游戏来帮助孩子培养自我控制能力和倾听技能。

如果你曾经在一个学龄前教室里示范或观察过静默课程，那你就会知道静默的力量，它会帮助孩子只专注于手头上的任务。当大人默默地出现，她就在保持在场的同时给了孩子空间。孩子的注意力被引向引导他们意愿的事情，而不是引向人。老师真正成为孩子探索的渠道，而不是传达信息的人。

"事情"而不是"人"：这就是静默的力量。当大人用静默执行限制时，他们只需用几个词或非语言信号来提示孩子，然后什么也不说。老师只是保持在场（Present）、温暖（Warm）和静默（Silent）——简称PWS——尊重孩子的意愿并开辟一个空间，来鼓励孩子专注于需要做的事情，而不是传达信息的人。

下面是用静默的方式尊重并有效地执行限制的一些指导方针和建议：

1. 始终用温暖的方式接近孩子，并且在与他们平视的高度和他们说话。
2. 提示（执行限制）孩子时，话要尽量少，而且语气要和善而坚定。（本章后面的内容将概述具体做法。）

3.在执行限制后，要保持在场、温暖和静默（PWS）。

4.如果孩子试图商量、争辩或解释，要保持在场、温暖和静默（PWS），什么都不要说。

5.对孩子的合作表达感激。

下面是用很少的话和静默的力量来执行限制的一些有效的方法。

转移行为，转移注意力，以及监护／观察
（从学步期到三岁半的孩子）

在孩子3岁之前，他无法服从，除非接收到的命令和他的某种强烈要求相一致。这是因为他的自我尚未形成。他仍在无意识地忙着构建形成他的人格所需要的机制，而且他还未达到这样的阶段，也就是这些机制已经被牢固地构建好，可以服务于他的意愿并被他有意识地支配的阶段。

——玛利亚·蒙台梭利

2岁至三岁半的小孩子尚未形成根据因果关系做出预测并据此调整其行为的能力。这种自我控制能力在孩子成长到三岁半或4岁时开始出现，并且持续发展，贯穿整个童年。在学前教室里，年龄最小的孩子通过大人的重复和提示来学习的效果最好。

转移孩子的行为

当大人转移孩子的行为，他们会简单而尊重地提示孩子，将他们的行为从一个效率较低的活动转移到一个效率较高的活动。例如，如果一个2岁的孩子开始往外拿一个平方链（cubing chain），大人只需要说"我有一个非常特别的工作想让你看看。它叫珠子楼梯（bead stair）"，并把孩子领到合适的教具前，而不是纠正孩子。

转移注意力

转移注意力就是字面的意思。大人转移一个孩子或者一群孩子的注意力，而不是纠正他们。例如，如果圆圈活动正变得过于吵闹，老师就可以开始轻声地唱一首歌，直到孩子们加入。老师没有提这个行为，而孩子的注意力被转移到了一个效率更高而且更吸引人的活动上。

转移注意力这个技巧不只大人可以运用，就像蒙台梭利老师肖纳利在这个故事里分享的：

我曾经在一次全校春季野餐上观察到一个发生在两个兄弟身上的运用转移注意力技巧的感人例子。3岁的肖恩在新学年开始时遇到了一些困难。他很容易就变得难以承受并且经常哭哭啼啼。在野餐期间，有一刻，那些2至13岁的孩子在操场上一起玩耍，一起奔跑。我看到肖恩一个人站在那儿哭。那些年龄大一些的孩子从他身边飞奔而过，这让他看起来是那么渺小。就在我向他走去时，我发现他哥哥也看到了他，而且比我先到达他的身边。

在我的注视下，他蹲下身子，靠近他的弟弟。他没有问弟弟怎么了。事实上，他只是叫了肖恩的名字，然后近乎耳语着说："你看。"他边说，边平稳地移动双手，像魔术师一般老练地将一条胖乎乎的青毛虫放在了小男孩的手臂上。肖恩先是一惊，随即好奇起来。他两眼放光，看着毛毛虫不断扭动，紧紧依附在他的手臂上。他忘记了眼泪，跑去向朋友们炫耀他的宝贝了。这一感人的时刻提醒我们转移注意力的力量，以及大人并不是唯一能提供引导的人。

监护与观察

如果孩子还没有成为自己行为的主人，如果他甚至连自己的意愿都无法服从，那他就更无法服从他人的意愿。

——玛利亚·蒙台梭利

谁说与小孩子一起工作很容易？玛利亚·蒙台梭利承认，学前教室里年龄最小的孩子还不具备自我调节能力。他们中的很多人（尤其是如果他们没有上过蒙台梭利托儿所）在学年之初还无法从架子上选择一个工作并独立完成。他们会在教室里晃来晃去，从架子上拿下教具，然后放在地板上。他们可能会靠近其他正在安静工作的孩子并且打扰他们（甚至打他们）。或者，他们可能只是在教室里跑来跑去，并且开始在地板上打滚。

学年开始的时候，这些年幼的学生需要监护和观察！他们身上还保留着一些学步期孩子的特点，而且如果大人想在教室里成功地使用转移行为和转移注意力的方法，他们就必须在孩子身边。记住，这些小孩子不会永远两岁半。如果孩子们能够在密切监护、转移孩子的行为和转移注意力的情况下了解教室里的局势，并且没有感觉到羞辱，那么用不了多久他们就会很好地开始正常化，而且学年之初的情景将成为一段遥远的记忆（直到明年9月新孩子到来）！

转移孩子的行为和转移注意力都能使孩子富有成效地参与。参与有目的的工作会让孩子正常化，而正常化是蒙台梭利教育的主要目标。当一个孩子正常化，不良行为就会减少。

随着孩子开始形成预测自己行为结果的能力，转移孩子的行为和转移注意力这两个工具就开始变得不那么有效了（在3~4岁之间）。事实上，随着孩子年龄的增长，用语言转移孩子的行为和转移注意力作为解决不良行为的两个工具可能会适得其反。当孩子接近4岁时，解决问题（第8章）和执行限制更适合他们的年龄，也更有效。例如，如果一个两岁半的新生打了另一个学生，那么你可能只需要在简单的检查之后转移孩子的行为。孩子打人很可能是因为沮丧并缺乏解决问题的技能（语言方面和智力方面）。然而，如果同样的情形发生在一个五六岁的孩子身上，仅仅将行为不良的孩子转移到一个活动中并不能充分解决这个不良行为。随着孩子接近上小学的年龄，他们会发展出更强的自我调节、预测因果和解决问题的能力。

有限制的选择
（两岁半及以上）

孩子不想被告知他们该做什么或怎么做——他会保护自己远离这种"帮助"。选择和执行是一个解放了的灵魂的特权和战利品。

——玛利亚·蒙台梭利

我们的环境里充满了选择。选择工作、选择朋友、选择何时吃零食、选择在哪里工作，等等。当给予孩子适当的选择，他们会茁壮成长，因为他们成了自己经历的积极参与者。他们获得了一种适度的控制感和自主权，并开始锻炼他们做决定的"肌肉"。

把有限制的选择用作对孩子执行限制的一种方式，是一种尊重孩子的方式，能帮助孩子们形成自我调节能力，并让他们获得信心，相信自己有能力为自己和他人做出合适而且尊重的选择。在运用有限制的选择时，大人给出的选择应该是尊重的、与发展相适合的，并且对孩子、大人和情形来说都可以接受的。

下面是一些与发展相适合的、尊重的和可接受的有限制的选择的例子：

你可以吃你从家里带来的午餐，或者，你可以自己做一个花生酱和果冻三明治。你来选。

你可以研究殖民时期的一位重要历史人物，或者，你也可以研究其中的一个殖民地。你更喜欢哪个？

你可以用手把豆子从地板上捡起来，或者，你可以用扫帚和簸箕。你想用哪种方法？

你可以现在写数学作业，或者吃完零食以后写。我很好奇你会选择怎么做。

你想带给他"和平玫瑰"呢，还是把这个议题列入班会议程？

你可以在明天上课前给温室浇水，也可以在今天回家前浇水。请在午饭前让我知道你的决定。

有限制的选择可能会被大人滥用，如果他们给出的选择是与发展不相适合的、不尊重，或者对孩子、大人或情形来说不可接受的的话。例如：

你可以把午餐收好，或者，你可以到办公室坐坐。（这是一种威胁，而且对孩子来说真的是不可接受的。）

你可以和大家一起进来，你也可以一个人待在操场上。（这也是一种威胁，而且很可能是一个空洞的威胁，对于大人或情形来说都是不可接受的。）

你可以把午餐收好，或者，你可以放在地板上任人踩踏。（这对于情形和集体来说是不可接受或不尊重的。）

你是想现在做数学作业，还是放学以后做？（对于放学后有其他责任的大人来说，这可能是不尊重或不可接受的。）

你可以就你感兴趣的任何内容写一份研究报告。（有些孩子可能会选择不合适或没有学术价值的主题，而且这对老师或情形来说是不可接受的。）

有限制的选择对于年龄小的孩子应该更具体、更有限，具体取决于他们的发展程度。随着学生年龄的增长，他们的选择范围可以适当地扩大。例如，十几岁的孩子可以被允许有宽泛得多的时间范围去完成一个约定好的项目，因为他们有可能已经发展出执行功能，让他们能够管理自己的时间、做出选择并体验这些选择所带来的（积极和消极的）后果。

有时，孩子们会对一个有限制的选择做出反驳，比如："我两个都不想做。"如果发生这种情况，我们可以这样简单地回一句，"这不是其中的一个选项"，然后只要保持在场、温暖和静默就好！

用10个或更少的词提出一个合理要求
（3岁及以上）

每个要求提出后，保持在场、温暖和静默。

你能把午餐收起来吗？
请绕开工作毯走路。

请用双手拿红棒。

请走路进教室。

用一个词提出一个合理要求
（3岁及以上）

每一个"一个词要求"提出后，保持在场、温暖和静默。

一位老师和善地对一个需要到圆圈中来的孩子说："圆圈。"

一位老师和善地对一个把活页夹留在储物间的孩子说："活页夹。"

一位老师和善地对一个在教室里跑来跑去的孩子说："走。"

用无言的信号
（3岁及以上）

运用信号是一种绝妙方式，能让你在对孩子们跟进执行的同时建立连接。例如，老师不用要求孩子把他们留在地板上的毯子卷起来，只需要温柔地触摸孩子的肩膀，指指留在地板上的毯子并会意地微笑。或者，在观察到一个留在地上的午餐盒后，大人可以捡起午餐盒并轻轻递给孩子，提示他们收起来。

以下是孩子和老师可以使用的其他信号的例子：

- 拍拍老师的肩膀，让老师知道孩子们在等着与他们交谈。
- 老师和孩子之间设定一个特殊信号，用来要求孩子们在圆圈活动时站好，或者离开圆圈休息一下并在准备好后回来。

- 用和平手势（两根手指向上）要求大家安静并注意听。
- 伸出你的一只手，掌心向上，表示你希望正在争抢东西的孩子们把那个东西放到你手里。
- 把一只手的手指放在另一只手的手掌上做出行走的动作，要求孩子走路。
- 用脚轻拍地面，要求孩子穿拖鞋。
- 教给所有孩子使用简单的手语指令。

幼儿园老师克里斯汀（Kristen）分享了一个用无言的信号与学生交流的好例子：

娜塔莉亚在教室里的阅读区抓着一颗不属于她的塑料心不松手。我让她还回去，但她拒绝了。我很不高兴，忍不住想强迫她还回去。但我只是伸出手，保持在场、温暖和静默。我似乎要把这个姿势永远保持下去。最后，娜塔莉亚把心交给了我。当她起身离开时，我说："谢谢。"娜塔莉亚回道："要是我妈的话，她早就放弃了。"

信号是无声、私密和尊重的。如果大人做出了和善与坚定并行的行为榜样，那么信号的使用对孩子来说可能非常强大并且有力量，还将促使大人和孩子之间形成一种连接（特别是如果发出信号时带着会心的微笑）。

使用便条
（6岁及以上）

简短的个人便条也是一种非常好的方式，让你在安静地执行限制的同时建立一种连接感。使用便条对小学高年级和十几岁的学生来说非常有效。

雷纳塔走向14岁的陈。此时陈正一边和两个朋友玩儿，一边假装做作业。雷纳塔提醒陈，她的代数作业要在今天放学前提交，然后要求她换一个能够完成作业的地方。陈翻了个白眼，抓起书，换到那个地方，并把书往桌上一摔。雷纳塔觉得很恼火，并且对自己刚才允许陈在其他学生面前不尊重她感到很担心。陈感到尴尬和气愤，因为她觉得雷纳塔在她的朋友面前像对小孩子一样对待她。第二天，雷纳塔因为让陈感到尴尬而向她道歉。那天晚些时候，陈又和她的朋友们玩了起来，而当时她本应该去打扫洗手间。这一次，雷纳塔给陈写了一个便条，内容是：

你能先打扫洗手间，打扫完再和你的朋友们玩吗？谢谢你。

——雷纳塔

她把这张便条递给陈。陈从她的朋友身边走开去读便条。她感觉受到了尊重，而且和雷纳塔建立了连接。她笑了，从口袋里掏出一支铅笔，并在这张便条的背面写道：当然可以。

提供信息

（3岁及以上）

每次说完后要保持在场、温暖和静默。

你的工作还没有完成。
这张桌子上人太多了。
我们的圆圈正变得越来越吵。

描述你所看到的
（3岁及以上）

每次说完后保持在场、温暖和静默。

我注意到你在教室里跑来跑去。
我看到你在窗边的桌子上还有另一项工作。
我注意到你在往前挤，想到队伍的最前面。

观察但什么都不做
（2岁及以上）

仅仅是观察和保持在场，往往就足以让孩子转移自己的行为，而不需要大人主动执行限制。当我（奇普）第一次发现这个概念时，我真的大吃一惊；我从来没有想过这是一个选择。在接受正面管教培训的早期，我会观察我的小学课堂，和学生们一起阅读，做笔记。8岁的詹姆斯在教室里走来走去，找坐在不同桌子的朋友们玩耍、开玩笑、聊天、打扰别的孩子。在过去，我会站起来，穿过教室，和他说话，让他回去工作；但这往往会导致权力之争或争论。

这一次，我只是坐在座位上看着詹姆斯，什么也没做。最终，他感觉到教室这一端我的目光和存在，并看了我一眼。然后又继续和朋友聊天、开玩笑。我继续观察。他再次抬头，看到我在看他。他转身继续和朋友们聊天。我继续观察。他再次看了看，发现我还在看他。这一次，他耸了耸肩，叹了口气，回去继续做他的工作。他做出了自己的决定，我用很少的努力就执行了限制，而双方在这种情况下都保留了尊严。此外，我还能保持在场，听身边那个孩子给我读书。

蒙台梭利建议，作为老师，我们最重要的任务之一，就是在教室环境中观察孩子。然而，大多数老师很少花时间坐下来并观察他们的教室。当被问及为什么不这样做时，老师们给出的最常见的回答是没有时间。他们要上课、转移孩子的行为，解决问题行为。有没有可能教室里的很多纷乱实际上是由于我们相信需要对每一个不良行为做出反应而引起或者激发的呢？我们能不能既讲课又观察？

全面监督和个别指导，如果准确的话，是老师可以帮助孩子发展的两种方式。在此期间，她必须注意，绝对不要在解决单个孩子的问题时背对着全班。她的存在必须被所有这些游荡的、寻找生命的灵魂感受到。

——玛利亚·蒙台梭利

无论班里孩子年龄多大，大人在课堂上都有非常强的存在感。他们的动作、语气以及与孩子的互动都会在整个环境中产生反响。下次你有机会观察其他老师的课堂时，可以注意一下大人无意中会对孩子造成多么大的干扰。通常，大人会穿过教室去解决一个情形，但并不会看到自己造成的影响。老师在无意间不仅将打断她的课程或者和一个孩子一起做的工作，还会在去"转移"另一个孩子的不良行为的过程中打扰教室里的其他学生。

要想为观察准备好环境，可以考虑在教室里指定几个区域，让大人只是坐在那里，在场并积极观察孩子，让教室里到处都能感受到他们的存在，这样他们就可以用眼睛而不是用身体和声音来转移孩子们的活动。很多教室都有一把观察椅。为什么不多安排几把椅子，从不同角度观察呢？根据我的经验，当我们试着这样做，并让一位助教单纯地坐着并积极观察孩子和整个课堂时，孩子们往往不需要被要求就会停止自己的破坏行为，或者他们的同学们会要求他们停下来。

限制的执行：问与答

1.对于小孩子，如果你在执行限制时他们跑开了，你该怎么办？

好问题；这明显源于你来之不易的经验！对于小孩子（2岁半到6岁）来说，从对他们执行限制的大人身边跑开的情况并不少见。被试探过的限制才是限制，而且有什么比跑开更好的方法来试探一个限制呢！你很可能已经知道你班级里的哪个孩子会在你执行限制时跑开。当你接近一个可能会跑开的孩子，要先蹲下来，与他处在相同的高度，然后伸出你的手，掌心向上，表明你想让他握住你的手。当他这样做时，你就热情地握住它，然后再执行限制。如果他们试图逃跑，你只需和善而坚定地握紧他们的手，并保持在场、温暖和静默，直到他们做出反应。一定要感谢他们的合作。

2.如果孩子没有反应，你要保持多长时间的静默？

要比你觉得舒服的时间长。如果大人保持在场、温暖（能量胜过语言）和静默直到孩子做出合作的选择，大多数孩子都会对你执行的限制做出回应。与孩子相比，默默地坚持到底对老师来说要不舒服得多。我们不喜欢静默，但是，当我们停止说话时，竟然能传递那么多信息，这真让人惊讶。如果你的能量传达出你相信孩子的能力，相信他作为班集体的一员能完成对他提出的合理要求，他就会感受到信任和鼓励。当你感受到信任和鼓励，难道不会让你更愿意帮忙与合作吗？

3.只是保持静默，不解释原因，难道不是不尊重人吗？

年龄小一些的孩子（3~6岁）仍然要从大人那里获得行为和道德的暗示。当他们问"为什么"时，他们真正的意思是"是什么"或"怎么办"。对他们来说，亲身示范（向他们展示做什么和如何做）和保持清晰一致的限制，是最有效也最尊重他们发展阶段的方法。

对小学生和十几岁的学生而言，向他们解释"为什么"很重要，这是出于对他们本身及其所处发展阶段的尊重。解释"为什么"的最佳时机是在一开始你花时间教的时候。当该执行限制时，解释"为什么"会把对话导向操控和讨论，此时需要的是坚持到底。

4.如果不起作用怎么办？

以尊重的方式执行限制，少说话并且多保持沉默，总体而言非常有效。然而，并不是每种工具在任何时候都适合每个孩子。如果你发现本书中的某个工具不起作用，或不再起作用，可以尝试另一个。而且一定要运用错误目的表（第36~37页）！

还有一点要记住：所有的孩子都希望获得归属感和价值感。合作和社会责任被编织进了我们的基因里。我们相信孩子真的愿意合作和帮助他人吗？孩子不合作时，可能是老师造成了一场权力之争，让孩子下意识地想要赢得挑战。问问自己："是因为我过于苛求和不尊重他人而引发了一场权力之争吗？"

5.如果小一些的孩子似乎不明白你为什么不说话怎么办？

如果一个孩子似乎真的不明白为什么你说了几句话就只是

站在那儿，很可能他们还太小，无法理解静默这一非语言交流方式。对于三岁半以下的孩子来说，可能真是这样。如果出现这种情况，转移孩子的行为、转移注意力和监护是最有效的。

作为蒙台梭利老师，我们被要求相信我们照顾的孩子。尽管这并不容易，尤其是当孩子做出不良行为时，但是，这对于建立一种相互尊重与合作的关系来说至关重要。通过使用几个词以及用静默来坚持到底的方式执行限制，对大人和孩子都有帮助；它为大人提供了一种具体的方式来实践对孩子的信任。

做出榜样

行胜于言。在蒙台梭利教室里，我们希望孩子们做什么，我们就要先做出榜样。大人要做出榜样，向孩子示范如何和善而尊重地对待他人。我们示范如何在教室里走动，如何与他人交谈、如何归置工作以及如何维护环境。

做出榜样在学前教室里至关重要，因为孩子们此时正处于服从敏感期。孩子从大人那里得到暗示。他们密切观察我们，并复制我们的行为。因此，在教室里示范尊重的行为对老师来说是一项严肃的任务。如果大人在教室里迅速而且突然地移动，孩子们也会如此。如果大人用恼怒的语气跟一个行为不良的孩子说话，孩子们也会这样。孩子们也会效仿他们看到大人树立的和善、尊重和爱护环境的榜样。

随着孩子年龄的增长，并且进入小学和中学教室，老师做出示范变得至关重要，因为学生们对虚伪变得更加敏感。学生会观察大人，看他们是否言行一致。孩子们会这样想："大人能做到他们要求我们做的事情吗？"如果没有树立尊重的行为和课堂基本规则的榜样，会削弱学生对大人的信任，而且也相当于允许学生也这么做。"如果你可以在教室里喝咖啡，为什么我不能？"然而，当大人在教室里为那些他们期望学生做出的行为树立榜样时，他们就帮助学生培养了对集体的信任感、相互尊重与合作。

　　当我（奇普）的蒙台梭利培训师谈到要为那些我们希望在学生身上看到的行为做出榜样时，我觉得这太有道理了。当我还是个孩子时，我清楚地记得大人总是让自己游离于规则之外。作为一名年轻老师，我非常严肃地对待做出榜样这件事。然而，随着时间推移，坏习惯开始滋生。我开始让自己游离于规则之外。我会穿着鞋在教室里处理一件突发事件。我会拿着咖啡杯穿过教室，而不是把它放在一个指定的地方。当下的实际"需要"开始战胜做出行为榜样的长期影响。当时，我和小学高年级学生一起工作，他们很快就指出了我的虚伪。在一次班会上，一位学生非常友好地问我，为什么我不必遵守那些他们需要遵守的规则！这是一个很好的提醒——行胜于言。不用说，我开始做出一些改变。作为一名蒙台梭利老师，我非常喜欢的一点是，学生足够信任大人，可以提出一些尖锐的问题。我的学生毫无疑问就是这样做的！

问题讨论

1. 你是如何进行"蒙式唠叨"的？
2. 描述一次你小时候被大人唠叨的经历。你当时有什么想法、感受和决定？
3. 你还能想起生活中在执行限制时话很少的大人吗？还记得你是怎么回应的吗？
4. 作为一个大人，当另一个大人提醒你知道的事情时，你有什么感受？你会如何回应？
5. 列出一些将威胁掩饰成有限制的选择的例子。然后把这些威胁转变成对学生尊重而且可接受的选择，但不能娇纵。例如，不要说"你可以现在做作业，或者，你也可以在课间休息时留下来做"，你可以说"你可以从数学作业开始，也可以从地理作业开始。你来选。"
6. 你已经使用了本章中的哪些工具，如果用了的话？
7. 你认为本章中的哪些工具对开始使用最有帮助？为什么？
8. 你能记起大人让自己游离在规则之外的例子吗？当你注意到这一点时，你做了什么决定？
9. 你可以通过哪些方式改善你做出榜样的能力？

第8章

从逻辑后果到解决方案

如果逻辑后果被用作威胁或在愤怒中"强加于人",它们就不再是后果,而是变成了惩罚。孩子能很快分辨出两者的区别。他们会对逻辑后果做出回应;对惩罚进行反击。

——鲁道夫·德雷克斯

奖励和惩罚是……孩子自然发展的最大敌人。骑师在比赛前给马吃糖,但在马匹落后时用马刺和鞭子抽打它。然而,这些方法能让这匹马像大草原上的马那样跑得又快又出色吗?

——玛利亚·蒙台梭利

乔西亚是一名7岁的小学低年级学生。因为在上午的工作周期他几乎什么工作也没做,课间休息时间就和老师马库斯留在了教室里。教室规定是"如果你在工作时间玩耍,那你就得在玩耍时间工作"。马库斯相信他在用一个逻辑后果解决乔西亚的效率低下问题。但是,他误解了逻辑后果,并使用了一个惩罚性后果来解决这个问题。这并不管用。当课间时间朋友们在外面玩耍时,乔西亚拒绝做任何工作,而且充满了怨恨和叛逆。那天下午，他到处搞破坏，以至于一位老师不得不整个下午都跟着他，以免他干扰其他学生。每个人都在为乔西亚的"后果"付出代价，而且这当然也不会改变乔西亚的工作习惯。

一天下午，马库斯和合作主班老师吉尔坐下来一起喝咖啡，并且试图解决这个让人进退两难的问题。吉尔说："乔西亚并不是唯一受到惩罚的人。那些在课间休息时被我们留在教室工作的孩子，似乎是最需要出去的孩子。"还有其他学生也很容易被别人分心，或者干扰别人，而且这些孩子很少能在上午的工作周期完成自己的工作。马库斯同意这一点。他们知道，他们目前的方法造成的问题比解决的问题要多，但他们不知道该如何继续推进。

马库斯和吉尔决定终止这个在课间休息时把孩子留在室内的政策，即使他们还没有找到解决问题的答案。后来发生的事情颇具转折性。当他们从中去掉惩罚性后果时，他们开始专注于有助于解决这个问题的想法。首先，显而易见的是，他们恰恰忽略了最能帮助解决这个问题的人：孩子们。

第二天，吉尔和马库斯与乔西亚一起坐下来解决问题。吉尔说："乔西亚，我们认为让你在课间休息时留在室内工作对你没多大帮助，而且对我们也没有用。由于你上午的工作没做完，我们很担心。与其课间休息时间把你留在教室里，你愿意和我们一起想一些解决方法，来帮助你完成上午的工作吗？"

正如你能想到的，得知自己做不完工作也不必在课间休息时间留在教室里，乔西亚感觉受到了鼓励。这种鼓励打开了专注于解决方案的大门。吉尔和马库斯与乔西亚一起，明确了他在上午的工作周期中遇到了什么困难。然后，他们一起做头脑风暴，找到了帮助他完成工作的解决方案。其中包括找到高效的工作伙伴（得到这些孩子的同意），把多步骤项目分解成更小的步骤（隔离难点），并为他的工作排列顺序，以便他能从那些他原来很可能会回避的工作开始，先把它解决掉。

不到一周，乔西亚就完全变了样，而且他和老师的关系也发生了巨大变化。他更加合作、值得信任、更愿意做他的工作——即便是那些他不喜欢做的工作。事情并不完美；乔西亚仍然饱受被别人分心的困扰，但是，当被温和地提醒那些用头脑风暴想出来的帮助他完成工作的解决方法时，他总是愿意接受。他看到自己与老师和伙伴们都属于同一个团队。

乔西亚并不是唯一得到帮助的人。吉尔和马库斯开始对所有学生采用这种方法。与学生一起解决问题并且达成约定，改变了整个教室的氛围，让它从敌对变成了支持与合作。吉尔和马库斯每天都能各自休息一会儿，而无须监督那些精力充沛又愤愤不平的学生！

马库斯和吉尔面对的是大多数老师每天都要面对的问题：管理持续出现或重复出现的不良行为。这是一种令人失望又沮丧的经历。马库斯和吉尔（和我们中的大多数人做过的一样）对那些重复出现的不良行为的回应，是施加"后果"。但问题是，马库斯和吉尔所用的"后果"实际上是经过拙劣伪装的惩罚。而且结果就像经常发生的那样：惩罚性的方法让孩子丧失信心，从而引发更多的不良行为。这听起来很熟悉吗？

有一个更好的方法！与孩子一起努力，和善而坚定地专注于解决问题，而不是施加后果，这几乎永远是解决重复出现的不良行为最有效的方法。虽然老师不能让学生参与他们所做的每一个决定，但是，只要有可能就让孩子参与解决问题有助于建立合作和相互尊重，并减少不良行为。我们将在本章更详细地探讨解决问题的方法；但是，在此之前，让我们仔细看看逻辑后果，以及为什么它们会这么容易被滥用。

当心逻辑后果

几乎在我们为父母或老师举办的每一个正面管教工作坊中，我们收到的最常见的问题之一都是："如果一个孩子做了＿＿＿＿＿＿，其逻辑后果是什么？"在深入探讨这个问题之前，我们几乎总是发现这个问题背后的信念是，孩子们必须感受到他们的错误或不良行为带来的痛苦，将来才能做得更好。所以真正被问的问题是："如果一个孩子做了＿＿＿＿＿＿，该如何惩罚？"

事实上，当孩子感觉糟糕（羞愧、受到指责、尴尬）时，他们不会做得更好。他们会做得更差。这就是乔西亚身上发生的事情。他的老师本来希望他体验到错误带来的后果（痛苦），会让他改善自己的行为。但是，当乔西亚在课间休息时间不得不留在教室里时，他感到沮丧、愤怒和失败，而且在下午和接下来的几天里变本加厉地做出不良行为。他的反应是接受大人惩罚性后果的孩子常有的一种反应。这可以称之为"报复循环"。

我们很容易陷入使用惩罚性后果的陷阱，还美其名曰"逻辑后果"。老师会感到不堪重负、心灰意冷，而惩罚性后果会在他们感觉失去控制时给他们一种掌控感。然而，这只是一时的错觉。虽然施加惩罚性后果可能会促使孩子暂时停止不良行为，但从长期来讲它们并没有效果，因为它们让孩子感到沮丧。它们还会在老师和孩子之间制造敌对关系，并引发权力之争、操纵和愤恨。大人非但没有获得控制权，实际上反而失去了控制。大人感觉更糟糕。孩子也感觉更糟糕。两者关系非常紧张。孩子会继续或加剧其不良行为。这是一个两败俱伤的情形。这就是为什么我们说要"当心逻辑后果"。

那么，什么是逻辑后果

由于对逻辑后果是什么及如何使用它们存在太多误解，看看什么样的后果才是真正的逻辑后果就变得很重要。逻辑后果是一种由大人施加的非惩罚性后果，旨在教孩子承担责任并鼓励合作、自律和相互尊重。要想让一个后果被认为是真正的逻辑后果，而不是一个惩罚性后果或惩罚，它应该满足下列所有条件：

- **合理**（Reasonable）——后果应该是合理的，不应该过于苛刻，也不是为了让学生感觉更糟糕。如果学生没有完成他的工作，那就要求他们制定计划来完成它。
- **相关**（Related）——后果应该和情形直接相关。如果学生弄掉了活动小字母表，那就要求他们把它整理好。
- **尊重**（Respectful）——后果应该尊重学生、老师、集体和情形。它应该既和善又坚定，让孩子能从错误中恢复过来。老师可能会让有干扰行为的孩子离开圆圈暂时休息一会儿，并在他们准备好不再打扰他人时回来。
- **有帮助**（Helpful）——后果应该对孩子有帮助。后果应该让孩子在从错误中学习时感受到支持。老师可能会要求一个学生帮忙修理一个他在教室跑动时弄坏的教具。他们一起合作修理好它，而且学生可以将它放回架子上。

我们将这些标准称为3R1H。在整个正面管教中，我们用它来检验我们的解决方法是否能建立合作、相互尊重和牢固的关系。换句话说，逻辑后果的3R1H实际上和寻找解决方案的3R1H是一样的。我们检验一下使用逻辑后果的两种尝试，看看它们是否符合我们的3R1H标准。

　　5岁的玛丽和莉迪亚是凯西班上的学生。她们正在一张桌子上画水彩画。她们一起工作时经常做出不良行为。凯西注意到她们已经画完，并且开始往教室的墙上画。到了该出去的时候，凯西走到玛丽和莉迪亚身边，谨慎地说："我注意到墙上有颜料。你们出去之前，要怎么处理墙上的颜料呢？"玛丽和莉迪亚尽管有些不情愿，但很合作地拿来海绵和水，并且清理干净墙面后才转换到室外活动中。

　　清理墙面是一个真正的逻辑后果。凯西的要求是合理的：这个后果并不苛刻，也不是为了让玛丽和莉迪亚为自己的错误而感觉更糟糕。凯西的要求是相关的：两个女孩弄得一团糟，清理干净是纠正她们的错误的一个合乎逻辑的方法。凯西的要求对学生、老师和情形是尊重的：她没有责备、羞辱或说教。不让她们清理干净是对老师和其他学生的不尊重，因为那样的话，其他人就不得不收拾她们的烂摊子了。最后，凯西的回应是有帮助的：她在帮助学生培养个人和社会责任感，并希望能帮她们下次做得更好。

　　在上面的案例中，要注意，凯西问了一个问题来提示玛丽和莉迪亚，而不是告诉她们要做什么。这个问题向这两个学生传达的信息是，凯西相信她们知道该怎么做，而且也让她们承担了更多责任。我们将在第12章讨论提问与告诉的力量。

　　吉尔和马库斯的后果——"如果你在工作时间玩耍，就得在玩耍时间工作"不符合3R1H标准。这个后果肯定与该情形是相关的。你甚至可以辩称它是合理的，尽管乔西亚不这么觉得。然而，在课间休息时间把乔西亚留在室内既不符合第三个R（尊重），也不符合H（有帮助）。留在室内完成他的工作不尊重他的社交需求和在室内待了一上午需要做一些锻炼的需求，而且对他或者对他的班级责任也没有什么帮助。

值得注意的是,鲁道夫·德雷克斯说,逻辑后果只对那些错误目的是寻求过度关注的孩子有效。有趣的是,即使对于寻求过度关注来说,也有很多比施加后果更有效的工具。很多学生将后果理解为惩罚性的,而且更有可能变得愤恨、叛逆或消极对抗。那些错误目的是寻求权力、报复和自暴自弃的孩子就属于这个群体。一个错误目的是寻求权力的孩子可能会把逻辑后果看作进行一场权力之争的邀请。一个错误目的是报复的孩子可能会把逻辑后果看作拒绝,然后试图回击。一个错误目的是自暴自弃的孩子可能会把逻辑后果解释为批评,并且甚至会进一步关闭心门。

逻辑后果一个很好的经验法则是,它们在以下两种情形中最有效:

- 如果你弄乱了什么东西,你要把它收拾干净;或者,如果你把它弄坏了,你要把它修好。
- 特权伴随着责任。如果你不想承担责任,你就可能会失去特权,直到你准备好承担责任。

由于大人很容易将惩罚伪装成逻辑后果,或者孩子很容易将逻辑后果解释为惩罚,我们希望你能像吉尔和马库斯以及我们这么多践行正面管教的人一样发现:当你开始和孩子一起解决问题并使用本书中的其他工具时,你就很少需要(或想要)使用逻辑后果。

从逻辑后果到解决方案

如果我们专注于寻找问题的解决方案而不是寻找问题的后果会怎样？通过和孩子共同解决问题，我们可以培养孩子的个人力量，发展牢固的人际关系，并让彼此互相尊重与合作。请记住，和孩子共同解决问题，而不是施加后果，并不意味着娇纵孩子。如果运用得当，解决问题的过程可以是既和善又坚定的。它涉及分享、倾听和通过头脑风暴想出解决方案。它还涉及共同制定具体的约定，这些约定赋予大人在学生违反约定——他们经常违反——时尊重而有效地执行的权力。如果你和孩子同属一个团队时，对孩子执行约定总是会更容易些！

当马库斯和吉尔开始与乔西亚共同解决问题时，她俩与他的关系从敌对转变为合作。乔西亚的行为并没有在一夜之间发生改变，而且他在继续犯错误。但是，当到了通过询问乔西亚需要做什么才能遵守他们的约定，来对他保持坚定并且坚持到底时，马库斯和吉尔也能同时做到和善，因为她们可以依靠在邀请乔西亚参与寻找解决方案时建立起的合作和信任。

乔西亚知道自己很重要，而且他的老师重视他，并以尊严和尊重对待他。马库斯和吉尔知道她们可以更加保持一致，因为她们与乔西亚的关系更加合作。事实上，在对乔西亚运用跟进执行后，他们的关系似乎更加牢固了。

研究表明，大人与孩子之间的关系极其重要。尽管所有的老师都觉得很忙，但是，花时间和精力来加强与孩子的关系是必不可少的。对46项研究所做的一项分析发现，牢固的师生关系与学生的学业参与度、出勤率和成绩的提高是相关的，与破坏性行为、停学和辍学的减少是相关的。而且，尽管花时间与孩子一起解决问题似乎会让很多忙碌的老师望而却步，但是，想想解决像乔西亚这样持续的不良行为花了多少时间吧。在花时间与乔西亚以及班上其他孩子共同解决问题之后，马库斯和吉尔这一年以来第一次可以休息一会儿了。

和孩子共同解决问题：坚持到底的4个步骤
（4岁到十几岁）

　　马库斯和吉尔与乔西亚及其他学生所遵循的解决问题的过程被称为"坚持到底的4个步骤"。这是与孩子合作的和善与坚定并行的一种方法，可以建立牢固的师生关系并能有效地解决重复出现的不良行为。以下是它的运作方式：

坚持到底的4个步骤

①找一个双方都平静的时间，也就是你和孩子都能够全神贯注地处理所发生的事情的时候（不要在问题刚刚发生后，也不要在问题可能出现前）。

②进行友好、坦诚的讨论，来收集和分享关于老师和孩子在该问题上的信息。

③讨论可能的解决方案并就你们各自愿意做些什么来解决该问题达成一致。核实一下理解的情况。确保每个人都清楚地理解了所选择的解决方案。

④如果／当该问题再次出现时，老师只需简单地陈述事实并坚持到底，例如："我们的约定是什么？"或"我们有过一个约定。"

　　回顾这个解决问题的过程，你会注意到，它是从一次讨论开始的。讨论应该总是安排在"双方都平静的时间"，也就是老师和学生都能全神贯注地对待这件事，并且双方都能对上次事件有中立或超然的感觉的时候。老师通常先发起对话，并坦诚分享自己的关切。然后，老师给学生机会来分享他们的关切。重要的是，老师在倾听学生时不带评判，并且允许学生有不同的优先事项。例如，对于大多数十几岁的学生来说，和同龄人的连接要比做作业更重要。这并不意味着十几岁的孩子不做作业是合适的。这只是说这种连接对他们来说更重要。如果老师表达理解，不对此进行反驳，学生就会感觉到被倾听和认可。

一旦学生感到被倾听，老师就可以问学生是否愿意以一种能满足双方需要的方式一起解决问题。如果学生不愿意，那就由老师来解决问题，老师这样说肯定是恰当的："我真的愿意我们一起努力解决这个问题，我认为这会更有效。但是，如果你不愿意和我一起解决问题，那我就得自己努力解决了。我会告诉你我想到的办法。如果你决定要和我一起解决这个问题，请告诉我。"

大多数小孩子和十几岁的孩子都会为参与解决问题的过程而感到高兴。他们会自然地感觉受到了尊重和信任。如果学生同意，那么老师和学生就可以一起开始用头脑风暴寻找解决方案。

当你和学生开始共同解决问题，如果解决方案不符合3R1H标准，或者如果一个解决方案对你来说行不通，请务必对学生和自己诚实。例如，如果孩子建议："我认为任何时候我想出去就应该可以出去。"你可以说："这对我来说行不通。让我们找一个对我们两个都合理的方案吧。"学生也应该被允许做同样的事情。有时，学生会提出惩罚性的解决方案，例如："如果我没做完工作，课间休息时间我就应该留在教室里。"如果你觉得解决方案是惩罚性的或没什么帮助，要诚实地告诉他们。例如："我不确定为了完成工作而让你在课间时间留在教室里是对你的尊重。你看起来非常需要户外活动时间。"一旦你和学生达成双方都愿意接受的约定，要和他们确认这个约定，并感谢他们和你一起解决问题。

要记住，经过试探的限制才是限制！所以，要相应地设定你的期望。学生几乎总是会打破你们在共同解决问题的过程中达成的约定。不要认为这是针对你个人的。不要指望孩子和你有相同的优先事项。而且，即使做作业不是他们的优先事项，他们也需要做。这是他们需要父母和老师的原因。小孩子和十几岁的孩子都希望知道大人会前后一致地、以可预测的方式坚持到底。当大人尊重地做到言行一致，孩子就会有安全感。如果学生违反了约定，你只需走近他们，会意地微笑，并且说："我们的约定是什么？"如果他们提出反对或找借口，不要回应。保持在场、温暖和静默，直到他们执行约定（而且当他们执行约定时，一定要感谢他们的合作）。

坚持到底的4个步骤实例

大卫是一名中学生，几乎每周都不做准备就来上研讨课。他会在选定的阅读材料中的一些段落下面画线，并在页边空白处做一些毫无逻辑的注释，以向老师表明他已经做完了作业。在研讨课上，大卫会发表一些明显表明他没有读过阅读材料的评论。为了掩饰准备不足，他会开玩笑而且一般情况下会转移圆圈里其他学生的注意力。他的老师萨曼莎最开始使用了惩罚性后果。她要求他离开研讨会，并且因为他缺席讨论而给他分配额外的任务。这就引发了一场持续的权力之争，大卫被要求离开圆圈后开始在圈外干扰研讨课。萨曼莎决定使用"坚持到底的4个步骤"来解决与大卫的问题。

一天早上，萨曼莎问大卫愿不愿意和她一起喝杯茶。大卫同意了，他们进行了下面的对话。

萨曼莎：大卫，我对你上研讨课的情况感到担忧。你每周都向我展示那些指定的阅读材料，而且看起来你像是做了一些工作。然而，当你分享你的反馈时，很明显你并没有读过。我感到很沮丧，因为你这样做干扰了别人用心准备的研讨课。你很有趣，我也很高兴你是我们班级里的一员，但我不喜欢被干扰。这是我的想法。你有什么想法？

大卫：我觉得无聊。我不喜欢这些话题。你说对了，我没有做作业。我只是对我们一直讨论的一些事情不感兴趣。我喜欢关于选举的研讨课，但我认为我们讨论的很多东西没那么有趣。

萨曼莎：感谢你跟我讲实话。谢谢。所以，我沮丧是因为你在没有准备的情况下干扰圆圈活动，你沮丧是因为你对这些主题不感兴趣，而且觉得没有动力做作业。（请注意，萨曼莎只是在重述事实，并没有对大卫的优先事项进行评判。）大卫，我没法向你保证你会对我们讨论的每个主题都感兴趣，但我愿意看看你和我能不能找到一个对彼此都有效的方法来解决这个问题。你愿意吗？

大卫：当然，我愿意。

萨曼莎：好吧，让我们用头脑风暴想出一些想法。你认为怎么做能让你保持兴趣？

大卫：我认为应该由全班同学来选择主题。

萨曼莎：我愿意让全班同学参与选择主题。让全班同学选择所有主题是不合理的，因为有些主题是我们人文课程的一部分，但我认为让全班同学选择几个大家都感兴趣的主题是个好主意。你愿意把这点列入班会议程吗？

大卫：可以。

萨曼莎：谢谢你；感谢你对我敞开心扉。我很期待听听班里同学们对选择有趣的主题的想法。现在，让我们来谈谈扰乱圆圈活动的问题。你有什么办法在你对讨论主题不感兴趣时确保自己为研讨课做好准备吗？

大卫：我不知道。我很难做自己不喜欢的事情。

萨曼莎：我理解这一点，而且我知道这对你来说很难。当主题是你不太感兴趣的，你认为怎么才能帮你完成作业？

大卫：嗯，我喜欢和萨沙一起工作。也许我们俩可以一起合作？

萨曼莎：这是一种可能。我知道你和萨沙是非常好的朋友，而且有时候当你们选择一起工作时，你能做很多工作，而其他时候，你最终会花很多时间社交，而且你也做不完作业。如果和萨沙一起工作，你怎么才能确保你能够完成研讨课的作业呢？

大卫：我不知道；我们为什么不试一试呢？

萨曼莎：要不你和萨沙安排在每周一完成呢？而且如果你还需要更多时间，你可以利用周二上午的工作周期来完成，就在我桌子上，而且如果你需要，我还可以帮助你。

大卫：我觉得可以。

萨曼莎：你确定吗？这个计划要想成功的话，我们两个需要一起执行。

大卫：嗯，问题是，我喜欢在周二的课程结束后马上做科学作业，而且通常会占用工作周期的大部分时间。如果我和萨沙周一没完成，我能在周二下午完成吗？

萨曼莎：我认为可以。由于周二下午自由工作的时间不多，如果你到那时没有做完，你打算怎么办？

大卫：我可以在周二放学后留在自习室。

萨曼莎：我可以接受。所以，咱们再回顾一下我们的计划，确保大家理解一致。你的计划是每周一和萨沙一起完成工作？

大卫：是的，是这样计划的。

萨曼莎：如果你和萨沙没有在周一完成研讨课的工作，我们是怎么约定的呢？

大卫：那我会在周二下午做，而且如果还没做完，我将在自习室里做完。

萨曼莎：很好，听起来是个好计划。谢谢你和我一起解决了这件事。

大卫：好的；谢谢，萨曼莎。

那一周晚些时候，大卫在班会上提出了他对研讨课主题的想法。全班同学就如何在选择讨论主题时把学生们的想法包含进来，一起制订了一个计划。萨曼莎发现同学们提出了一些非常棒的主意，包括一些她没有意识到的能引发他们兴趣的主题。

萨曼莎和全班同学还决定，当她需要研讨课的主题与人文课的课程相匹配时，会给大家一些子主题供他们选择。至于大卫，接下来的那个周一，他一到校就直接和萨沙开始工作。他们做完了工作，而且大卫积极地参与了圆圈活动。

然而，到了再下一个周一，大卫和萨沙把大部分时间都花在了社交上，而且他没有做完工作。周二下午，大卫没有拿出研讨课的材料阅读，而是拿出了一个艺术项目，并且开始做了起来。萨曼莎走到大卫面前，和善而坚定地与他说话。

萨曼莎：大卫，我们的约定是什么？

大卫：哦，好的，我马上把作业拿出来。我只需要画完这个。

从逻辑后果到解决方案

萨曼莎没有动,也没有说话。她只是站在大卫旁边,手放在他的肩膀上,看着他会意地笑着。大卫又画了一会儿,然后大声叹了口气,把艺术作业收起来,拿出了研讨课的阅读材料。

后来,当大卫在自习室做完了作业时,萨曼莎检查了一遍。

萨曼莎:大卫,你的评论非常透彻。做得不错。谢谢你遵守我们的约定。

大卫:好的。哦,谢谢你愿意让我们选择一些主题。

萨曼莎意识到,虽然这个过程在一开始时花的时间有点多,但比她之前的做法更有效。她还意识到,她之前的方法是惩罚性的,让大卫感到沮丧,这种沮丧以其他的方式、在不同的场合表现了出来。其他学生注意到了大卫在研讨课上行为的变化,却不知道发生了什么。他们只知道大卫在研讨课上有所贡献,而且课堂讨论更加愉快了。萨曼莎还发现,和大卫共同解决问题改变了她与大卫的关系。大卫开始信任她,甚至向她敞开心扉,说了一些他在校外遇到的困难。

使用"坚持到底的4个步骤"的建议

①专注于解决方案。用头脑风暴想出尽可能多的解决方案。

②约定的解决方案应该是合理的、尊重的、相关的和有帮助的。

③约定的内容和截止时间要具体。

④评论要坦诚、温暖、简洁。("我注意到你没有 ＿＿＿。你能现在就做吗?")

⑤记住,经过试探的界限才是界限。大多数学生都会有意无意地违反约定,因为这在他们的优先事项中的排名并

不靠前。这并不意味着他们不应该遵守约定，而只是意味着一个友好的提醒会有帮助。

⑥在坚持到底的过程中，当遇到反对时，你可以说这样的话来回应："我们的约定是什么？"

⑦当遇到进一步反对，你可以这样回应：保持安静并用非语言交流来坚持到底：指向需要捡起来的东西；会意地微笑；和善地牵起孩子的手，带他们解决或远离该问题。

⑧当学生们合作时，要表达感激："谢谢你遵守我们的约定。"

导致坚持到底失败的陷阱

（1）希望小孩子或十几岁的孩子与大人有相同的优先事项。

（2）陷入评判和批评，而不是就事论事。

（3）没有提前达成约定（或者没有在达成约定时设定具体的截止时间）。

（4）在问题刚发生后就进行讨论。

总而言之，在和学生一起从"逻辑后果"走向"共同解决问题"时，需要考虑以下几个要点：

（1）在考虑使用后果（无论是逻辑后果还是其他后果）时要谨慎。后果很容易被孩子们解读为惩罚性的，也很容易被成年人惩罚性地使用。这会引发愤恨、叛逆或消极对抗。

（2）和学生共同解决问题要比施加后果有效得多。专注于解决方案可以建立连接和信任，并营造一种把犯错误视为学习机会的环境。

（3）当你忍不住想使用逻辑后果时，可以试试用"坚持到底的4个步骤"来解决问题。这种方法让大人能够和善而坚定地坚持到底，并能避免陷入施加惩罚性后果的陷阱。

（4）一致而尊重地坚持到底，有助于孩子感觉到安全感，并减少重复出现的不良行为，因为孩子会学到，他们可以信任老师做到言行一致。

问题讨论

1. 有些逻辑后果实际上是经过伪装的惩罚，请举例说明。
2. 在你小时候，你被施加过惩罚性后果吗？如果有，你当时有什么感受？在承受了这种后果后，你决定接下来怎么做？
3. 想想班里一名不断地做出问题行为的学生。列一份关于你可以施加哪些后果来让该行为停止的清单。在这张清单的背面，再列一份你可以使用的有助于改善该学生行为的解决方案的清单。你有什么发现？
4. 你过去尝试过和学生共同解决问题吗？如果有，有效果吗？你们遇到了哪些问题？"坚持到底的4个步骤"如何帮你克服遇到的挑战？
5. 复习"坚持到底的4个步骤"。和一位同事一起练习使用这个工具。让你的同事假装是一个反复做出不良行为的孩子。对他们使用坚持到底的4个步骤。你们是如何谈话的？这对他们未来的行为可能产生什么影响？对你的回应可能会产生什么影响？

第9章

更多能够建立相互尊重的正面管教工具

我们必须记住，内在的约束一定是达成的，而并非预先存在的。我们的作用是在达成的道路上进行引导。

——玛利亚·蒙台梭利

一致性实际上是秩序的一部分，因此有助于建立边界与限制，为孩子提供安全感。

——鲁道夫·德雷克斯

决定你怎么做
（4岁到十几岁）

在可能的情况下，解决重复出现的不良行为最有效的方法，是和学生们共同解决问题。然而，有时候，当出现问题时，大人需要决定自己怎么做。例如，当涉及学生的情绪或人身安全，或者涉及自己的智慧和成熟度起重要作用的情形时，大人就需要决定怎么做。

"决定你怎么做"是一种有效且相互尊重的应对不良行为的方式，它赋予了老师在尊重而前后一致地坚持到底的同时避免权力之争的力量。决定你怎么做有助于避免落入施加惩罚性后果的陷阱，因为它侧重于老师要做什么，而不是老师让学生去做什么。在运用"决定你怎么做"时，老师只是分享自己关心的事情，告知孩子他们（老师）将要怎么做，然后核实大家是否理解。下面是几个例子：

针对全班"决定你怎么做"

汤姆是一个小学低年级班的主班老师。他在上课时遇到了困难，因为学生们不断地打断他，在他或者其他同学说话时插嘴。他说："我的课有时需要三十分钟才能完成，因为我没法在不被打扰的情况下说完自己要说的内容。"

一天，汤姆在上午的工作周期开始前，让孩子们围成一个圆圈。他对他们说："我每天都很难讲完课，因为被打断的次数太多了。我觉得这让人非常沮丧，因为有人打断，我就没办法说完要说的话。你们对此有什么感受？"

孩子们给出了各种各样的回应，从"这对我没什么困扰"，到"我一直举手，但其他孩子都不举。我根本没法说出自己想说的"。

汤姆听着。然后，他说："听到其他人也有同样的感受，让我感到欣慰。以后，我会要求大家想在课堂上说什么时先举手，等着被叫到名字才能发言。这样每个人都有机会发言和提问。我只点那些举手的同学的名字。如果有人打断，我会停止说话，直到每个人都安静下来。等每个人都静下来而且我再次开始说话时，你们就知道我准备好继续上课了。"

然后，汤姆向全班同学核实，以确保每个人都明白下次他被打断时会怎么做。

接下来的几天，一切进展顺利。汤姆知道学生们最终还是会试探界限，看看他会不会将自己说的坚持到底。正如我们知道的，经过试探的界限才是界限。他现实的期望和预定的计划帮助他在学生们再次开始打断时保持冷静。当他们开始打断时，汤姆做好了准备。他停止说话。他把正在讲解的教具放在毯子上，双手放在膝盖上，安静地坐在那里。学生并没有立即做出反应。他们还在不停地说话、开玩笑。汤姆平静且安静地坐着，脸上挂着会心的微笑等待着。大约一分钟后，有些学生开始互相推搡对方并要求对方安静下来，让汤姆继续上课。不一会儿，所有的学生都安静了下来。汤姆什么也没说。他只是拿起了教具并继续上课。汤姆带着尊严和尊重坚持到底。

打断讲课的问题并没有从此消失，但在整个学年里，它都在改善，而且不断地改善。每次学生打断，汤姆都会放下手头在做的事，保持安静，然后在学生们安静下来再继续。对汤姆来说，工作周期里的压力消失了，而且他通过让学生们成为解决方案的一部分赋予了他们力量。

针对单个学生"决定你怎么做"

赛义德是一名7岁的小学生，每周他都有几次忘记带午餐。他在妈妈把他送到学校时，会把餐盒忘在妈妈的车里，然后到了午餐时间，赛义德会让老师阿莎打电话给妈妈，让她把他的午餐送到学校里。赛义德的妈妈在距学校不到一英里的地方工作，她会开车去学校送"落下的"午餐。这个惯例正变得越来越频繁，而且总是造成干扰。阿莎有理由怀疑赛义德并不是忘记了午餐，而是在寻求妈妈的特殊服侍。

阿莎决定运用"决定你怎么做"来解决这个反复出现的难题。她给赛义德的妈妈打了个电话并解释了她的计划。赛义德的妈妈对此表示赞成。第二天，阿莎要求赛义德在加餐时间过来和她谈谈。阿莎向赛义德分享了她的计划。下面是他们之间的对话：

阿莎：赛义德，我注意到你最近经常把午餐落在妈妈的车里。当你忘了你的午餐，你就会让我给你妈妈打电话，这样她就会给你送来。这干扰了我，也干扰了大家，而且也没有尊重你妈妈和她的时间。你是怎么了？

赛义德：我不知道。我只是忘了把它从车里拿出来。我妈妈说她不介意。她说很高兴在白天见到我。

阿莎：是的，我和你妈妈谈过这件事，而且我理解你们白天见到对方会很高兴。你妈妈和我将来计划这么做。如果你把午餐落在车里，我会让你在厨房自制一个花生酱冻三明治，或者吃加餐桌上剩下的加餐。我不会打电话让你妈妈给你送午饭了。

赛义德：我妈妈同意了？

阿莎：是的，赛义德，她同意了。所以，如果你忘了带午餐会发生什么？

赛义德：我不知道；我会饿的！

阿莎：你不会饿。我会让你在厨房里自制一个花生酱果冻三明治，或者吃剩下的加餐。所以，如果你忘了带午餐会发生什么？

赛义德：那我就不得不在厨房里做花生酱果冻三明治，或者吃一些剩下的加餐。

阿莎：是的，谢谢。

当然，那周晚些时候，赛义德忘了他的午餐。经过试探的限制才是限制！阿莎明白这一点，也预料到了这一点。当赛义德过来问阿莎能不能给他妈妈打电话让她把午餐送过来时，阿莎忍住诱惑，没有这样说："我跟你说过什么？"相反，她是这样回应的：

阿莎：赛义德，我注意到你没有午餐。你的计划是什么？
赛义德：我的计划是让你给我妈妈打电话。

阿莎没有回应，而是保持在场、温暖而且静默的状态一分钟，直到赛义德回应。

赛义德：那我去吃点剩下的加餐吧。
阿莎：谢谢你，赛义德。

决定你不做什么：自然后果
（两岁半到十几岁）

有时候，对一个孩子的不良行为最好的回应就是什么都不做！今天，关于提高适应力的讨论有很多。但是，你是如何提高适应力的？通过艰难的努力，有时通过失败。失败和艰难努力不应该成为贬义词。我们都会犯错误；我们都会失败。错误是学习的机会，而且经历失败和战胜失败是培养适应力、共情能力、智慧、解决问题技能、创造力和能力感的关键组成部分。如果不让孩子有尊严而尊重地经历艰难努力和失败，我们就偷走了他们在成功时感受胜利的机会。很多时候，大人会插手，并且把孩子从他们的行为所带来的痛苦和不适中解救出来。当我们"偷走"艰难努力，我们就偷走了胜利。

《幸福的另一面》（The Other Side of Happiness）一书的作者布罗克·巴斯蒂安（Brock Bastian）解释道，适应力是通过经历不适培养出来的。他辩称，诸如痛苦、失去、失败和失望等挑战，可以提高适应力，并且帮助我们在未来遇到挑战时不那么容易放弃。自然后果有助于提高孩子的适应力，尤其是在大人和善（爱）而坚定（责任）地给予支持时。

自然后果（不要与逻辑后果混淆）就是自然而然发生的后果。自然后果是完全自然发生的，没有大人干预。为了让老师"运用"自然后果，他们只需什么都不做（除了提供一点情感支持）。如果大人以任何方式提出或施加一个后果，该后果就不是自然后果。运用自然后果时，老师只需要让后果发生，不要进行任何说教或解救。这会给孩子提供尊严而尊重地体验错误并从中学习的机会。

我们让孩子体验自己的错误所带来的不适和失望，并不意味着我们不提供支持。那是不和善的。孩子们在犯错误时需要感受到支持。在孩子体验一个自然后果时，老师可以通过提问、认可感受和与孩子共同解决问题，来提供温暖、理解和共情。下面是一些自然后果以及大人给出的支持性回应的例子：

彼得把外套落在了教室里。他到外面玩儿并且觉得很冷。感到冷就是自然后果。他的老师可以这么说："我很抱歉你觉得这么冷。你能做些什么来确保你在外出活动时不冷呢？"

泰莎忘了带午餐。到了午饭时间，她很饿。感觉饿就是自

更多能够建立相互尊重的正面管教工具

然后果。她的老师可以这样回应:"哦,不,你肯定饿了。如果你想给自己做个三明治,冰箱里有花生酱和果冻。"

法蒂玛错过了校车,因为她的准备出门的时间太长了。她上学迟到了并且错过了展示和介绍[①]。错过展示和介绍就是自然后果。她的老师可以这么说:"看来错过了展示和介绍让你真的很伤心。我很难过;你一定感到很失望。"

尼古拉斯把笔记卡忘在家里了。该他向全班演示的时候,他还没有准备好。他一直期待着向全班同学展示他的研究成果。错过演示就是自然后果。老师可以说:"我知道你真的很期待今天的演示。你一定感到很失望。你想在周四或下周一演示吗?"

请注意,上述每个例子中,老师都给予了支持和共情,但并没有解救孩子,也没有对他们进行说教。把孩子从他们犯的错误中解救出来是很有诱惑力的,尤其是在他们难过的时候。但是,解救是不尊重的。它教给孩子的是他们是无助的而且不能处理问题并找到解决方案。解救孩子会剥夺他们发现自己有多么能干的机会。

在孩子体验过自然后果之后,特别是如果孩子的行为一直重复出现,说教或施加后果也是很诱人的。例如,当彼得忘记穿外套并抱怨觉得冷时,老师可能会说:"你总是把外套落在教室里,然后抱怨你很冷。这次你可以进去拿,但是,如果你

[①] 一种学校活动,每个学生都带一个物品到学校,并向班级做一个关于这个物品的演讲。——译者注

下次又忘了，你就得去办公室等着，直到我们回教室。"老师希望通过威胁施加一个惩罚性后果并在自然后果（感觉冷）的基础上加上一句"我早就说过"的说教，使彼得下次会记得穿外套。更有可能发生的是，威胁和说教可能让彼得感到愤怒、羞愧，而且可能会反叛。下次他可能还会把外套落在教室里，只是为了向老师示威。如果老师对彼得的困境表达共情并信任他，彼得本可以自己决定是想勇敢地面对寒冷还是想办法解决问题。

使用自然后果的建议

（1）花时间训练。确保学生了解对他们有什么期待，以及如何实现。

（2）确保后果是安全的，而且是与发展阶段相适应的。很显然，让一个3岁的孩子因为忘带午餐而饿肚子和让一个12岁的孩子因为忘带午餐而饿肚子差别是很大的。

（3）与父母核实，以确保他们同意。老师通常会担心自然后果的发生，因为他们害怕学生的父母会评判自己疏忽大意。你不问就永远不会知道，而且这也可能是帮助父母的一个大好机会。

（4）确保自然后果对涉及的每个人都是尊重的。

（5）在允许孩子体验后果的同时表达共情。

（6）只有当孩子对结果很在意时才使用自然后果。如果不在意，可以尝试与孩子共同解决问题（第8章）。例如，对于一个把午餐"忘"在车上，以便能吃教室冰箱里自己喜欢吃的食物的孩子来说，共同解决问题可能是一个更好的方法。

尊重地说"不",无需解释
（3岁及以上）

有时候,最恰当的回应就是说"不",并且无需解释。很多时候,大人会长篇大论地解释自己为什么说"不"。在需要清晰而适当的界限时,这样做自然会引发讨价还价和操纵。这还会为孩子做出示范,当你说"不"时,你必须做出解释。不管你信不信,与大人相比,孩子往往更善于尊重地说"不",并且不做解释。

罗杰是一位小学低年级老师。一天,他观察到了他的两个学生劳伦和艾莉森之间的对话。劳伦走到艾莉森身边,用甜腻的语气问她是否可以用艾莉森一支新的香味铅笔。艾莉森只是看着劳伦,尊重地说:"不行。"然后,就不再说话。劳伦看上去一脸疑惑。她似乎在等着艾莉森解释一下,但艾莉森一句话也没说。片刻之后,劳伦耸了耸肩,回去做自己的作业了。那天罗杰从艾莉森那里学到了宝贵的一课:不做解释直接拒绝没关系。

尊重地说"不"并且不做解释,是一项重要的人生技能。在蒙台梭利教育中,我们会教年幼的孩子,他们可以尊重地对彼此说"不"。当一个孩子要求使用另一个孩子正在使用的教具时,使用该教具的孩子可以说"不"。我们不强迫孩子分享。这是不尊重的。教孩子尊重地说"不"并不做解释,能帮助他们培养设立和保持清晰而合理的界限的能力。健康的关系取决于健康的界限。在以后的人生里,这些小孩子会长成十几岁的少年,并且需要对那些可能产生严重后果的要求说"不"。"不"是一个完整的句子,但学会说"不"需要练习。

当我们尊重地说"不"并且不做解释时,我们还教给了孩子们另一项重要的社会和人生技能,那就是如何接受别人说"不"。当艾莉森说"不"时,罗杰并不是唯一从她那里吸取教训的人。劳伦也体验到了别人对她说"不"是怎么回事，并接受了他人清晰而合理的界限。

说"是"
（2岁到十几岁）

尽管尊重地说"不"是保持界限的一个有效方式，但这也很容易陷入说太多"不"的陷阱。它可能变成我们的第一反应。有时候，我们需要专注于在我们可以的时候说"是"！

这一年对康塞塔和丽兹老师来说实属不易。这样的事也可能发生在我们所有人身上。他们开始觉得自己总是在说"不！"，这已经成为一种习惯性的反应，而且他们甚至发现自己在没必要的时候也会这么说。康塞塔觉得教室里的气氛很"沉重"，而且和孩子们的关系也缺乏信任。他们决定在接下来的几周里找机会尽可能说"是"。丽兹在教师柜上贴了一张写着"是"的便签。每当一个孩子提出要求，康塞塔和丽兹都会有意识地花时间思考一下他们是否可以说"是"。随着他们越来越多地说"是"，他们注意到自己更信任孩子们了。教室里的气氛感觉更轻松，也更放松。虽然这个班仍然面临挑战，但学生们开始有了进步。孩子们更快乐，也更合作。丽兹和康塞塔每天回家时对自己和孩子们的感觉都更好了。

让孩子们处境相同
（两岁半到十几岁）

即使最富同情心的老师也能在不知不觉间，帮忙创造出

更多能够建立相互尊重的正面管教工具

一种把一个孩子当作"坏孩子"单独对待的氛围。我们的教室里都有过这种情况。托比是一个似乎总是伤害或干扰别人的学生。他的同学和老师都很沮丧。如果发生了干扰他人的情况或者如果有人受伤,托比通常都牵扯其中。一天,在操场上,马特奥被人从后面推倒在地。他没有看清是谁推了他。老师过来看他有没有事,并问他发生了什么。马特奥说:"托比无缘无故地把我推倒了。"可托比当时并不在附近。

通过把学生单独对待,老师帮忙创造了一种"坏孩子"的氛围。人们真的很容易这么做,尤其是如果教室里有像托比这样经常做出不良行为的学生。在学校里的时间是有限的,大人的数量也是有限的。很难知道每个孩子对每个问题做了什么"贡献",如果不是不可能的话。那么会发生什么呢?老师会确认最有可能攻击别人的人,也就是托比,并且出于沮丧以及对其他孩子的担心而迅速采取行动。老师会想:"每次都是托比!"老师的反应是可以理解的。但是,问题是老师现在帮忙营造了一种"坏孩子"的氛围。其他学生很快就明白了这一点。他们会对托比做出主观臆断,就像马特奥那样,或者会归咎于托比,因为他们知道老师会相信自己。

在解决问题的情境里,让孩子们处境相同有助于避免在你的教室里创造一种"坏孩子"的氛围。其做法是这样的:当两个或更多孩子之间出现问题时,不要只说一个孩子,而是提到两个或一群孩子。

举一个例子:托比和阿尔伯特正在一起做大珠链架。阿尔伯特开始喊了起来:"托比,把我的铅笔还给我!你总是偷我的东西!"他们的老师劳拉走到托比和阿尔伯特身边,并尊重地伸出手,问:"请把铅笔给我好吗?"她安静地等待着,直到托比把铅笔递给她。拿到铅笔后,她对两个孩子说:"孩子们,当你们找到一个共用这支铅笔并对彼此都尊重的解决方案时,过来告诉我。我现在要去和萨纳一起工作。"托比和阿尔伯特没再过去找老师要铅笔。他们在一个架子下找到了两支铅笔,然后回去继续工作了,而且劳拉注意到他们一边工作一边咯咯地笑。问题解决了。没有哪个孩子被单独对待,而且劳拉帮助阻止了教室里形成的"坏孩子"氛围。

下面是让孩子们处境相同其他例子:

一名学生打小报告说另一个孩子取笑她。老师回答:"我相信你们俩可以在'和平桌'上解决这个问题。"

在户外建筑区,学生们每天都会为谁"拥有"哪个堡垒而争论不休。一天,在一场特别激烈的争吵期间,老师对学生们说:"我要关闭建筑区,直到我们想出如何尊重地解决这个问题的方法。有人愿意把它列入班会议程吗?"

三名小学生正在一张桌子旁大声说话,并且干扰到了其他人。其中一个孩子经常引起此类骚乱。他们的老师问:"我将要求你们分开工作,直到你们能想出一个一起工作又不干扰别人的办法。"

每天在圆圈活动结束后,有几个孩子都会跑着去排队出去玩。老师对全班同学说:"我想要求每一个人在解散时能慢慢地从圆圈走向你们的小隔间。"

避免"坏孩子"氛围的一个非常有力的工具是班会(第15—17章)。班会利用教室里的每个人来帮助解决问题,并通过关注解决方案而不是指责来互相支持。

问题讨论

1. 在什么情况下你会选择专注于"决定你怎么做",而不是与学生共同解决问题?
2. 想一想"决定你怎么做"这个工具,列出老师为了应对一个拒绝清理工作的孩子可以做的事情(相对于他们强迫孩子做而言)。
3. 举例说明你在课堂上使用或曾经使用过的自然后果。
4. 对于体验一个自然后果的孩子,你怎么回应才能表达共情和支持,并且不解救他们?
5. 在体验一个自然后果之后,你可以问孩子哪些鼓励性问题来帮助他们从错误中学习?
6. 你倾向于说"是"太多,还是"不"太多?
7. 什么情况最适合尊重地说"不"?
8. 老师在哪些方面助长了"坏孩子"氛围?
9. 列一个你可能忍不住想单独对待一个或两个不断地做出不良行为的孩子的情形清单。针对那些情形,想出一个让涉及的所有孩子处境相同的回应。

第10章

自我调节与大脑

　　个人健康与自我控制有关，与敬畏生命的一切自然之美有关——自我控制带来幸福、焕发的青春和长寿。

——玛利亚·蒙台梭利

　　意义不是由情境决定的，而是我们通过赋予情境意义来自己决定的。

——阿尔弗雷德·阿德勒

一个常见的困境

　　杰西卡是一位幼儿园老师，正在监护操场上的孩子们。当她朝秋千走去时，看到5岁的丽莎正对着她的朋友樱子大喊大叫。樱子开始难以抑制地哭了起来。杰西卡走过去安慰樱子。樱子伏在她肩上抽泣，而丽莎则站在一旁，一脸愤怒地看着她们。当樱子的哭声平息下来后，杰西卡问她是否愿意去和丽莎谈谈。樱子噙着泪珠答应了。

杰西卡希望樱子和丽莎能好好谈谈她们之间的问题并且和平地解决两人之间的冲突，这样杰西卡就能回去监护其他孩子。杰西卡牵着樱子的手，一起走向丽莎。樱子大叫起来："你真是太刻薄了！你对人总是那么刻薄，我妈妈说我必须选择其他人做朋友。"丽莎立即开始哭泣和尖叫："你才刻薄呢。你说过我不能参加你的生日派对，而我们不应该在学校里谈论派对的事情。我恨你。" 樱子和丽莎现在都哭了起来。杰西卡立刻变得不知所措，她感到压力很大，不仅因为樱子和丽莎的冲突，还因为她无法在安抚和帮助这俩女孩的同时安全地监护操场上的其他孩子。这听起来熟悉吗？

杰西卡有一个崇高的目标，那就是帮助两个孩子和平地解决她们的冲突。她希望樱子和丽莎能冷静下来，好好谈谈并且处理发生的事情。但这并没有起作用。事实上，这让事情变得更糟了。

当我们生气或不安时，大脑如何工作

杰西卡在要求丽莎和樱子做不可能做到的事情——在她们情绪失控的情况下共同解决问题。当我们生气、伤心或害怕时，神经系统的强大力量让我们无法调节情绪。如果你曾经在不安时感觉自己失去了控制，这是有原因的。当我们生气、害怕或处于压力之下时，大脑边缘系统或原始脑可能会触发我们的"战斗、逃跑或僵住"反应。如果我们的大脑将某种情况解释为威胁，这种反应就会自动发生。威胁可能是真正存在的，也可能是主观感知的，但无论哪种情况，它都会导致激素在我们的大脑中激增，而且我们失去了接通前额皮质或理性大脑的能力。前额皮质帮助我们更理性地解读他人的行为，控制我们的情绪，以及解决问题。在激素激增后，大脑可能需要长达20分钟才能恢复并冷静下来，我们才能重新获得解决问题的能力。（这个过程可以通过冥想或专注于感激来缩短。）当杰西卡把丽莎和樱子聚到一起时，两个孩子都还没有能力回归理性。那天晚些时候，当丽莎和樱子冷静下来后，杰西卡就可以帮助两个女孩在几分钟内解决她们的冲突。

成为大脑专家不是我们的目的。我们知道，"完整的"故事比我们在这里介绍的要复杂得多。我们的目标是给孩子们提供一个足够简单的解释，让他们能够理解并在自我调节时使用。

掌中大脑
（3岁到成年）

了解大脑对孩子和大人都有帮助。知识就是力量。当我们了解了大脑如何工作时，我们就掌握了宝贵的信息，可以帮助我们形成受益终生的社会和人际关系技能，例如，自我调节和解决冲突的能力。《由内而外的教养》和《全脑教养法》的作者丹尼尔·西格尔提出了一种方法，解释了在我们生气和不安时，大脑中被称为杏仁体的部分是如何操控前额皮质的。

"掌中大脑"活动
（3岁至十几岁）

问你的学生，他们是否有过非常生气以至于觉得自己好像要失控的时候。让他们分享各自的情况。

①向孩子们解释，当我们真的生气、伤心或不安时，我们就无法控制自己的身体或大脑，而且这也是我们很可能会伤害他人或自己的时候。"当人们感觉糟糕时，他们做的会更糟糕。"

②告诉孩子们，你要通过用你的手做一个大脑模型，来解释大脑是如何工作的。让孩子们模仿你手的动作。

③把你的一只手伸出来，五指张开。

④触摸你的手腕，并解释这个区域代表脑干，它负责重要的功能，例如，心脏的跳动和食物的消化。

⑤弯曲大拇指，使其贴在掌心。向孩子们解释，你的大拇指代表中脑，也就是负责情绪的部分。

⑥现在，让拇指继续贴在掌心，同时把你的其余四根手指弯曲，盖在你的拇指上。触摸你弯曲的四指表面。向孩子们解释这是大脑皮层。大脑皮层负责思考、计划、理解语言以及控制你的一些感觉。

⑦指向你的手指尖靠近指甲的位置。向孩子们解释，这是前额皮质。大脑的这一部分负责情绪控制、推理和解决问题。这里是你和你的朋友或家人解决问题的地方。

⑧向孩子解释，脑科学家发现，当我们伤心、生气或感到不安时，中脑和前额皮质之间的信号就会中断。此时，前额皮质处于无法工作的状态。

⑨再次张开你的手，把四根手指伸直。跟孩子说："那么，如果我们的前额皮质在我们生气时停止工作，我们会受到哪部分掌控呢？没错，就是中脑，就是我们大脑中储存恐惧和记忆的部分，也是触发战斗或逃跑反应的地方。当我们由中脑来操控时，我们无法理性思考或做出理性的行为。我们失去了控制，我们掀开了盖子。"

⑩问孩子们:"你在大脑盖子掀开的情况下试着解决过问题吗?发生了什么?别担心,大人也做不到!"

⑪向你的学生解释,冷静下来是需要花时间的。有些人发现静静地坐一会儿,把一只手放在心口上并想想自己的心会告诉自己怎么做,会很有帮助。

⑫问你的学生:"如果你意识到自己的大脑盖子掀开了,你可以怎么做?"

⑬问你的学生:"如果你看到一个朋友的大脑盖子掀开了,你可以怎么做?"

⑭问你的学生:"如果你看到一个大人的大脑盖子掀开了,你可以怎么做?"

如果有必要,可以简化这个活动,只用"理性脑"和"情绪脑"这两个术语。在后续活动中,你可以使用一个标示了主要部位的大脑模型。小学生可以往这件作品上加上大脑的定义或功能。

心中大脑

你知道心脏有一个"大脑"吗?俗话说的你的心与你的情绪紧紧相连并非仅仅是一个比喻。美国心脏数理研究院(The Heart Math Institute)通过当前的神经学研究表明,两者之间存在着生理上的联系:

我们大多数人都在学校里学过,心脏会不间断地响应大脑以神经信号形式发送的"命令"。然而,不太为常人所知的是，实际上心脏向大脑发送的信号比大脑向心脏发送的信号多！此外，心脏发出的这些信号对大脑功能具有显著影响——影响情绪处理以及更高的认知能力，如注意力、感知力、记忆和共同解决问题的能力。换句话说，不仅心脏会响应大脑，大脑也会持续地响应心脏。

下次你的大脑盖子掀开时，试试这样做。把手放在心脏处，有意识地"吸气和呼气"。这样做能帮助你的边缘系统平静下来，让心脏和大脑建立连接，然后，你就可以从与学生有爱的连接的地方采取行动（纠正）。

要想让正面管教工具有效，触及内心至关重要。我们称之为"确保爱的信息得以传递"和"纠正之前先连接"。缺少心的参与，大人可能会使用这些工具"赢了孩子"，而有了与心的连接，这些工具就可以被用来"赢得孩子"。

一旦孩子学会了平静下来，你就可以教他们更深层次的东西，教他们把手放在心上，并想象他们的心会告诉自己做什么。

这样做能帮助孩子学会倾听自己的直觉——我们大多数人一生都为之努力的人生技能。阿尔弗雷德·阿德勒曾经用优美的语句谈到了"心中大脑"："大脑中有一种逻辑。心中也有一种逻辑；而整体上还存在一种更深层次的逻辑。"

积极暂停
（3岁到成年）

我们曾经见过一件T恤，上面印着这样一句话："有两个字从来没有帮助任何人冷静下来过，那就是冷静。"有很多方法可以帮助孩子在"大脑盖子掀开"时冷静下来,但是,共同解决问题并非其中之一!对话和解决冲突只有在所有人都冷静下来之后才能起作用。冷静下来并且让前额皮质重新启动最有效的方法之一其实很简单——给大脑时间让它恢复。

时间本身可能无法治愈所有伤口,但是,时间确实可以帮助人们重新接通他们的前额皮质,并且重新获得共情、评估信息、理性思考和解决问题的能力。然后,情感的恢复和宽恕得以开始。你可能有过从不安中冷静下来之后重新获得理性思考能力的经历。冷静下来后,你可能会问自己,"我怎么会这么不理智呢?"只要问出这个问题,你就知道你的大脑已经恢复了。思考自己思维的能力发生在前额皮质中。

在正面管教教室里,我们通过为孩子建立一个指定的空间,让他们可以在感到不安时去那里待着,来帮助促进大脑恢复的过程,或者冷静下来。我们称这个空间为积极暂停区。当孩子感到生气、伤心、不堪重负或难过时,他们可以选择去积极暂停区待着,直到他们重新获得洞察力和情绪控制能力。一旦他们感觉好起来,他们就有了与他人连接和解决问题的能力。"积极暂停"是一个很具体的工具,可以帮助孩子培养自我觉察、自我调节和解决问题等关键的人生技能。

积极暂停区是如何运作的

我们在正面管教文献中使用"积极暂停"一词,是为了明确区分惩罚型暂停和赋能型暂停之间的区别。正如我们反复说过的那样,"孩子在感觉更好的时候才会做得更好"。由于大多数大人将暂停与惩罚联系起来,简·尼尔森通过绘本《杰瑞的冷静太空》[①]帮助大人和孩子理解如何使用积极暂停，以及如何找到灵感来创建自己的暂停区。

积极暂停区要在全班同学的帮助下创建。一旦孩子们理解了积极暂停如何起作用及其原因，他们就可以参与设计或装饰这个空间。全班可以选择一个主题，或者只是为这个区域选择可以帮助他们冷静下来并感觉更好的物品。显然，这些物品和设计元素应该适合学校。可能包括毛绒玩具、拼图、戴耳机听的音乐、书籍、豆袋椅、枕头等。请孩子给这个区域起一个特别的名字——这会让他们觉得这里是属于他们的。学生们提出的一些想法有：冷静空间、快乐的地方、和平区和冷静角。

杰西卡的学生决定用"美好的一天"作为他们的空间的主题。孩子们用枕头填充物制作云彩，用钓鱼线把它们挂在天花板上，然后用彩色美术纸做成太阳并钉在墙上。他们在积极暂停区放了绿色抱枕来代表草地，并添置了一些毛绒玩具。

永远不应该送孩子们去积极暂停区。老师可以询问学生去暂停区是否有帮助，但选择权属于孩子。他们可以给孩子提供有限制的选择："现在什么对你最有帮助，我们的积极暂停区还是把这个问题列入班会议程？（要教给孩子们，把一项内容列入议程是给他"冷静"时间的一种方式。）

积极暂停，以及孩子可以选择它这个事实，具有修复和连接的作用。其目的是帮助孩子重新与集体建立连接，并提高自我调节和共同解决问题的技能。相反，大人发出的惩罚性暂

[①]《杰瑞的冷静太空》，简·尼尔森著，比尔·肖尔绘，北京联合出版公司2012年出版，2018年推出新版。本书将真实故事与正面管教理念结合起来，为父母和孩子提供了处理负面情绪的具体有效的方法，广受父母和老师的欢迎。——译者注

停具有排斥性：学生与自己的集体分开，这让他们感到连接断裂，而且他们往往比之前更愤怒。虽然这可能会暂时制止不良行为，但研究表明，其长期效果是增加不良行为。惩罚性暂停会削弱大人与孩子的关系，并且伤害孩子的自尊。简言之，让孩子去做惩罚性暂停不但没有效果，反而会伤害孩子。虽然出于安全的考虑，有时候可能要让孩子离开当时的环境，但应避免惩罚性暂停。

有两种积极暂停的做法，乍一看似乎有些有悖常理。第一种，很多老师不限制孩子待在积极暂停区的时间；孩子可能需要比时间限制更多的时间才能冷静下来。如果积极暂停区设置了5分钟的时间限制，而一个愤怒的孩子还没准备好就必须出来，会发生什么？（记住，在经历战斗、逃跑或僵住的反应后，大脑平均需要20分钟才能平静下来。）当孩子们被给予了决定自己什么时候从积极暂停区出来的自由，他们就有机会练习自我调节和自我意识。

第二种做法是让孩子有一个积极暂停伙伴。经过"伙伴训练"（教孩子们如何仅仅通过倾听或安静而且友善地陪他人坐着来提供支持）后，学生被允许邀请一个伙伴和他们一起进入积极暂停区，来帮助他们感觉好起来。当一个孩子得到一个朋友的安慰，他们会体验到一种亲密感和连接感。这既会促进大脑的重新整合，也能促使孩子重新融入集体。

这两种做法都引起了一些合理的质疑。如果一个孩子在这里待的时间过长怎么办？如果另一个孩子需要进去怎么办？如果一个孩子利用这个区域来逃避工作怎么办？如果暂停伙伴做出不良行为怎么办？不要试图自己回答这些问题！当问题出现时，把它们列入班会议程，并问："如果想要解决这些问题，我们可以一起做些什么？"一起制定积极暂停指南和对问题的回应，有助于营造一个互相负责任的环境，在这里，每个人都可以帮助设定界限。

在教给孩子"掌中大脑"和"心中大脑"，并和学生们一起创建积极暂停区之后，杰西卡分享道：

运用这些概念改变了我和孩子们相处的方式。过去，当他们感到不安时，我觉得有责任解决他们的问题。但结果是，我造成的问题比我解决的还要多，而且我还造成了一个依赖循环。作为蒙台梭利老师，创建积极暂停区并教孩子如何自我调节对我来说是有意义的，因为它侧重于准备环境，以便赋予孩子力量。现在，我可以清晰地看见并保持我在让孩子们学习自己解决问题的过程中所承担的引导角色。他们也变得更加独立。

冷静下来或自我调节的其他方法

有很多方法可以帮助学生冷静下来并帮助他们的大脑恢复。在和孩子互动时，你可以通过多种方式运用积极暂停和心中大脑的概念。神经科学家现在越来越多地发现连接在大脑功能中的重要性。例如，那些建立了连接的孩子更容易发展出自我调节与合作能力。研究表明，自我调节的基础始于婴儿期，并贯穿人的一生："孩子通过温暖和有回应的人际关系来发展自我调节能力。他们还通过观察周围的大人来培养这种能力。"大人在孩子自我调节能力发展的过程中发挥了重要作用，而且这一点是有证据支持的。

花时间和一个等着吃加餐等烦了的孩子一起阅读，或者慈爱地抚摸一个难以集中注意力的孩子，可以帮助他们平静下来，并且感到被关爱、有连接。这些人际交往的经历能促进孩子大脑的恢复，使他们能够连接前额皮质，也就是负责情绪自我调节的区域。

下面是另外一些工具，可以和积极暂停区配合使用，帮助孩子重新连接他们的前额皮质：

说出你的情绪：识别情绪并说出来，可以帮助孩子重新激活大脑的思考部分。在积极暂停区贴一张情绪脸谱海报（见第13章中的情绪脸谱）有助于提示孩子识别自己的情绪。加州大学洛杉矶分校的一项研究发现，说出情绪的名称这个行为本身就会改变我们大脑的反应方式：使用书面或口头语言描述或说出我们的感受，会激活前额皮质，让我们开始朝着解决问题和自我调节的方向前进。

深呼吸：深深地吸气，可以将氧气输送到大脑。这有助于让你的心率和呼吸频率同步，而且会刺激大脑释放内啡肽，从而产生一种镇静效果。可以在积极暂停区放置一个呼吸球（霍伯曼球），帮助孩子练习深呼吸。

正念练习：研究人员发现，正念练习会在大脑中触发一种放松反应。正念练习可以增强额叶脑活动并减少恐惧和焦虑反应。在积极暂停区贴一张简单的正念活动图，有助于提示学生使用那些工具进行自我调节。可以考虑为积极暂停区制作一张"冷静工具"海报，来提示学生运用正念练习。

反射式倾听：反射式倾听（将在第12章讨论）是帮助人们冷静下来、感受连接的一种非常强大的方法。人们在有人真正地倾听他们，不加评判，并认可他们的感受时，会产生归属感和安全感。当看到一个孩子出现在积极暂停区，老师可以问孩子什么事在困扰着他们。如果这个孩子准备倾诉，老师只需要运用反射式倾听这个工具，直到这个孩子感觉好起来。

积极暂停：问与答

1.我可以自己设计这个区域吗？我不想让这个设计作品干扰孩子的注意力。

很多蒙台梭利老师抵触让孩子参与积极暂停区设计的想法，对此你也许并不觉得奇怪。我们一直被教导要为学生准备好环境，而且这样做让我们感到自豪并且觉得这个地方是自己的。蒙台梭利教室学习区的准备工作，需要受过训练的蒙台梭利老师的专业知识。然而，在创建和设计积极暂停区时，你会发现，如果学生参与了设计，他们更有可能使用它，并将它视为自己的东西（而不是老师的工具）。

2.这个概念不是在奖励不良行为吗？

当讨论积极暂停的使用时，出现的另一个反对意见是，它似乎在奖励不良行为。如果一个孩子打了另一个孩子，然后被允许去冷静区怎么办？这不是对这种不良行为的奖励吗？这个问题揭示了这样一种根深蒂固的信念：要想让孩子做得更好，他们需要感觉更糟糕。使用积极暂停需要转变思维模式：一个行为不当的孩子是一个丧失了信心的孩子。孩子只有在感觉更好时，才能做得更好。

在处理不良行为时，大人往往会让学生去做他们没有能力去做的事情。例如，老师对一个刚刚打了另一个孩子的学生进行简短说教，这种情形并不罕见："我需要你做出安全和尊重的选择。"但是，如果打人的学生别无选择呢？"大脑盖子掀开"的孩子很少或根本没有能力做选择,因为这种能力来自前额皮质。如果一个孩子出于愤怒打了另一个孩子,他们很可能不是在前额皮质的操纵下进行的。而且老师也很少看到挨打的孩子做了什么事情激怒了打人的孩子。那些在心烦意乱时伤害他人的孩子,需要自我调节的支持。

允许孩子在做出不良行为时使用积极暂停区,并不是娇纵孩子;这只是帮助他们重新控制情绪的一个工具。如果孩子在行为不当后使用积极暂停区,那么完全可以期望他们离开积极暂停区时能够解决任何需要解决的问题。做到和善与坚定并行是我们的指导原则。

3.大人可以用积极暂停吗?

可以。事实上,如果你忍不住想让一个孩子去做惩罚性暂停,那么,需要做暂停的可能不是这个孩子,而是你!我们都有感到糟糕的时候和糟糕的日子,我们也都有对学生感到不耐烦和生气的时候。我们并不完美,而且我们的学生知道这一点。试图实现不可能实现的期望,是在浪费时间。

让学生知道你的"大脑盖子掀开"了,需要一些时间冷静下来,是一种示范自我调节的强有力的方式。一些老师甚至会不时地使用积极暂停区来示范如何冷静下来。与你的教学伙伴一起制订一个当你们中的一人需要冷静时可以执行的冷静计划(去散步、去洗手间、去复印等),也很有帮助。很多时候,老师们会因为不想浪费时间而不去进行必要的休息,但这最终会给学生带来问题,进而需要花更多时间解决。

4.如果我的教室里没有空间设置积极暂停区怎么办?

积极暂停区的设置方式可以非常有创意,而且它只需几平方英尺的空间。如果你在寻找地方时遇到困难，别忘了询问孩子们；他们可是解决问题的能手。有的教室会设置便携式积极暂停区：在架子上或教室的一个角落放一条特别的毯子和一篮子安慰物品。如果学生需要冷静，他们可以走过来，拿着毯子和篮子去教室里能提供一些私密性的地方。这也适合有一个指定的积极暂停区的教室；它可以让不止一个孩子在同一时间进行积极暂停。

5.哪里是设置积极暂停区的最佳位置？

如果有可能的话，任何能为孩子保留隐私的地方都可以。墙角的效果非常好，但显然你也可以移动教室里的架子来制造一个隐私空间。

6.积极暂停区可以和我的冲突解决区在同一个地方吗？

如果你的教室里有一个孩子们解决冲突的指定位置，比如一张和平桌，那么另找一个单独的空间设置积极暂停区会很有帮助。这有助于为在积极暂停区的人和正在解决冲突的学生都提供隐私。

问题讨论

1. 你小时候有被送去做"惩罚性暂停"的经历吗？如果有，你在做暂停时有什么感受？你当时有什么想法，做了什么决定？
2. 回忆一次你试图在一个或两个学生都处在"大脑盖子掀开"的情况下解决他们之间的冲突的情形。描述当时发生了什么。
3. 描述一次你成年后"大脑盖子掀开"的经历。如果有人问起，你当时用了什么办法来解决问题？这与你孩童时代"大脑盖子掀开"的经历有什么关系？
4. 考虑一下你的教室设置。你可以在哪里设置积极暂停区来为心烦意乱的孩子提供隐私？
5. 你在教室里用过惩罚性暂停吗，即使它们被伪装成"休息一下"？如果你不再使用惩罚性暂停，当孩子做出不良行为时，你能做些什么？
6. 除了积极暂停区之外，您还可以教孩子使用哪些方法冷静下来？
7. 积极暂停区可以加入哪些元素，来帮助学生感觉好起来或冷静下来？

第11章

培养独立解决问题的孩子

孩子拥有很多知识、很多智慧。如果我们没有从中获益，那只是因为我们忽略了让自己变得谦逊，没有看见这个世界的奇迹，也没有学习孩子能教给我们的东西。

——玛利亚·蒙台梭利

教育者必须相信他的学生的潜力，而且必须尽其所能地让他的学生体验这种力量。

——阿尔弗雷德·阿德勒

皮拉尔是一名小学高年级老师，她这一年过得很糟糕。她教室里孩子们之间的冲突多得让人不知所措；似乎她每天上午的工作周期要花一半时间帮助孩子们解决人际交往冲突。她无法完成全部的课程计划，而且当她终于能脱身出来去上课时，又总会被一个告状的孩子打断。皮拉尔非常愤怒而且感到很失败。她和同事贾达分享了她的沮丧。贾达倾听了皮拉尔，并与她共情；就在一年前，贾达在自己的教室里也经历过类似的局面，她知道这有多么令人沮丧。但是，她有一个解决办法。贾达说:"我有一个简单的想法,去年对培养我们班的孩子独立解决冲突的能力有很大帮助——它叫'选择轮'。你希望我分享给你吗?"无需多问,皮拉尔马上同意了!

选择轮
(3岁及以上)

教授和练习社会技能是正面管教的基本组成部分。选择轮是用来教小孩子和十几岁的孩子如何通过专注于解决方案来独立解决常见人际交往问题的一个工具。选择轮只是一个建议清单,由全班同学共同制定,学生们可以在需要解决问题时使用。

它是这样的:在班会上,学生和老师做头脑风暴,列出他们在教室里遇到的常见的人际交往问题。这个清单可能包括:取笑、推搡、骂人、不分享、排斥、打小报告、不按照顺序轮流来、说闲话,等等。然后,全班同学用头脑风暴想出这些常见问题的解决方案。解决方案可以包括:走开、放下、列入班会议程、一起解决冲突、和朋友聊聊、告诉他们停下来、做出补偿、告诉老师、按照顺序轮流来,等等。如果老师花时间介绍并教给孩子们一些在教室里使用的基本社会技能[积极暂停、自信、用"我"句式(见第13章)、解决冲突、做出补偿等],学生自然会找到解决方案。

想好解决方案后,孩子们用卡纸剪一个圆形,然后在上面以饼状图的形式写下解决方案,制成一个选择轮。把做完的饼状图塑封会让它更耐用。接下来,可以用别针将选择轮固定在一块硬纸板上,以便学生可以转动选择轮。把选择轮上解决方案的数量控制在5~6个以内,并且用图片来提示不具备阅读能力的孩子，对年龄较小的孩子很有帮助。

当学生在教室里遇到困难时，他们就可以用选择轮来帮助自己独立解决问题，但要有引导。在这种情况下，这种引导已经提前准备好。提前为解决未来的问题做好准备，就像制定了一个应急预案。我们不会等到火灾发生时才考虑撤离大楼的选择。我们会提前制订撤离计划并进行消防演习！让你的学生制作一个选择轮就是社交应急方案，而练习选择轮上的技能就是社交消防演习。当真正发生问题时，学生们就能独立使用选择轮来获得他们需要的帮助。为未来的问题提前做好准备，是帮助学生在"大脑盖子掀开"时重新连接理性大脑的另一种方式。

皮拉尔决定向她的学生们介绍选择轮。令她惊讶的是，当学生们分享大家共同面临的人际冲突时，他们是多么如释重负。一个孩子说："知道自己并不孤单，这可真好。"全班同学开始在每天的班会上练习选择轮上的解决方法。孩子们很快就开始用这个选择轮了。当一个学生来告状时，皮拉尔会说："我现在正在和玛丽卡一起工作。你愿意用选择轮吗？"短短几周内，告状的情况减少了，要求帮助解决冲突的数量也减少了。可以想象，当皮拉尔可以专心上课，并且让学生们与教具建立连接，她有多轻松。

大多数蒙台梭利教室都会使用一个正式的冲突解决流程，但是，如果这是解决人际难题的唯一工具，它就会失去效力。大人会运用各种工具和技能来解决与他人的问题。想象一下，如果每次我们对某人不满时，都坐下来并试图用一个正式的冲突解决流程来解决问题。那我们永远什么事也做不成！这是否意味着我们不应该在教室里使用正式的冲突解决模式？并不是。学习一种直接而尊重的解决冲突的框架是一项极其重要的人生技能。我们用了整整一章（第14章）来讨论正式的冲突解决方案。然而，当正式的冲突解决方案成为用来解决人际难题的唯一工具时，对老师和学生来说都会费时费力。当出现这种情况时，事情就搞砸了，就像皮拉尔那样。选择轮通过教给孩子多种方法来解决人际冲突，包括直接解决冲突，帮助孩子构建了他们自己的"社会技能工具箱"。

选择轮的例子

一起制作一个选择轮

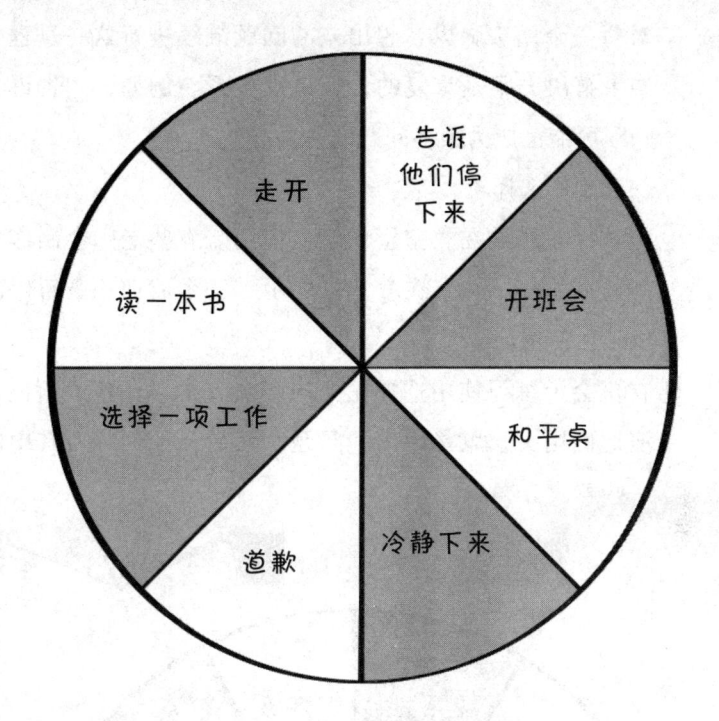

（选择轮图示，分为八个扇形：告诉他们停下来、开班会、和平桌、冷静下来、道歉、选择一项工作、读一本书、走开）

选择轮活动

（针对学龄前孩子）

① 向孩子们解释，你们将一起列出一个问题清单，列出他们和朋友之间可能发生的让他们感到生气或难过的问题。

② 一起列出这些常见的人际问题（5~6个就够了）。

③ 问孩子："你们中有多少人以前遇到过这些问题？"

④ 向孩子们解释，我们都会犯错误，而且我们有时候都会和朋友产生问题。告诉他们，你们要一起想出一些主意来解决这些问题。

⑤ 从清单上的第一个问题开始，问："如果有人_____（被一个朋友打了，被嘲笑了，等等），他能做什么？"

⑥ 在（白板、画板等）上写下用头脑风暴想出的解决方

案，以便每个人都能看到。

⑦ 对每一个用头脑风暴想出来的问题继续进行这一过程。如果解决方案是重复的，那也没关系。例如，"告诉老师"可能会成为很多问题的解决方案。

⑧ 一起制作选择轮。

⑨ 把选择轮张贴在教室里供学生使用。有些老师会制作两个选择轮——一个在教室里展示，一个放在积极暂停区供学生使用。

⑩ 在班会上练习使用选择轮上的解决方案。让孩子角色扮演他们用头脑风暴想出的问题，然后让他们练习其中的一些解决方案。

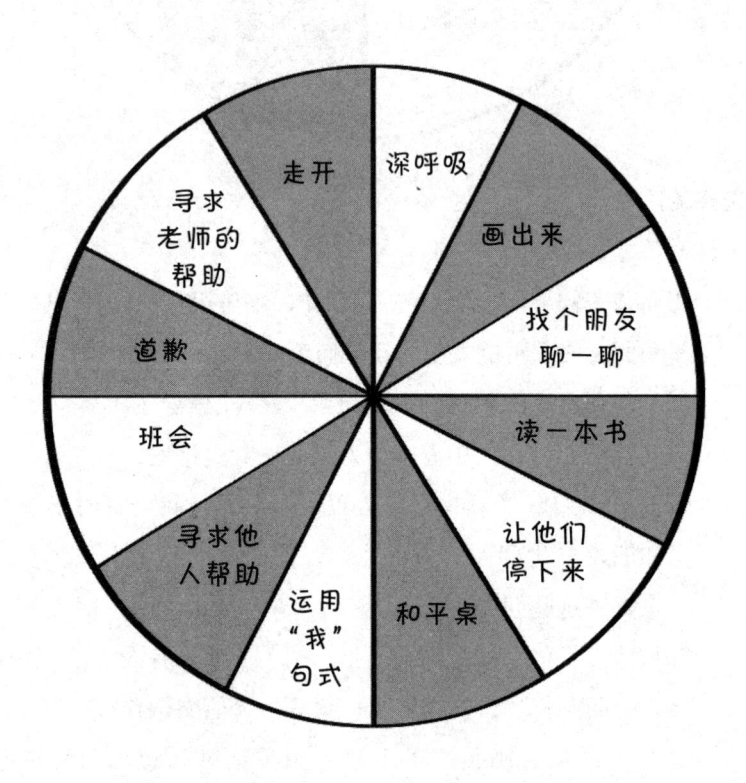

选择轮活动

（适用于小学生和十几岁的学生）

①向全班同学解释，你们将一起列出一个问题清单，列出可能会让人感到伤心或愤怒的问题。

②一起列出这些常见的人际问题。将这些问题写在一块白板或画板上。

③问学生："你们中有多少人曾经被人伤害过？"

④问学生："你们中有多少人曾经伤害过别人？"

⑤向学生解释，我们都会犯错误，我们也都会和朋友遇到问题。让他们知道，你们将一起创建一个工具箱，以便提供一些当问题出现时他们需要用来解决问题的工具。

⑥从清单上的第一个问题开始。你可以问："如果你的朋友遇到这个问题，你会提出什么建议来帮他解决？"

⑦在（白板、画板等）上写下用头脑风暴想出来的解决方案，以便每个人都能看到。

⑧对用头脑风暴想出来的每一个问题继续这一过程。如果解决方案重复，那也没关系。例如，"告诉老师"可能会成为许多问题的解决方案。

⑨当你们做完头脑风暴后，把关于解决方案的想法转抄到一个清单中，不要有重复。

⑩向学生解释，你想把清单进行精简，留下8~10个他们认为对解决常见问题最有用的解决方法。告诉他们，这些办法会被当作教室里的工具箱使用。

⑪让学生投票选出他们认为最有效的主意。

⑫一起制作选择轮。

⑬在下一次班会中展示选择轮。把它张贴在教室里供学生使用。有些老师会制作两个选择轮——一个在教室里展

示,一个放在积极暂停区供学生使用。

⑭在班会上练习使用选择轮上的解决方案。让孩子们角色扮演自己用头脑风暴想出来的问题,然后让他们练习其中一些解决方案。

针对单个学生的选择轮

多年来,老师们对于使用选择轮已经变得非常有创意。可以和单个学生一起制作选择轮。皮拉尔在她的课堂上如此成功地使用了选择轮,以至于她开始让所有学生单独进行选择轮活动。每个孩子都记下和朋友发生的给自己带来最大困难的问题,然后和一位朋友一起用头脑风暴想出解决方案。皮拉尔会让每个孩子在提前打印好的饼状图上制作他们自己的选择轮。她会把选择轮塑封,而且孩子们会把它们放在自己的文件夹里,以备不时之需。

选择轮对单个学生来说还有其他用途:

工作计划。在工作选择方面需要支持的孩子,可以和老师一起在上午的工作周期制作一个工作选择轮。

自我情绪调节。一些孩子在情绪调节方面会遇到困难,这是难免的。可以和这些孩子一起制作一个包括自我调节练习在内的选择轮,比如,深呼吸、正念练习和冷静练习。

个别化教育计划[①]。让学生参与自己的个别化教育的实施,是促进合作和提高该计划有效性很有帮助的一种方式。个别化教育通常包含与该学生的状况相适应的特别措施和策略,以便

[①] 个别化教育计划(Individualized Education Program,简称IEP)是以尊重孩子的个性为基础,由以教材、教师为中心的教育变为以学生为中心、真切关照每个学生潜能开发、个性发展的教育。——译者注

支持他在教室里有优异的成绩和表现。"选择轮"的使用可以让孩子们使用这些适合其状况的措施。例如，一个有感官处理障碍的孩子可能会因为佩戴降噪耳机而受益。这个适合其状况的措施就可以成为他在选择轮上的解决方案之一。选择轮上的另一个选项可以是使用教室外面一处安静的工作空间。当这个孩子对听觉刺激感到难以忍受时，他可以简单地用选择轮来决定哪种方案最有效。

饮食限制。考虑为那些食物过敏或有饮食限制的孩子制作一个选择轮。当他们无法食用为整个集体提供的食物时，可以把他们的选项印制在他们自己的选择轮上。与其当场给他们一连串的选择，不如让他们从选择轮里选择自己想要吃什么。

问题讨论

1. 你是否曾经因为"需要"帮忙解决学生之间的问题而无法上课？这种经历对你来讲有什么感受？
2. 在皮拉尔介绍选择轮之前，她班上那些需要帮助的孩子可能会有什么感受？
3. 让孩子们参与到教室里的选择轮的实际制作中有什么好处？
4. 当孩子使用选择轮时，他们可能会发展出哪些品格？
5. 你班上的哪些学生可能会从自己的选择轮受益？
6. 和你的教学伙伴一起制作你们自己的选择轮。找出一天当中你们经常遇到的问题，并把它们写下来。现在，回顾你学过的一些正面管教工具，列出那些你觉得对解决这些常见问题最有效的工具。

第12章

问题……和倾听的力量

假如我们研究错误现象本身,那么,很显然,每个人都会犯错误。这是人生的真相之一,而且承认这一点就已经向前迈了一大步。如果我们想要踏上狭窄的真理之路,并保持对真相的把握,我们就必须认同,我们所有人都可能犯错误。……因此,培养对错误的友好感情,把它当作是我们生活密不可分的伙伴就好……

——玛利亚·蒙台梭利

倾听孩子,意味着发现他的逻辑。帮助孩子,意味着把他带入一个不同的视角,让他能从中看见以前看不到的优势。

——鲁道夫·德雷克斯

作为蒙台梭利教育者,我们一生都在为孩子们创建环境,让他们能通过自我发现和体验来学习。自我纠错教具允许学生们在不受大人批评威胁的情况下犯错误。他们用这些教具工作就像玩拼图游戏一样,小心翼翼地尝试不同的拼片,看看它们是否能拼凑在一起,如果不适合,就拿开,然后再试一次。简言之，蒙台梭利学生被给予了尊严和支持，让他们能够从自己的错误中学习。这个自我评估和自我纠错的过程可以形成自信、批判性思维和解决问题能力，并鼓励学业上的冒险。

但是，我们如何将自我评估和自我纠错的原则应用于社会-情感学习？在形成至关重要的个人技能和人际关系技能过程中，并没有什么图册或具体道具来帮助孩子进行自我评估和自我纠错。

公元前5世纪，苏格拉底用问题，而非说教，来帮助自己的学生进行批判性思考和加深理解。苏格拉底的方法要求老师通过保持开放的心态，深入倾听，并提出发人深省的问题来"准备环境"。通过这么做，老师鼓励学生审视他们知道和观察到了什么，评估这些信息，并得出结论来解决问题。苏格拉底通过提问和倾听，来帮助学生连接并充分利用自己的理性大脑。

在本章中，我们将向你介绍运用提问和倾听的3种工具，来帮助你"准备环境"。让小孩子和十几岁的孩子在这个环境中得到支持和鼓励，以便他们在培养受益终生的社会和人际关系技能的过程中进行自我评估和自我纠错。要注意，所有工具都基于"纠正之前先连接"这一正面管教的基本原则。当孩子们感觉更好的时候，他们会做得更好。当他们感受到连接时，他们会感觉更好。运用这些工具有助于在大人和学生之间建立更牢固的连接。

反射式倾听
（适用于所有孩子）

有多少次，你在和别人讨论你的问题时，心里在想："我希望他们只是听我说！"你有过一个真正善于倾听的朋友吗？一个真正倾听，而且不主动提供建议的人？向这位朋友提出一个问题时是什么感受？很多时候，当有人仅仅倾听我们时，我们就能自行解决问题。倾听，真正的倾听，可能是帮助孩子解决他们自己问题最有效的方法之一。

学会如何倾听而不提建议，是解锁老师和学生之间可能出现的沟通障碍的关键。太多时候，大人倾听是为了说（解释）、解决问题或者给建议，而不是真正倾听孩子在说什么。一旦这种情况发生，我们就错过了孩子正在说的这些话背后的信息。我们错过了发现孩子内心在想什么的机会，也错过了帮助他们探索自己内心的机会。相反，匆忙之中，我们跳到说教和给建议。这让孩子感觉自己受到了忽视，没有被听见，而且他们也会对我们置之不理。然后我们还纳闷："为什么他们从来不听我的呢？"

"教育"（education）一词的拉丁文词根是educere，意思是"引出"。这就是苏格拉底教学生的方式。"引出"需要学会如何带着开放的意识和心态真正地倾听他人。倾听是一种可以教授和学习的技能。有些人似乎是天生的倾听者，而我们大多数人都必须学习和练习这个技能。好消息是，这个技能并不难学！

反射式倾听是一种可以培养连接和理解的有效技能。它包括倾听、反思和核实是否理解。当学生来找我们谈话时，他们通常寻求的是理解、连接，以及梳理自己经历的方法。反射式倾听就是支持这一点的强有力的方式。

下面是当一个学生带着问题来找你时，你可以帮助自己有效倾听的一个简单方法。

1. 倾听。（你可能需要问"发生了什么？"来开始对话）。
2. 重复你听到的他们说的话，可以通过"重复他们的话"，或者用你自己的话重述你认为自己听到的内容。
3. 认可他们的感受。
4. 问他们："还有吗？"如果还有，只需重复第1~4步，直到他们说完。

在第13章，我们将讨论在教孩子有效沟通时使用"我"句式。反射式倾听只是把"我"句式转过来，以便倾听者能像镜子一样反射倾诉者所说的内容。

你觉得_____，当_____，
而且你希望_____，对吗？

这里有一个反射式倾听的真实案例。安东尼是我（奇普）小学低年级班级里的一个6岁男孩。安东尼极其敏感。在操场上，如果他在同学面前感到尴尬，他的第一道防线就是冲进距离学校近100米的一片树林里。他第一次这样做时，我们找不到他，不得不给他的父母和警察打电话。幸运的是，在他父母和执法人员到达之前，我们找到了他，但真的很吓人。好在安东尼是一个习惯成自然的人，下一次他冲进树林里时，他跑到了同一个地方。

在安东尼第3次跑进树林后，我请他到我的办公室。他哭了起来，而且很生气。我让他告诉我发生了什么。

安东尼：这不重要。我跟妈妈说了我讨厌这个学校，而且她要把我送到公立学校。我讨厌这个学校。

奇普：听起来你真的很伤心，安东尼。发生了什么？

安东尼（他脸上的表情变柔和了）：我就是讨厌这个地方。我讨厌这里。

奇普：听起来你真的很伤心。发生了什么？

安东尼（情绪崩溃）：我在排队等待进教室，然后米格尔当着全班同学的面说我傻。

奇普：所以，当米格尔当着大家的面说你傻时，你感到很尴尬，你希望他能更尊重一些？

安东尼：我希望他去死，永远离开。

奇普（表示理解）：所以，当他在你的朋友们面前取笑你的时候，你真的感到很伤心、很尴尬，你希望他能别来烦你？

安东尼（他的身体开始放松）：是的，我希望他能别来烦我……，然后去死。

奇普：所以，你只是希望他别来烦你？

安东尼：是的。

奇普：还有别的吗？

安东尼：我试过和他做朋友，但他就是总找我麻烦。

奇普：所以，当米格尔找你麻烦时，你感到非常难过，你希望他能对你更善良？

安东尼：是的。

奇普：还有吗？

安东尼：没有了，我只是不想让他再取笑我，让我难堪。

奇普：所以，你当时觉得很尴尬，就跑开了，但你希望能找到办法和米格尔做朋友？

安东尼：是的。

此时，安东尼的整个举止都变了，他平静而专注。

奇普：还有吗？

安东尼：很抱歉我又跑进了树林。我回到教室后也许可以用和平桌（我们教室里的冲突解决流程）。

奇普：听起来不错。

当安东尼感觉被倾听后，他开始冷静下来，并开始自行解决问题。他不需要建议，不需要解决方案，也不需要说教。当人们感觉自己被倾听，而且不被评判时，他们会感觉更好。而当他们感觉更好……，好吧，你知道会发生什么！对安东尼来说，反射式倾听正是他所需要的，这让他感觉到连接，感受到自己的能力。

应该注意的是，反射式倾听不仅让与孩子沟通和解决问题成为可能，它对大人也同样有帮助。老师经常面对的是处于"大脑盖子掀开"状态的愤怒或焦虑的父母。运用反射式倾听也可以帮助父母冷静下来，解决他们的问题！

激励型启发式问题
（两岁半至十几岁）

如果孩子们被提问，而不是被告诉，他们更可能合作。当大人告诉孩子该做什么时，他们会招致孩子的反叛、怨恨或消极对抗。提问可以让一切变得不同。这是一个生理学问题。注意你在接到一个命令（告诉）时，你自己的身体会发生什么。你的身体可能会僵硬，而且传递给你的大脑的信息是"抗拒"。注意你在被尊重地问了一个问题时，你的身体发生了什么。你的身体会放松，传递给你大脑的信息是"寻找答案"。在寻找答案的同时，你感到被尊重，觉得自己很能干，而且更可能合作。孩子们也是一样。

告诉	提问
别忘记你的外套。	如果不想在外面受冻，你需要什么？
把你的工作收起来。	当你完成工作后，你需要做什么？
快点，把衣服穿好，这样我们就不用等你了。	你需要做什么，才能在我们外出时一起走？
去把你的午餐放好。	如果不希望别人踩到你的午餐，你需要做什么？
请别哼唧了。	你用什么词才能让我听到并且理解你？
别跟我争论。	你怎么与我说话，才能让我们尊重地解决这个问题？
进到圆圈里。	你需要做什么，才能为圆圈活动做好准备？
在教室里不可以打人。	你和你的朋友可以做些什么来解决这个问题？
做你的工作。	你选择工作的计划是什么？
专心做你的工作，否则就完不成了。	要完成今天上午的工作，你的计划是什么？
走路。	如何在教室里走动你才是安全的？
不要打扰其他孩子。	如果你继续这样对待你的朋友，你觉得会发生什么？
请尊重地围成一个圆圈坐好。	怎么做才能让你安静而且冷静地坐在圆圈里？
休息一下，等你准备好了再回来。	你现在能做什么让自己冷静下来？
你需要说你很抱歉。	你怎么才能纠正你的错误？
别等到最后一分钟才去做自己的工作。	如果你每天做一小部分，会发生什么？
如果你在工作时间工作，就不必在课间休息时留下来了。	你在工作周期内可以做哪些调整来提高工作效率？

激励型启发式问题鼓励孩子思考在特定情况下他们的责任是什么。这些问题旨在帮助孩子从内心寻找答案。激励型问题只有在指导原则和责任得到充分理解之后才有效，无论这是因为孩子们有充分的时间进行训练并掌握，还是因为他们参与过用头脑风暴寻找解决方案，并且"达成了约定"。请注意，上页表格中提问一栏中的问题都假设孩子理解对自己的期望是什么，并且知道如何完成那些被提示去做的事。

我们中的大多数人都说过与"告诉"一栏中一样的话语。尽管我们用了和善的语气，并且在给别人（不管是孩子还是大人）下命令时说了"请"，但他们只有两个选择：顺从或反抗。

当大人使用大量的告诉性话语时，意志坚定的学生就会反抗，即使是偷偷摸摸地反抗，而那些比较被动的孩子则会顺从。久而久之，这可能会造成"好孩子/坏孩子"的局面。"好孩子"顺从，并且做老师要求做的事情。"坏孩子"叛逆，而且似乎总惹麻烦。虽然大多数大人不会用"好孩子"和"坏孩子"这两个词，但孩子们会用，而且确实在用。这种局面一旦启动，就会导致不良行为、权力之争和人际冲突增加。简言之，这会让每个人在这一学年都过得非常沮丧。

当你阅读"提问"一栏时，请注意这些问题并不是在娇纵孩子。孩子们并没有被询问他们是否想履行他们的责任。他们在被提示思考他们需要做什么来履行责任。当使用激励型启发式问题提问（提问栏）时，要避免问那些以"是"或"不是"为答案的问题。可以思考下面的例子："特蕾莎，你现在愿意收拾你的午餐吗？"如果特蕾莎说"不愿意，谢谢"，老师该怎么办？如果我们问一个"是"或"不是"的问题，我们就应该接受任何答案，这样我们的问题才是真实的。问特蕾莎的问题并不是一个真正的问题，而是一个伪装成问题的被动的命令。命令，无论是被动的还是直接的，都会导致权力之争和操控。然而，如果老师问："特蕾莎，你需要做什么才能为课间休息做好准备？"特蕾莎的回复可能会合作得多，因为这个问题对她要尊重得多。

交谈型启发式问题
（4岁至十几岁）

交谈型启发式问题与激励型启发式问题不同。如上所述，激励型启发式问题不需要交谈。它实际上是提示孩子重新发现他们已经知道的事物的一种友善的方式。另一方面，交谈型启发式问题确实需要交谈——尽管这是一种单向的交谈——成年人提出问题，然后倾听。交谈型启发式问题的目的，是从学生那里"引出"他们知道的东西，并帮助他们进行自我评估、自我纠错、解决问题，并从自己的错误中学习。

以下是一些交谈型启发式问题：

- "我注意到_____。发生了什么？"（倾听）
- "这是怎么发生的？"(倾听)
- "是什么导致了这种情况的发生？"(倾听)
- "你从这次经历中学到了什么？"(倾听)
- "你打算如何解决这个问题？"（倾听）
- "你有什么办法避免将来发生这种情况？"（倾听）
- "我可以怎么帮助你？"（倾听）

交谈型启发式问题是一个很好的工具，在你忍不住想说教（无论多么简短）时可以采用。你曾被大人说教过吗？你记得它特别有效，还是觉得有点像查理·布朗听老师讲课"哇啦哇啦，哇啦哇啦，哇啦哇啦……"？[①]我们大多数人都有过这种经历。

我们大多数人也都有过向孩子说教的经历。通常我们都带着最美好的意图进入说教模式，以便帮助学生学习一点儿教训，处理一个情形，或者解决一个问题。我们在试图帮助学生！我们的"帮助"听起来可能是这样的："斯蒂芬，珍妮特很生气，因为你推了她。如果你管住自己的手，并用语言表达，我相信你的朋友会尊重你的工作。在教室里，我们总要管住自己的手。"好吧，很明显斯蒂芬并没这样做！当他的工作没有被尊重时，他就会打人。老师向斯蒂芬传达了一些很好的信息：如果斯蒂芬用语言表达，而不是打他的朋友，他在教室里就会有更好的体验，他的朋友们也会如此。然而，正确并不总意味着有效。说教关闭了沟通，引发了辩解和退缩。当学生们忙于为自己辩解或冷漠以对时，他们很难去解决问题。

交谈型启发式问题是一个令人难以置信的工具，它可以帮助孩子处理一段经历、事件或自然后果，让他们能够得出自己的结论，并从他们的错误中学习。这些问题让孩子可以对错误加以掌控，这样孩子就能通过自我发现来学习。这些问题还有助于建立连接，因为大人扮演了倾听和支持的角色。

下面是交谈型启发式问题用来帮助学生挖掘、发现和解决他们自己的问题的两个场景。

---

① 美国漫画《花生漫画》的主人公，宠物是史努比。——译者注

自然后果

我（奇普）几乎在我举办过的每一个工作坊里都讲过这个故事。几年前，我正在准备一场家长讲座，并且在复习自己关于交谈型启发式问题的笔记。就在此时，我6岁的儿子奎因正从冰箱里拿一加仑牛奶出来。我当时在隔壁房间，没有看到他。我只听到冰箱门打开的声音，然后是砰的一声，接着是牛奶"咕噜咕噜"流了一地的声音。"咕噜咕噜"的声音提示着我刚才发生了什么。

在讲述剩下的故事之前，我现在必须向你承认我最大的弱点之一。我是一名讲师。我真心爱着这份工作；我的父母对我说教，而当我在感受到压力并且希望向我的学生或我的一个孩子传达观点或者教训时，也总是忍不住采用说教的方式。尽管如此，我并不推崇这个管教工具；它不起作用。

我走进厨房，看到牛奶在地板上缓缓流淌。我很不高兴，但保持了镇定。幸运的是，我刚刚在复习交谈型启发式问题的活动，所以，我手里正好有一份问题清单，并决定试一试。为什么不呢？我第二天就得教给一群父母，所以，我认为我不妨实践一下我所宣扬的东西。对话是这样展开的：

我：奎因，发生了什么事？

奎因：我洒了好多牛奶。

我：怎么洒的？

奎因：我拿起奶瓶的顶部，然后盖子掉了下来，奶瓶就掉到了地上。

我：哇，地板上有好多牛奶。你从这次经历中学到了什么？

奎因：我想我下次会抓瓶子的手柄。

我：给你毛巾。你需要帮助吗？

现在我笑了，因为那次对话用时大概一分钟。它可比我的任何一次说教都要管用得多。要是我对奎因进行说教，说小心拿牛奶有多重要，以及刚才有多少钱被"洒"在了地板上，我们就得在那里待上好一会儿。而且，我们的关系也会受到影响，并且奎因很可能永远都不会跟我说牛奶是怎么洒的，以及他下次计划怎么做。现在，我们都得到了彼此更多的信任。

人际冲突

交谈型启发式问题在帮助孩子处理人际冲突时会非常有效。我们用前面提到过的斯蒂芬的例子。斯蒂芬今年四岁半，他和同学们一直很难相处。他很容易沮丧，然后就打其他孩子。在上午的工作周期里，托尼老师注意到斯蒂芬在自己的毯子旁边哭。地板上到处是地图拼图的拼片。助理告诉托尼，斯蒂芬打了珍妮特，然后珍妮特打翻了他的拼图。因为斯蒂芬看起来仍然很难过，托尼问斯蒂芬，他是否认为去冷静空间对他有帮助。他照做了，并且在冷静下来后，回来找托尼谈话。

托尼：斯蒂芬，我注意到你很伤心。发生什么事了？
斯蒂芬：珍妮特掀翻了我的拼图，我一上午都在拼。
托尼：我能理解你为什么这么伤心。你在上面花了很多时间。是什么导致珍妮特把你的拼图掀翻的？
斯蒂芬：嗯，我打了她。她命令我做这做那。
托尼：所以，你很生气，就打了她？
斯蒂芬：是的。

托尼：然后发生了什么？

斯蒂芬：然后，她把我的拼图掀翻了。

托尼：你认为是什么让她这么做的？

斯蒂芬：因为我打了她。

托尼：你认为珍妮特有什么感受？

斯蒂芬：难过。

托尼：你打算怎么和珍妮特解决问题？

斯蒂芬：我打算跟她说对不起，并且看看她是不是需要冰块。

托尼：你需要帮助吗？

斯蒂芬：不用，谢谢。

托尼：好的，告诉我进展如何。

对小孩子的交谈型启发式问题
（4岁及以下）

上面的例子涉及4岁以上的孩子。要想让孩子有能力处理一连串的交谈型启发式问题，他们需要先发展出推理能力，并能理解因果关系。如果你用提示性问题，比如"如果……，那会发生什么？"，那么运用交谈型启发式问题来帮助孩子解决自己的问题的原则对2~4岁的孩子仍然有效，例如：

如果你送给珍妮特和平玫瑰，而不是打她，会发生什么？

如果你双手端托盘，会发生什么？

如果你问她是不是想一起玩，会发生什么？

如果你把外套落在屋里，会发生什么？

运用交谈型启发式问题的建议

1. 避免问"为什么"。当我们问"为什么"时,孩子通常会说什么?答案通常是"我不知道!"。
2. 积极倾听孩子的回答。用反射式倾听来映射他们的回答,这样他们就知道你真的在听。这就打开了交谈的大门。
3. 注意你的语气。确保你对他们的回答真的感到好奇、真的感兴趣。
4. 保持开放的态度。当心落入问交谈型启发式问题并期待得到"正确答案"的陷阱。年龄大点的学生甚至可能会给出一个漫不经心的回答。然而,如果你的态度是开放的、好奇的和有帮助的,学生更有可能建立积极的连接、做出决定并且自己解决问题,即使他们没有口头表达出来。
5. 寻求理解而不是寻求被理解。

问题讨论

1. 你是否记得在你的人生中有一位真正善于倾听的大人？当他们倾听你的时候，你在他们面前是什么样的？
2. 你有一位善于倾听的朋友吗？他们做了什么来帮助你感觉自己被倾听了？
3. 描述一次你在一位只是倾听你的人的帮助下找到你所面临的问题的解决方法的经历。
4. 作为一位大人，你是如何对命令做出回应的？你小时候对命令是如何回应的？
5. 你给孩子们的命令（告诉）是什么？他们有什么回应？
6. 列一个清单，列出你在冲动之下可能会给孩子的命令（告诉）。把以"什么"或"如何"作为开头的问题转变为激励型启发式问题。
7. 你是否记得被老师或父母说教过？你的回应是什么？你学到了什么？
8. 你发现自己在什么情况下会说教？孩子们的回应如何？他们从你的说教中学到什么了吗？
9. 想一个你可能会情不自禁地小小说教一下的情形，用本章中的交谈型启发式问题清单，列出一系列问题来替代说教。

第13章

沟通技巧

> 一旦孩子会说话，他就能自己表达，而不再依赖他人猜测他的需求。他会发现自己和人类社会建立了联系，因为人们只能用语言来交流。
>
> ——玛利亚·蒙台梭利

> 我们在友谊中学习用另一个人的眼睛看，用她的耳朵听，用她的心去感受。
>
> ——阿尔弗雷德·阿德勒

沟通难题困扰着成年人，而且会造成误解、怨恨、冲突和沮丧。但是，事情并非一定如此。学习与他人沟通是贯穿人的一生的过程。

蒙台梭利教室里的学生被给予了我们这些蒙台梭利老师小时候未曾得到过的礼物：一个可以进行坦率的沟通、理解和真正解决问题的环境。通过教给学生尊重而有效地沟通，我们就给了他们一个机会来培养牢固而健康的人际关系，并发展出将在生活的方方面面支持他们受益终生的社会技能。这一点非常重要！

在下一章，我们将审视冲突的解决，在接下来在第15章揭示班会的风采。然而，在学生们学会解决冲突，并作为一个集体解决问题之前，当务之急是他们要学会用能促进诚实、坦率和理解的方式进行沟通。让我们来看看培养尊重而有效的沟通技能的四个组成部分：说、倾听、非语言沟通和做出弥补。

"我"句式
（6岁及以上）

每个人都希望被倾听。但是，太多的时候，学生们彼此间的交谈方式会让倾听的人听不进去或者完全不听。这会在需要共同解决问题时造成更多冲突。以下是一些学生（和大人）阻碍坦率而有效的沟通的几种方式：

- 指责
- 取笑
- 批评
- 命令
- 争论
- 转移话题
- 找碴儿／挑错
- 建议
- 说教
- 夸大其词
- 责骂
- 否定
- 不理会

如果你曾经协助学生解决过冲突，你就会知道，当学生开始用这些方式进行沟通时，沟通过程会有多么快就出问题。孩子们带着伤心和沮丧离开，老师也会觉得很气馁。

运用"我"句式给了孩子们需要的工具，让他们能用一种更有可能被对方倾听和接受的方式表达自己。以下是我们在正面管教中运用的"我"句式（适用于6岁及以上孩子）。

当_____的时候，我感到_____，而且我希望_____。

拉姆第一次了解运用"我"句式这个概念时还是一名小学低年级班级的新老师。他会教孩子们如何在与别的学生解决问题时说我感到_____，因为_____，而不是只说指责的话或者"你"句式，比如"你说我是胆小鬼，我不喜欢这样。"这是个良好的开端，因为这让孩子们开始关注自己有什么感受，而不仅仅是在对方身上挑错。

然而，拉姆发现，"我"句式并未如他所愿真正建立沟通。孩子们在解决冲突时，对话中仍然弥漫着指责与戒备的成分。一个典型的对话听起来就像下面这样：

艾娃：我觉得很伤心，因为你嘲笑我的诗。

索菲亚：嗯，我感到很伤心，因为你总是和艾比一起工作，而把我排除在外。

艾娃（有了戒心）：如果你不总是戏弄人，也许他们会和你一起工作……

拉姆发现，他需要参与很多学生解决问题的对话，以便不演变为更严重的问题。有时候，仅仅完成解决冲突的流程而没让问题变得更严重已经算是一种胜利。

当拉姆使用完整的句式，也就是当_____的时候，我感到_____，而且我希望_____，教学生运用"我"句式时，他观察到学生们在试着解决冲突时，他们之间的对话发生了转变。这些对话变得更加坦率和富有成效，而且学生们也更加独立。拉姆在支持和协助这些对话上花的时间开始变少。在"我"句式里，"我希望"这句话是关键。

花点时间，把你自己放入一个小孩子或十几岁孩子的世界里。假设你的朋友刚刚来找你，并且要求和你解决一个冲突。你的朋友很生气，因为你俩在排队的时候，你当着其他朋友的面对着他大喊大叫。当他插在你前面时，你很生气，并且对他大喊大叫。考虑一下，当你的朋友分别用以下方式来与你沟通他的问题时，你可能会有什么感受，以及你可能会做出什么决定：

1. 朋友：在我们排队时，你当着所有其他孩子的面对我大喊大叫，我感到很生气，也很尴尬。
2. 朋友：在我们排队等候时，你当着所有其他孩子的面对我大喊大叫，我感到很生气，也很尴尬。我希望你生气的时候能找我私下谈谈。

对于以上两种话语，你会做出什么反应？你更愿意对哪种说法敞开心扉？针对每一种话语，你可能会做出什么决定？

在了解了如何运用含有"我希望"的"我"句式后，拉姆分享说："我希望"这句话给了倾听者一个解决问题的方法，而不是让他们觉得要为对方的感受负责。这有助于沟通者积极参与解决问题，并有助于让自己被听到。"我"句式给两个人都赋予了力量。

运用"我"句式的另一个好处是，它赋予了学生在日常沟通中更自然地化解小矛盾的能力。当"我"句式成为学生沟通技能中的一个组成部分，他们就可以更有条理地使用它，简要

沟通技巧

正面管教情绪脸谱
Positive Discipline Feeling Faces

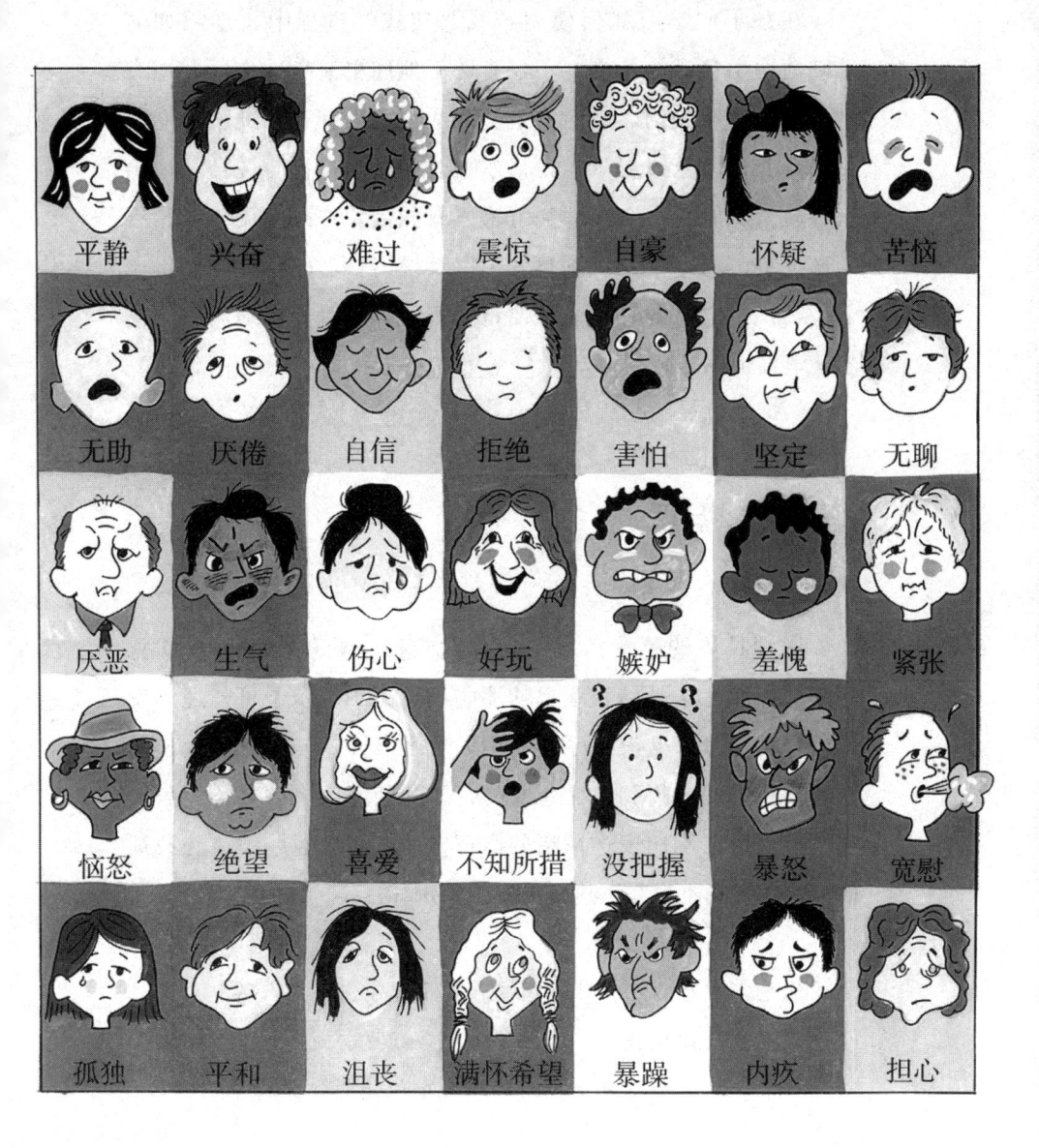

平静	兴奋	难过	震惊	自豪	怀疑	苦恼
无助	厌倦	自信	拒绝	害怕	坚定	无聊
厌恶	生气	伤心	好玩	嫉妒	羞愧	紧张
恼怒	绝望	喜爱	不知所措	没把握	暴怒	宽慰
孤独	平和	沮丧	满怀希望	暴躁	内疚	担心

地与人交谈，而不必动用正式的冲突解决流程／区域。这有助于让冲突解决流程／区域成为一个特别的地方或者流程，来解决那些需要更多支持或安排的问题（并让老师真正上几节课）！

在孩子们学习如何使用"我"句式的过程中，学习如何准确地说出自己的感受，不仅有助于他们更清晰地沟通，还有助于缓解情绪冲动。它通过重新激活理性大脑来帮助学生冷静下来。心理学家丹尼尔·西格尔在谈到这个过程时说："说出它，就是驯服它。"在冲突解决区或积极暂停区使用情绪脸谱（见上页）可以帮助识别感受，以及说出自己的感受。如果孩子们在说出自己的感受时需要帮助，老师可以简单地问："我想知道你是不是感到＿＿＿＿＿＿？"

烦恼与愿望
（两岁半至6岁）

识别具体的感受需要一定程度的抽象处理能力和自我觉察能力，而在学龄前教室里的那些年龄较小的孩子可能还未发展出这种能力。这没关系；他们仍然可以开始学习尊重他人的沟通技巧，请求得到自己想要的，以及开始解决冲突。年龄较小的孩子可以不用表达情绪的语言，而是简单地用"这让我烦恼"或者"我不喜欢"这样的字眼。例如：

你吃完所有的点心让我烦恼。我希望你能给别人留一点。
我不喜欢你说我丑。我希望你能停止这样说。
我不喜欢你在滑梯上推我。我希望你能管住你的手。

当孩子开始能说出自己的感受时，他们可以从四种基本情绪开始：生气、难过、高兴和害怕，然后开始运用"我"句式。在学龄前孩子的教室里，这种交流方式的直接目的，是帮助孩子学会建立和保持清晰而恰当的界限，而不是解决他们的人际关系中更抽象的冲突。

孩子们的反射式倾听
（6岁及以上）

我们已经讨论过大人如何运用反射式倾听来帮助孩子敞开心扉、建立连接、冷静下来，并且解决他们自己的问题。学生也可以学习运用反射式倾听来帮助解决他们之间的问题。倾听是一种社会技能，是可以教授和学习的。

当人们感觉被倾听时，他们会感受到连接和被理解。信任由此产生，而且问题也得以解决。在解决问题时，运用"我"句式会让信息接收者更愿意倾听。反射式倾听让倾诉的人感到被倾听和理解。两者相辅相成。在使用和平桌（第14章）或班会流程（第15—17章）时，这两种沟通技巧对于有效解决问题至关重要。

在向小学生和十几岁的孩子介绍反射式倾听时，我们会使用与大人用在小孩子身上相同的模式：

当_____的时候，你觉得_____，而且你希望_____，对吗？

下面是一些学生运用反射式倾听的例子：

"听起来你是在说当我没邀请你来过夜派对时,你觉得自己被冷落了,而且你希望我至少在过夜派对前告诉你,这样你就不必通过社交媒体听说这件事了。我理解得对吗?"

"当我把你说的话告诉米吉时,你感到很羞愧,而且你希望下次我先和你谈谈。对吗?"

"哇,我能看出来,当我和彼得而不是和你一起做这个项目时,你感到真的很生气。而且你希望我花更多的时间和你们两个人一起工作?"

你可以在班会上讲优雅与礼仪时教给孩子们这一技能。一定要给你的学生练习和角色扮演的机会!

非语言沟通
(6岁及以上)

一天午餐时,艾萨克在艾琳娜起身去洗手间时吃了她一块饼干。艾琳娜回来后意识到少了一块。她清楚地知道自己离开时有多少块饼干,她也知道是谁拿走的。她很生气。这些饼干是艾琳娜去纽约旅行时奶奶送给她的礼物。艾琳娜大步流星地穿过教室,走到冲突解决区,一把抓过和平玫瑰,把它带到艾萨克面前,表示她想和他一起解决这个问题。当她穿过房间时,她的胳膊向前伸得直直的,和平玫瑰被她紧紧地握着。她紧皱着眉头走向艾萨克。当艾萨克看到她走近时,他脱口而出:"我需要你在我们谈话前先冷静下来!"艾琳娜什么都还没说,但她的肢体语言说明了一切!

尽管关于非语言沟通在沟通中占多大比例存在争议,但我们知道它在信息接收方式中起着重要的作用。非语言沟通可以传递很多信息。一个人在自觉或不自觉中使用的说话语气、身体语言和面部表情，可以告诉我们很多。我们可以分辨出一个人是否在倾听，是否在说真话，他们有什么感受，以及他们是否打算用和平玫瑰狠狠地打我们。

在教冲突解决流程或者召开班会之前，让学生们意识到非语言沟通的力量会很有帮助。学生可以通过直接的教学和练习来学习使用和解读非语言沟通方式。让学生角色扮演，做出不同的身体姿势和面部表情，并且在角色扮演的人不说话的情况下讨论他们是如何传递出强有力的信息的（以及这些信息是什么）。让他们确定他们可以使用什么样的身体姿势和表情来促进坦率的、共情的和尊重的沟通。

面部表情、身体语言和说话语气

- 愤怒与平和
- 焦虑与平静
- 难过与快乐
- 信任与不信任
- 骄傲与羞愧
- 孤单与有趣

由于艾琳娜和艾萨克都熟悉非语言沟通的力量和积极暂停的概念，一场更大规模的冲突得以幸免。艾萨克保持了尊重而熟悉的界限（他们在班会上已经练习过）。他让艾琳娜知道，他会解决这个问题，但需要知道她已经冷静下来。艾琳娜去了积极暂停区，并在冷静下来后返回。在她回来后，艾萨克心甘情愿地去了冲突解决区，然后两个人就能解决他们的问题了。艾萨克承担起了责任，艾琳娜也承担起了责任（原来她在那一周的早些时候拿过他的甜点）。

做出弥补：矫正错误的3个R
（6岁及以上）

  错误让人们分裂，但纠正错误却是团结起来的一种方法。无论在哪里发现错误，纠正错误都成为普遍关注的问题。错误本身就变得有趣起来。它成为一种连接，当然也是人类之间友谊的一个纽带。它尤其有助于促进孩子和大人之间的和谐。在大人身上发现一些小错误，并不会导致孩子对大人失去尊重，也不会让他在群体中丧失尊严。错误变得与个人无关，因而易于控制。这样一来，小错误就可以带来大进步。

——玛利亚·蒙台梭利

  错误是学习的机会。"弥补（amend）"这个词的拉丁文词源是emendare，意思是"纠正"。做出弥补意味着纠正错误。道歉这个词最常见的定义是表达遗憾，或承认错误。

道歉

  在很多家庭里，孩子会被强迫说"对不起"，即使在他们对自己的行为毫无悔意的情况下。这样做教给孩子的是操纵的技巧，而且并不能真正弥补或纠正错误。当孩子在学校使用这种方法时，往往会让问题变得更糟糕，因为受到冒犯的学生明白，道歉的人对自己的错误并无歉意。当孩子和大人道歉时，另一个可能发生的问题是，他们道歉之后会为自己的行为找借口。"对不起，我对你大吼大叫了。我早上心情不好，没睡够觉。"在这个例子中，道歉者可能是想表达这不是孩子的错，但是，这个孩子会如何接受这个道歉？孩子可能怎么想？也许这样想：好啊，难道你早上心情不好就可以对我大吼大叫吗？

有时候，真诚的道歉（没有借口的道歉）当然有必要。有些时候，我们没办法修复错误。例如，如果我分享了本应保密的信息，这就没有办法修复。信息已经扩散出去。但我可以道歉，表达自己的懊悔，并且公开承认自己的错误。

做出弥补

做出弥补意味着修复我们的错误。道歉是修复性的，而弥补是变革性的。你是否曾经对别人做出弥补，然后发现你与他们的关系比你犯了这个需要弥补的错误之前更好？是的，比犯错误之前更好！我们大多数人都有过这样的经历。做出弥补可以使关系变得更好。从错误中恢复的三个R是修复错误和改善关系的一个实实在在的工具。当学生们学会弥补并修复关系，这些关系通常要比犯错误前更牢固。

当老师在犯错误时向学生示范弥补错误，这就传递出一个强有力的信息——犯错误没关系！它会在老师和孩子之间建立起信任和连接，而且还能培养信任，让孩子愿意承担责任而不必感到羞耻。教孩子做出弥补，能帮助他们发展出受益终生的社会和人际关系技能，并加深与他人的连接。

矫正错误的3个R

①带着责任感**承认**（Recognize）错误，不指责或找借口。

今天我在圆圈活动时对你大吼大叫了。
我把你推下了滑梯。
今天你去上厕所时，我偷了你的铅笔。
我没让你加入我们的游戏。

②通过对受到伤害的感受表达理解，来达成**和好**（Reconcile）。

这一定让你很尴尬。
你可能觉得很伤心。
如果我是你，我会非常生气。
我敢肯定你感觉被排除在外了。

③**解决**（Resolve）问题，在可能的情况下，可以通过共同合作寻找一个解决方案，询问怎么样才能矫正错误，或请求对方原谅。

我怎么做才能矫正错误？
我能帮你拿一个冰袋吗？
这是我从你这里拿走的书。你需要我帮你做没完成的工作吗？
你愿意和我一起想想解决方案吗？
你会原谅我吗？
对不起。

下面是一名学生向另一名学生做出弥补的例子。

弗朗西斯，我早些时候拿了你的铅笔，并且在你问我的时候否认了。（承认）你一定觉得很生气。我真的很抱歉。（和

好）来，我给你买了一些新铅笔。你需要我帮忙把它们削尖吗？（解决）

教给孩子们矫正错误的3个R，能帮助他们发展出受益终生的重要的人际关系技能。当孩子们有时间在班会上练习这些技能，他们就可以开始在教室里更流畅地运用这些技能。想象一下，如果每个人都学会如何为自己的错误负责以及如何修复错误，那将是怎样的情形。

年龄小的学生如何做出弥补
（3~6岁）

由于说出并理解自己的感受是一种更抽象的社会技能，学龄前教室里的孩子可以学习一种更简单的弥补模式，来表达承担责任和修复关系的愿望。

我_____。你能原谅我吗？
我_____。对不起。
我_____。我怎么才能让事情好起来？

要注意，在这个模式里，孩子们先说自己做了什么，然后道歉或者尝试修复。通常情况下，大人和孩子都是以"对不起"开始。思考下面的道歉。你更喜欢哪一种？

"对不起，我拿了你的铅笔。"
"我拿了你的铅笔。对不起。"

拉马尔急匆匆地去拿零食时推了西奥一把。西奥摔倒并且摔伤了头部。在老师照料了西奥之后，拉马尔来到西奥身边，并说："西奥，我把你推倒了。你能原谅我吗？"西奥笑了，并且和拉马尔击了一下掌。

做出示范
（所有年龄的孩子）

大人犯的错误有某种好处，孩子们会与他们共情，但这种共情是以一种完全超然的方式。对他们来说，这是生活中很自然的一部分，而且，我们都会犯错这个事实，可以激起他们心中深深的爱意；这是母亲和孩子之间联合的又一个原因。错误使我们更亲近，并让我们成为更好的朋友。友谊更容易诞生在错误的道路上，而不是完美的道路上。一个"完美的人"无法改变。如果把两个"完美的人"放在一起，他们总会争执不休，因为他们都无法理解对方，也无法容忍任何差异。

——玛利亚·蒙台梭利

训练孩子的正确方式与对待人类伙伴的正确方式是相同的。

——鲁道夫·德雷克斯

通过真实地面对我们的人性并且展示我们的脆弱（我们的错误），我们可以培养一种真真切切地和班里孩子们的连接感。当我们坦率而真诚地面对我们的错误，并示范如何矫正错误时，我们就向孩子们发送了一个强有力的信息。犯错误没关系。我们都是这样学习和成长的。错误是学习的机会。我们有责任在教室里建立这一基调。

有一年，我（奇普）和一名叫霍普的学生相处得非常困难。她在人际交往和学习方面都步履维艰。我很努力地帮助她，但她对待我的行为却越来越不尊重，尤其是在集体场合。我感到既伤心又沮丧，因为我投入了这么多时间和精力来帮助她。我猜当时我期待她会感激我。她的不尊重行为越来越严重，而且有几天我因此而害怕来上班。有一天，在圆圈活动中，霍普嘲笑我，而我勃然大怒。我愤怒地让她离开圆圈。圆圈活动结束后，我让霍普到走廊里和我"谈谈"。但我没有与她交谈，而是对她大发雷霆。在那一刻，我觉得理直气壮，因为我太愤怒了。

我儿子也是我班上的学生，他正好在走廊里，目睹了我们的这次互动。过了一会儿，他来告诉我，霍普正在走廊里哭。他说："我认为你应该向她道歉。"我的理直气壮消失了，我感到非常内疚。我花了点时间反思这个情形，然后去找霍普，并问她能不能和她私下谈谈。我告诉她我欠她一个道歉。她同意与我谈谈。我说："霍普，我刚才对你大吼大叫了。我责备你不尊重人，但我也没有尊重你。你不应该被那样对待。你一定感到伤心和怨恨。我能做些什么纠正错误呢？"霍普泪流满面，说："下次请你先花些时间冷静一下，然后再跟我谈。对不起，我太不尊重人了。"我回答说："你能原谅我吗？"这次简短的交流改变了我们的关系，改善了我们之间的局面。有了新的起点，我和霍普就能解决很多一直困扰我们的问题了。这还在教室里产生了连锁反应，因为霍普是学生们眼里的领头人。第二年，霍普分到了别的班里，而且遇到了一个棘手的个人挑战。我是那个她想要交谈的人。

我们作为大人的存在是有影响力的。我们是环境的一部分。孩子们密切观察我们如何与他们以及与其他成员互动和沟通，观察我们如何处理棘手的情形；他们从我们这里得到启发。当老师示范有效沟通的四个要素——"我"句式、反射式倾听、非语言沟通和矫正错误的3个R——我们就是在为培养归属感和价值感准备好社会-情感环境。

示范尊重地沟通的注意事项

- 只要有可能，要确保你在与孩子们交流时处于与他们同样的高度。与孩子说话时平视他们的眼睛，有助于他们感受到安全、尊重和连接。
- 在和孩子讨论时，要考虑坐在他们旁边，而不是坐在他们对面。这种做法表明你们站在同一战线上，一起合作。
- 尊重孩子的尊严。关于不良行为的约定和讨论要在私下进行，远离其他学生。
- 运用"我"句式。
- 使用一种表达相互尊重和理解的语气。
- 示范做积极暂停。
- 把问题列入班会议程。
- 遵守基本规则。尽量减少大人的活动（也就是不允许孩子做的那些）。如果你要求孩子把手放在你肩膀上来引起你注意，那么当他们忙着而你希望引起他们的注意时，也要这样做。
- 允许孩子提一些关于你的问题。如果孩子们对你有意见，他们会请你来解决冲突吗？如果不会，为什么？
- 当你犯错时，要做出弥补；或者，如果无法弥补，要道歉。
- 说"请"和"谢谢"。
- 练习正面管教教室管理工具（例如，和善与坚定并行）。当我们知道在有压力的情形中该怎么做时，我们更有可能尊重而和善地做出回应。

问题讨论

1. 让一个同伴跟你说以下这样的话：
   a. "当你在朋友们面前嘲笑我时，我感到很伤心。"
   b. "当你在朋友们面前嘲笑我时，我感到很伤心，而且我希望如果你生我的气的话，你能私下找我谈谈。"在听到第一句话时，你有什么感受？听到第二句话时，你有什么感受？
2. 回想最近一次你感觉受到伤害时的情形。运用本章的"情绪脸谱"来识别你当时的感受。这个脸谱可以怎样帮助学生准确识别他们的感受？
3. 在一张纸、黑板或白板上，将四种基础情绪作为标题列在页面的顶部：生气、高兴、悲伤和害怕。用头脑风暴想出每个标题下的"子情绪"。这个活动可以和学生们一起做，而且他们可以制作自己的情绪脸谱。
4. 学会反射式倾听如何让学生在解决问题时变得更独立？
5. 你观察到学生用"对不起"来避免冲突吗？其他孩子或大人是如何回应这种应对策略的？
6. 你还记得你小的时候大人对你做出补偿吗？如果记得，这对你和他们的关系有什么影响？你对犯错误有什么感受？
7. 思考在承担责任之前说"对不起"和承担责任之后说"对不起"有什么区别；例如："对不起，我打了你"，或者"我打了你。对不起"。你更愿意听哪个？为什么？
8. 在和学生一起工作时，有些大人会过度道歉，有些则道歉不足。你是其中的一种吗？这两种倾向会对信任和沟通有什么影响？

9.你是否观察过这样的教室,你认为大人的行为/做出的示范对教室里的社会-情感环境造成了显著影响,不管是积极的还是消极的?请解释一下。

第14章

解决冲突的方法

> 如果社会生活不是为了解决人际问题、举止得体,以及追求大家都能接受的目标,那它是什么呢?
>
> ——玛利亚·蒙台梭利

> 我们无法保护孩子免于生活中的挫折。所以,让他们为生活做好准备就变得至关重要。
>
> ——鲁道夫·德雷克斯

6岁的贾伦和昆汀是好朋友,也是一所蒙台梭利学校的同班同学。他们几乎每天上午的工作周期都在一起工作,而且每天课间休息时间都在外面一起玩耍。他们放学以后的时间也被过夜派对、玩耍聚会和家庭聚会填塞得满满的。他俩都是独生子,但他们之间的交往更像手足,而非朋友;他们就像两兄弟一样,经常为了一些微不足道的小事吵得不可开交。然而,对他们来说,这些事非但不小,还很重要。在学年开始时,贾伦和昆汀需要安东尼奥老师大量的帮助来解决他们之间的冲突。安东尼奥不知疲倦地教贾伦和昆汀有效解决冲突所需要的技能,有时要和他们一起待到放学后,他们的父母则在车里等着。

几个月后,贾伦和昆汀要求帮助的次数越来越少。到了年底,他们解决冲突时几乎不再需要老师的支持。事实上,他们之间的问题更少了,用在和谐地工作和玩耍上的时间更多了。那年春天,贾伦的母亲安妮打电话给安东尼奥,给他讲了一个故事。安妮说,她最近邀请昆汀来家里过周末。周五那天,安妮收到了铺车道用的碎石,这让两个男孩尽情地玩了好几个小时。正当安妮在花园里忙活时,她听到贾伦和昆汀吵了起来,他们是在玩"山大王"游戏的时候开始冲着对方大喊大叫的。但就在这时,就在昆汀要把贾伦推下碎石堆时,他停住了,并说:"我们看看能不能找到一个方法来解决这个问题。"贾伦表示同意。于是他们坐下来,平分了"山顶"上的"领土"。在那天剩下的时间里,他们心平气和地在碎石堆上玩。安妮对安东尼奥说:"我喜欢蒙台梭利。谢谢你。"

贾伦和昆汀学到了什么,让他们的行为发生了如此惊人的变化?

社会独立的需要

从进入蒙台梭利教室的那一刻起,蒙台梭利孩子们就开始通过优雅与礼仪课来发展社会技能。优雅与礼仪课教孩子们如何在班集体和更大的集体里处理人际关系。孩子们学到的最重要的优雅与礼仪的技能之一,是如何有效地相互沟通和解决人际冲突。孩子们通过诚实地表达自己的感受并学习互相倾听,来学习与朋友们一起独立解决社会问题。他们学会了专注于解决方案,而不是指责。

解决冲突的方法

教给小孩子和十几岁的孩子冲突解决方法的最终目标，是让他们成为独立的解决问题的人。学生们在学习处理困难的人与人之间关系问题中发展出来的社会-情感技能将持续一生。学生们会形成看见不一样的观点的能力，为自己的需求发声的能力，提出异议而不加指责和评判的能力，进行坦率的对话的能力，协商解决方案的能力，以及设立和保持清晰而适当的界限的能力。想象一下，当蒙台梭利的孩子长大成人，并且把这些创造和平的技能带入他们的家庭、工作场所、社区，甚至更广阔的世界里，我们的世界将会是什么样子。

在实践层面上，为了让蒙台梭利教室有效运作，学生们必须学会独立解决冲突。环境的设置是为了让学生能在教室里自由活动，选择自己感兴趣的工作。如果这种自由和目标有了障碍，比如，要依赖大人来帮助解决冲突，那么老师就无法让学生全身心地投入工作，而且正常化也就无法发生。而当孩子没有积极地投入到有意义的工作时，他们就更有可能和伙伴发生冲突。这就变成了一个要依赖大人来解决问题的循环。

另一方面，当孩子们成为独立的问题解决者，那么早上和一个朋友的分歧就只是通往一个富有成效而且平静的工作周期之路上的一点小坎坷。老师甚至可能都没有注意到两个孩子遇到过困难，因为他们能够用尊重而独立的方式来解决这个问题。与此同时，老师能够讲课，进行观察，并帮助学生与环境连接。

课堂冲突可以很小，像贾伦和昆汀的案例那样，也可以很大，有时会导致暴力事件。参与了一项研究的老师报告说，当学生们学习并练习解决冲突技能时，所有冲突的发生率都下降了。冲突不太可能升级，因为学生们学会了独立解决自己问题的步骤。正面管教的问题解决步骤完美地融入了蒙台梭利的课堂，因为它们专注于互相尊重和独立。

解决问题的4个步骤

解决问题的4个步骤为帮助学生解决与教室里其他孩子的常见问题提供了指导。

(1) **放手**。这一步可以包括做积极暂停、走开，或另选一个朋友一起工作/玩耍。
(2) **以尊重的态度讨论发生的冲突**。
- 说出你有什么感受以及你希望有什么不同的解决方式。中小学生可以运用"我"句式，而学龄前孩子则可以使用"烦恼与愿望"。
- 倾听对方有什么感受或不喜欢的事情，以及他们希望有什么不同的解决方式。小学生和十几岁的学生可以运用反射式倾听。
(3) **一起找到解决方案**。用头脑风暴想出解决问题的主意，并一起选择一个主意。这些主意可以包括做出弥补、分享的计划，或者如何避免问题在未来发生的解决方案。
(4) **如果你们无法一起解决问题，可以寻求帮助**。学生可以请老师或朋友来帮助他们以尊重的方式谈谈这个问题，并找到解决方案，或者把冲突列入班会议程，以便获得集体的帮助。

准备环境：和平桌

和平桌是蒙台梭利教室里的一个指定区域，孩子们可以来这里一起解决问题。该区域通常设计简单，为孩子们提供一个相对私密的空间来讨论重要事情。如果没有地方摆放桌子，有些教室会利用一个角落或在教室里（或就在教室门外）设置一个地方，让学生可以进行私密谈话，就像大人需要在远离他人的地方进行重要的私人谈话时一样。有一个指定的空间来解决人际冲突，对老师和学生都有帮助：在忙碌的蒙台梭利教室里，很多学生在同一时间做着不同的事情，和平桌给教师提供一个视觉提示：两个学生遇到了困难，而且可能需要支持。

在和平桌上，可以用一个发言棒（小毛绒动物、贝壳、假花等）作为让每个孩子轮流发言的视觉提示。发言的人拿着发言棒，另一个人倾听。当发言的人说完后，把发言棒递给另一个人，并准备倾听。很多教室用和平玫瑰作为发言棒。和平玫瑰来自艾丽西亚·朱厄尔（Alicia Jewell）的《和平玫瑰》(*The Peace Rose*)一书。(这本书是学龄前和小学低年级老师的绝佳资源，可用来教孩子如何运用我们在第13章中讲述的沟通工具共同解决问题。)

学龄前孩子解决冲突的方法

在学龄前教室里，最年幼的孩子正在发展自我表达能力，以及尊重地设立和保持清晰的界限的能力。这是一项重要任务，而且按照真正的蒙台梭利方法，我们会通过隔离难点，把一项困难的任务分解为单独的而且可管理的小步骤。识别感受是一项相当抽象的技能；很多大人都难以做到。因此，我们从更简单的层面开始，与年龄比较小的孩子一起运用第13章中的"烦恼与愿望"。

露西娅： 达利斯，我不喜欢你碰我的工作。我希望你能等我做完以后再来。

达利斯： 好，我不喜欢你对我大吼大叫，露西娅。我希望你下次能好好地跟我说话。

露西娅： 好。

当需要大人支持时，大人可以运用反射式倾听来帮助孩子解决冲突，并让他们知道自己被倾听了。大人还可以通过给孩子提示来帮助他们说出感受的名称，循序渐进地让他们学会运用语言来识别和描述感受。

露西娅： 我不喜欢你碰我的作品。我希望你能等我做完以后再来。

老师： 露西娅，听起来你是对达利斯踩了你的作品感到生气，而且你希望他能耐心等待你做完。还有吗？

露西娅： 没了。

老师： 达利斯，你愿意等到露西娅完成她的工作以后再使用吗？

达利斯： 好的。

老师： 达利斯，你想对露西娅说什么？

达利斯： 露西娅，我不喜欢你在我碰你的作品时对我大吼大叫。我希望你能好好地跟我说话。

老师： 达利斯，听起来你是对露西娅对你大喊大叫感到伤心，你希望她能尊重地与你说话，还有吗？

达利斯： 我真的很喜欢露西娅，而且我想和她做朋友。

老师： 所以，你真的喜欢露西娅，而且想和她做朋友？你想告诉她这一点吗？

达利斯：我想做朋友。

老师：露西娅，达利斯问你，如果他做了你不喜欢的事情，你是否能尊重地和他说话。你愿意这样做吗？

露西娅：愿意。我也想做你的朋友，达利斯。

老师：达利斯和露西娅，你们非常尊重地解决了这个问题。做得好。

学龄前孩子解决冲突的模式
（第2和第3步来自"解决问题的4个步骤"）

（1）孩子A运用"烦恼与愿望"。

（2）孩子B认可孩子A的请求。

（3）孩子B运用"烦恼与愿望"。

（4）孩子A认可孩子B的请求。

注意：如果其中一个孩子不愿意做另一个孩子要求做的事情，他们可以向大人寻求帮助（"解决问题的4个步骤"的第4步）。

小学生和十几岁孩子解决冲突的方法

在小学生和十几岁孩子的班里，解决冲突起着非常重要的作用，因为学生们进入了社会化、公正感、道德感和自我认同（在青春期发展出成熟身份）的敏感期。小学生和十几岁的学生还发展出推理和对结果的预测能力；他们成为了具有解决问题能力的人。为了有效地解决冲突，他们必须学会沟通，相互倾听，确定可行性解决方案，并做出妥协。

小学生和十几岁孩子解决冲突的模式
（第2步和第3步来自"解决问题的4个步骤"）

（1）两个学生互相核实，以确保双方都足够冷静，可以解决问题（大脑盖子没有掀开）。
（2）孩子A运用"我"句式进行分享。
（3）孩子B用反射式倾听。
（4）重复第2和第3步，直到孩子A说完他要说的。
（5）孩子B运用"我"句式进行分享。
（6）孩子A用反射式倾听。
（7）重复第2和第3步，直到孩子B说完他要说的。
（8）进行头脑风暴，就解决方案达成一致。

阿丽莎：当你把课间所有时间都用在奥莉维亚身上时，我感到被排斥了。我希望你能让我和你们一起玩。

玛雅：所以，当我在课间和奥莉维亚在一起时，你感到被排斥了。而且你想让我们在玩的时候带上你。还有吗？

阿丽莎：你和奥莉维亚在圆圈活动时嘲笑我太黏人，我真的很伤心。我希望你能私下和我谈谈，如果你那样想的话。

玛雅：当奥莉维亚和我在圆圈活动取笑你太黏人时，你感到很伤心，而且你希望我能私下和你谈谈。这一点我肯定能做到。还有吗？

阿丽莎：没了，就这些了。你现在可以走了。

玛雅：阿丽莎，我很生气，因为你一直在取笑奥莉维亚。我觉得我不得不在你俩之间做出选择。我希望你能对奥莉维亚好一点，这样我就不必做出选择了。

阿丽莎：所以，你感到生气，因为我取笑奥莉维亚，你觉得你不得不在我俩之间做出选择，而且你希望我对她好一点。还有吗，玛雅？

玛雅：没了。

阿丽莎：我很抱歉我将你置于那种境地。我会努力对奥莉维亚更好一点的。

阿丽莎：你认为我们应该想些办法来解决这个问题吗？

玛雅：我觉得我们已经想出来了。

解决冲突时的常见错误

大多数受过培训的蒙台梭利老师，尤其是小学老师和十几岁孩子的老师，在培训的过程中都学过解决冲突的要素。如果你和我（奇普）一样是这些老师中的一员，那么这在当时听起来可能是一个很美好的概念，而且在你的脑海中，这完美契合了营造一个教授和鼓励和平的环境的想法。然而，当我们大多数人在教室里真正实践这些做法时，通常都会遇到巨大的障碍。为什么呢？因为这并不是件容易的事；我们在和有着不同观点和不同沟通能力的人打交道。而且，我们大多数人都没接受过解决冲突的正规培训，所以我们是通过犯很多错误来自己摸索的。犯错误是一个很好的学习机会，但从别人的错误中学习也不是什么坏事，所以，让我们来概述一下在课堂上教学生们解决冲突和协助解决冲突时大人常犯的一些错误——以及针对这些错误的一些具体解决方案。

1.**错误的做法**：在两个孩子中的一个或两个都处于"大脑盖子掀开"的状态下协助处理双方的冲突。老师经常在一个孩子或两个孩子都还很生气的时候，把他们叫到一起来解决问题。希望通过解决问题，孩子们能够冷静下来，并找到解决办法。不幸的是，这很少奏效，大人最终会过度帮助，并且代替他们沟通。几乎无法真正解决问题。

解决方案：使用由孩子们创建的积极暂停区，让他们有一个可以冷静下来并且重启大脑中解决问题的部分的地方。确保引导冲突解决过程的基本原则包括双方都必须冷静下来并且准备好解决问题。

2.错误的做法：仅仅依靠冲突解决模式来帮助孩子解决问题。大人用很多不同的方式来解决冲突。除了和对方直接谈谈我们的问题，我们还可以决定"让它过去"，和其他朋友待一会儿，做出补偿，冷静下来，和另一个朋友讨论这个问题，等等。想象一下，如果每次你和某人出现问题，你都使用冲突解决流程来解决，那得花多少时间啊。这一天就没有多少时间做其他事了！太多时候，冲突解决流程变成了教室里唯一的解决问题工具，而且这需要老师花大把的时间来协助这个过程。这就让他们无法观察，无法上课，也无法将孩子转移到富有成效的工作上。

解决方案：和你的学生一起制作一个选择轮（见第11章）。确保把和平桌或者"解决问题的4个步骤"纳入选项。选择轮也为老师提供了一个重新引导学生自行解决问题的具体方法。为了让选择轮发挥作用，学生需要先练习选择轮上的技能，这样在真正发生问题时才能够有效地使用这些技能。

3.错误的做法：没有教授和练习有效沟通的技能。当一个孩子与另一个孩子出现问题时，他们会很自然地使用指责的语言或者暗含指责的语言。这会让接收信息的孩子为自己辩解或者完全不听。这种循环一旦开始，就很难逆转，而且沟通也就此中断。为了有效地解决问题，重要的是双方都要为自己在该问题中扮演的角色承担责任。这只有在没有指责和辩解的沟通中才能实现。

解决方案：教给学龄前孩子运用"烦恼与愿望"，并让他们练习，教小学生和十几岁的孩子"我"句式，并让他们练习（见第13章）。此外，还要花时间教有效的非语言沟通技能。要确保对这些沟通技能进行角色扮演，让学生能够体验它们造成的影响。

4.错误的做法：没有教给学生有效的倾听技巧（针对中小学生）并进行练习。在冲突解决流程中，孩子们抱怨最多的是另一个孩子不听他们说话。学会倾听可以建立连接、开启真诚的沟通，并创造一个不受评判的环境——在这里，承担责任是安全的。有些孩子天生具备良好的倾听能力，但大多数孩子需要学习这些重要的优雅与礼仪技能。

解决方案：教给小学生和十几岁的孩子反射式倾听以及肢体语言的重要性。为了避免这些话语变得过于生硬，进而失去意义，可以让学生用自己的语言来角色扮演反射式倾听，而不是仅仅依赖范例。

让孩子们意识到肢体语言和非语言沟通的影响，对坦诚而有效的沟通和共同解决问题也是至关重要的。

· 目光接触

· 胳膊摆放的位置（两臂交叉或者放在身体两侧）

· 面部表情

- 身体姿态
- 空间
- 语气

5. **错误的做法：仅仅依赖一对一模式来解决人际冲突（针对小学生和十几岁的孩子）。** 随着孩子进入社会发展和公正感的敏感期，一些冲突更加复杂，而且很难用一对一的冲突解决方式来解决。以下是一些例子：

- 涉及两个以上孩子的冲突。
- 随着升班或者升级，冲突已经"恰如其分"地成为团体动力的一部分。
- 孩子们之间持续存在的通过一对一的冲突解决方式无法解决的冲突。

当这些局面存在，而且孩子们试图通过一对一的冲突解决方式来解决他们的问题时，其问题可能只是看起来得到了解决。学生们只是处理了冰山的一角，而问题的实质很可能并没有得到解决，因为并非所有涉事孩子都参与了问题的解决。随后，这个问题将以更激烈或者更复杂的方式呈现出来。

解决办法：把班会（第15~17章）作为孩子互相帮助解决冲突的途径。为了使其有效，班会必须是一个安全的所在，让孩子们能够坦率而诚实并承担起责任，而不必担心受到惩罚或者承担后果。学生们通过给予支持和专注于解决方案来互相帮助。班会如果每天召开是最有效的，这样孩子们每天都能练习关注那些他们列入议程的"真正"问题。

帮助孩子解决冲突的建议

在解决问题（而非包办）时，平等地支持每个孩子，需要练习、观察和良好的判断力。当然，良好的判断力源于犯错误并从这些错误中学习。以下是在帮助孩子解决冲突时需要考虑的一些建议：

- 确保双方都是平静的。如果他们没有冷静下来，那就推迟讨论，直到他们冷静下来。如果其中一个或两个孩子都开始"大脑盖子掀开"，不要害怕推迟正在进行的讨论。
- 在开始讨论前，要提醒两个孩子，他们每个人都会有发言机会，然后，询问他们是否都准备好了倾听彼此。
- 用不带评判的语言和语气。让孩子们处境相同！注意不要偏袒任何一方，即使你认为你知道发生了什么，尤其是如果其中一个孩子经常做出挑战行为的话。
- 要求孩子们直接对话，而不是对你说。如果他们开始跟你议论对方（以第三人称），可以通过要求他们直接对另一个孩子说，来重新引导孩子的行为。
- 如果孩子使用指责性话语，要重新引导他们使用"我"句式或者"烦恼与愿望"。
- 如果一个孩子不想做另一个孩子要求的事，可以征求两个孩子的想法，看看他们希望如何解决这个问题，并一起做决定。

问题讨论

1. 那些学会诚实说话、认真倾听，并且合作解决问题的孩子，可能会发展出哪些品格？
2. 如果孩子没有机会经常运用和练习解决问题技能，会发生什么？
3. 你在教室里尝试过哪些解决冲突的方法？哪些因素起作用？哪些因素不起作用？
4. 你在帮助孩子解决冲突时犯过什么错误？解释一下。
5. 和一位伙伴一起运用本章中的模式练习解决冲突。在解决问题过程中，你体验到了什么？你的感受是什么？你做了什么决定？
6. 作为大人，你是如何解决冲突的？这会对你教学生解决冲突的方法产生什么影响？

第15章

班会概述

> 蒙台梭利教室里有一种强烈的集体感，在那里，不同年龄的孩子在一种合作而非竞争的氛围里一起工作。
>
> ——玛利亚·蒙台梭利

> 民主氛围并不意味着无政府主义和娇纵；也不能通过控制来建立秩序。在一个民主社会里，自由和秩序都是必要的……
>
> ——鲁道夫·德雷克斯

如果我们在前几章讨论的工具是建立一个培养归属感、相互尊重与合作的集体这个轮子上的辐条，那么班会就是这个轮子的轮毂。和轮毂一样，班会既支撑着我们讨论过的其他工具，也被这些工具支撑着，而这又反过来支撑着整个集体。

很多蒙台梭利教室里都会举办圆圈活动或者会议，让学生和老师们一起解决问题；这个概念对你来说可能并不陌生。你可能已经发现，这些会议能强化你的班级。研究表明，当老师运用班会，学生们会发展出可以受益终生的社会技能，并创造出一个更有利于学习的和平环境。丹·加特雷尔（Dan

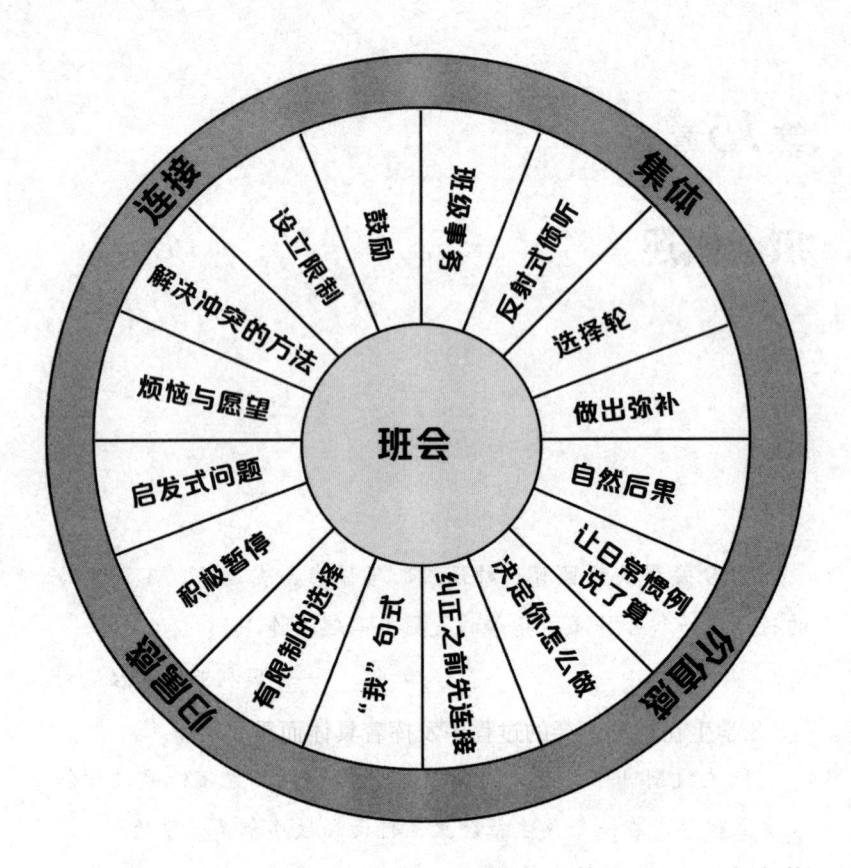

班会轮盘（外圈）：连接、集体、外貌着、自尊自信

班会轮盘（内圈）：班级事务、鼓励、设立限制、解决冲突的方法、烦恼与愿望、启发式问题、积极暂停、有限制的选择、"我"句式、纠正之前先连接、决定你怎么做、让日常惯例说了算、自然后果、做出弥补、选择轮、反射式倾听

中心：班会

Gartrell）是一位教授，也是一位作家，他发现，"班会能让孩子们成为一个学习集体中有贡献的公民，让他们共同努力以获得归属感，并培养个人责任感"。研究人员布霍尔茨（Bucholz）和谢夫勒（Sheffler）发现，班会是创造一个温暖而包容的教室环境的重要组成部分，在这里，孩子们练习亲社会技能，而且攻击行为明显减少了。在土耳其进行的一项研究发现，民主的课堂环境被证明对学生发展批判性思维产生了显著的影响。

接下来的几章中概述的正面管教班会的具体流程，可能与你目前进行的圆圈活动和会议有点不同，而且它将帮助你改变你赋予学生力量的方式，解决你的班级里一些最难应对的挑战。班会程式旨在培养一种深刻的相互尊重与合作的意识，并教给孩子们受益终生的解决问题技能和沟通技能。那些采用班会的老师和学生将从几十年来这个民主流程积累的经验中获益。我们真诚地相信，如果全世界每间教室都召开正面管教班会，从中学到的技能将会传播出去，并对世界和平产生持久的影响。

班会与其他集体解决问题的方法或团体会议的不同体现在五个方面：

1. 正面管教班会旨在帮助培养远远超出教室范畴的重要的社会和人生技能。
2. 班会的议程由班集体制订。学生和老师都可以将议题列入议程。
3. 学生在推动班会的过程中发挥着具体而重要的作用。
4. 全班同学都参与解决问题，即使他们并没有直接涉及所讨论的问题。那些没有直接涉及问题的人可以提供观点，给予支持，并通过帮助他人来学习。
5. （班会的）特定形式提供了组织结构、自由的表达和有效的支持，营造了一个让学生在班集体中体验归属感和价值感的环境。

班会应用实例：学龄前孩子

玛莎已经教了5年书，在这期间的大部分时间里，班会一直是她教室的一部分。孩子们已经非常擅长在班会上解决问题。一天，4岁的阿玛丽把一个问题列入班会议程。当轮到她时，她说:"我经常吃不到加餐,因为加餐区总是有孩子们。我不喜欢等,所以我会去找工作做。有时候,我会吃不到加餐,因为当我回来时,加餐已经被吃光了。我希望我们能找到一个让每个人都能吃到加餐的办法。"

玛莎询问大家是否有人也遇到过类似的问题,大概有一半的孩子举起了手。然后,她问是否还有人曾在加餐区等了很长时间,很多孩子都举起了手。接下来,孩子们花时间进行头脑风暴,以便想出这个问题的解决办法。

5岁的萨姆建议,学生们可以在教室里任意一张桌子上吃加餐,而不是在指定的加餐桌上吃。这样,孩子们就可以在饿了的时候吃,而不用等待加餐桌有空位。尽管还提出来很多其他的解决方案,但这个解决方案是全班(通过简单投票)选定的。玛莎接下来问孩子们,如果学生们可以在任意一张桌子上吃东西,那怎么能确保教室整洁干净呢?一个孩子回答说:"我们可以用午餐时的清洁工具来自己清理。"

玛莎愿意试试,但她持怀疑态度。加餐难题对她来说并不是什么新鲜事;在过去的5年里,她一直在努力解决类似的问题。然而,当孩子们开始新的加餐惯例,而且玛莎观察到一些奇妙的改变后,她的怀疑迅速消失了。孩子们不再排队等待吃加餐,留下的垃圾少了,而且很多发生在加餐区的冲突消失了。6年后,玛莎仍然在沿用萨姆的想法来管理加餐。这个办法太成功了,以至于学校里的其他学前班也采用了这个做法。这个方法帮助了其他的老师和孩子。玛莎在这个问题上纠结了5年,而一群学前班的孩子们只花了大概10分钟时间就解决了!萨姆和他的同学们对于他们为学校做的贡献会有什么感受呢?

班会应用实例：小学生

在了解班会流程前，小学低年级老师安娜每周五都会和学生们召开集体会议，解决她本周在教室里观察到的问题。全班同学会就一个或几个问题展开讨论，并提出一些想法和解决方案。这些会议很有帮助，但长期来讲并不是非常有效。安娜参加了一个"学校里的正面管教"工作坊，并了解了正面管教的班会流程。她被这种组织结构吸引，但又担心找不到时间这么频繁地召开班会。她一开始每周召开三次班会，而且很快就注意到了其巨大作用。仅仅几周后，学生们就开始用她一直以来努力倡导的方式主动承担起了教室里的责任。他们互相帮助的情况也开始多了起来。当事情进展不顺利时，孩子们好像更关心了，而且觉得有能力帮助解决问题。

在开始召开班会几个月之后，7岁的拉吉夫开始表现出一些令人不安的行为。他在行动和言语上都很有攻击性，而且在学校里和玩耍聚会时伤害其他孩子。他威胁其他孩子，包括告诉孩子们，一旦他们告发他，他就会杀死他们的父母。孩子们被吓坏了，父母们自然也变得非常担心和愤怒。

拉吉夫的一位同学把这个问题列入了班会议程。当孩子们谈论他的行为时，显然他们对于这个问题得以曝光松了一口气。由于孩子们练习召开班会已经有几个月的时间，他们感到很自在，可以坦诚而尊重地谈论自己的感受。他们甚至表达了对拉吉夫的关心。拉吉夫说，他觉得没人喜欢他。他说他在学校里一个真正的朋友也没有，而且他不再被邀请参加玩耍聚会或者生日派对。

在全班开始解决问题之前，安娜提醒大家："没有人会在班会上'惹上麻烦'。我们互相帮助来解决问题。"于是，学生们开始做头脑风暴，寻找解决方案。他们想出了很多主意：看到有人受到伤害时该怎么做，如何支持每一位相关的人，以及当有人伤害你时，如何维护自己的利益；他们还分享了一些帮助拉吉夫交朋友和帮助他感觉被接纳的主意。然后，他们一起决定要尝试的解决方案，并且在班会上进行了练习。不到两周，拉吉夫的霸凌行为几乎完全消失了。事实上，拉吉夫甚至还交到了一个新朋友（现在他们都已经大学毕业，依然是朋友）。安娜说："孩子们太自豪了，他们帮助解决了这个问题。事实上，我自己都不可能办到。孩子们不知道的是，他们帮助拉吉夫留在了我们学校。在我们开班会的那天早上，校长通知我说，他正准备和拉吉夫的父母见面，讨论开除拉吉夫的问题。"

班会的好处

班会是民主教室的核心，而且一旦它成为你的班级文化的一部分，你会奇怪以前没有它的时候你是怎么上课的。以下是班会的11个好处。

1.它构建了集体感与连接。

当全班学生聚在一起互相帮助时，他们会自然而然地发展出社会兴趣并认为这是自己的班级。他们彼此间的连接不断增强，而且相互关心会成为班级文化。

2.它构建了合作和"认同"。

由于学生参与了决策过程，他们对解决方案的接纳程度要比大人解决了问题然后向全班同学推广的解决方案高得多。简单来讲，参与=合作。

3.它建构了共同解决问题和管理教室的责任。

想象一下，作为一名老师，用不着自己解决教室里的所有问题，那该多么轻松。如果一间教室里有24个孩子和2个大人，那么就有26个有解决问题能力的人，每个人对于问题都有不同的看法。此外，当孩子参与解决问题，他们还会自然地将他们帮忙想出来的那些解决方案坚持到底。

4.它提供了老师即使通过认真观察也永远不可能拥有的洞察力。

你有没有遇到父母来向你反映你的教室里发生的一件事情或者交往动态，而你并不知道的情况？这可能让人有点尴尬。这种情况在年龄较大的孩子身上尤为常见，因为他们和大人的交流较少，和同伴的交流更多。班会提供了促进公开交流的时间、地点和流程，还提供了一个安全的环境，让学生们能坦诚地分享自己在学业和人际交往方面遇到的困难。当小学生和十几岁的孩子体验到在班会上没有人会陷入麻烦，而且关注的是解决方案而不是指责时，就会开始信任班会程序。当信任建立起来，老师就会成为第一个听到问题的大人，而且他们可以把这些信息（视情况而定）连带解决方案带给父母们。

5.它培养了共情能力。

在班会上，孩子们有机会听到其他学生的困扰和看法。他们会了解到，他们在自己的问题上并不孤单，而且不是每一个人都用同一种方式看待问题，也不是每一个人都对他们的经历有着相同的感受。他们还了解到,人们的行为是如何互相影响的,无论是积极的还是消极的。坦率而真诚的沟通会打开一扇走进对方心灵的窗户,并培养一种帮助他人的愿望。

6.它培养了沟通技巧。

在班会上,学生们学会了用鼓励他人倾听自己的方式进行沟通。他们还学会了非语言沟通,以及如何在一个集体环境中坦诚、直接、尊重地互相交谈。学生们还练习倾听技巧,以及如何真正聆听他人的观点。由于在班会上没人会陷入麻烦,学生们会学会专注于解决方案而非指责,因此会从双赢的角度沟通和工作。

7.它培养了解决问题技能。

"我们帮助孩子发展解决问题的技能。"这句话说起来是那么容易。这类说法总是在学校的宣传资料中使用。但现实中,我们如何实现这一点呢?班会提供了一个完美的完备的环境。孩子们学习以建设性的方式寻求帮助,并从同伴和老师那里获得解决问题的帮助。即使那些只是观察班会流程的孩子,也会在观看别人解决问题的过程中学到宝贵的解决问题技能。

8.它为承担个人责任创造了安全的环境。

当班级文化是专注于解决方案而非指责时,学生们会自然而然地承担起自己在问题中的那部分责任,这会让问题更容易解决。如果相关人员拒绝承担责任,解决问题就几乎是不可能的。在对问题的起因缺乏共识的情况下,我们怎么能找到有效的解决方案,并且从根本上解决问题呢?

我(奇普)最喜欢的一个在班会上承担责任的故事,发生在我的一个小学一年级班里。梅布尔说她感到很伤心，因为她在操场上被人嘲笑了。等到了班里其他同学讨论这个问题时，那3个嘲笑过她的学生分别承认她们就是嘲笑梅布尔的人，并且在之后向她道了歉。她们看到她是那么伤心。梅布尔也敞开心扉并且承担起责任。她承认，当她想花更多时间和三个女孩中的一个或两个在一起时，她总是排斥另一个女孩。全班同学都参与了解决问题的过程，但由于孩子们都坦承了自己在问题中的角色，解决方案不言而喻。这三个女孩不再嘲笑梅布尔，梅布尔也选择在户外玩耍时让每个女孩都参与。学生们能够承担起责任，因为在班会上这样做是安全的。大家都体验过班会流程，而且他们相信即使在交往方面犯了错也不会惹上麻烦。这并非是个一蹴而就的过程，但是，看到孩子们在一个非惩罚的环境中承担责任，并真正解决自己的问题，是一种很震撼的体验。

9.它创建了一个环境，让犯错误成为学习的机会。

每次班会上，在讨论议程内容之前，全班会回顾过去的问题，以便看看所选的解决方案是否起作用。如果选择的解决方案不起作用，遇到该问题的人或全班同学可以选择一个不同的解决方案，或者重新列入议程。通过这种方式，全班可以评估什么起作用，什么不起作用，以及为什么：错误变成了学习的机会。

在一个把错误看作（并且体验到）学习机会的环境中，会有一种充满创造力、合作精神和关注共同利益的氛围。追求完美的压力消失了，在合作氛围中互相帮助的自由成为团体的动力。

10.它提供了一个自然的积极暂停。

当孩子们把一个话题放在班会议程上时，他们可以放心自己的问题会得到解决，他们会被倾听，同时会得到所在班级的支持。列入班会议程的问题一般不会在列入议程当天被讨论；这就提供了一个自然的冷静期。有时候，仅仅把问题写上去并且知道它将得到解决，就足以帮助一个孩子冷静下来，重新获得自我调节和独立解决问题能力。在这些情况下，当问题在班会上被提出来时，这个孩子往往会说："我自己已经解决了这个问题。"成功！

11.它培养和教给孩子们领导力。

蒙台梭利教师面临的一个挑战是培养第三年学生的领导力。每一年的局面都不同。有时候，一群第三年的学生似乎都是软弱无力的领导者；他们很被动，或者他们无法树立好榜样。还有时候，第三年的学生们可能会变成消极的领导者，让整个班级陷入混乱和不良行为之中。而其他学年，你足够幸运的话，会有一群天生强大的第三年领导者，那些学年就好极了。

一位老师愤怒地说："我以为只要我把课上好，把环境准备好，第三学年的学生就能自然而然地成为领导者，并帮助那些年龄较小的学生。这点在培训的时候听上去很美。但我经常发现自己在对着这些年龄最大的学生们说教，'做一个好的领导者！'或者'树立一个好榜样！'这太让人沮丧了，因为他们确实树立了榜样——只不过是错误的榜样。"

大多数蒙台梭利教师都希望，完备的环境和三年混龄会自然而然地让年龄较大的学生成长为和善、平等的领导者。然而，事情并非总是如此，因为领导技能就像其他社会技能一样：它们必须被习得。当班会成为班级文化的一部分，孩子们就有时间、组织结构和训练，在三年的周期内学会这些技能。

问题讨论

1. 你的班级目前是如何集体解决问题的？
2. 你发现你目前的方法有什么困难？
3. 你用目前的方法取得了哪些成功？
4. 如果上级或主管在没有征得团队意见的情况下推出一个新的校级决定或计划，你会有什么感觉？
5. 作为孩子，你的生活中是否有一位大人（父母、老师、家庭成员、教练等）让你适当地参与那些对你有影响的决定？在那个人的面前，或那样的环境中，你有什么感受？
6. 通过参加班会，孩子们可能会学到哪些人生技能？
7. 你是否曾让学生为你遇到的问题思考解决方案，并帮助解决了该问题？请解释。

第16章

学龄前孩子的班会

　　如果我们是渴望和平的善良之人，就必须通过为孩子的社交世界努力，亲自为和平打下基础。

　　　　　　　　——玛利亚·蒙台梭利和马里奥·蒙台梭利[1]

　　由于孩子是一个社会人，他最强烈的动机是对归属的渴望……这是他的基本需求。他做的一切都是为了找到自己的位置。

　　　　　　　　　　　　　——鲁道夫·德雷克斯

　　玛丽在学校里很难交到朋友。她会强行介入一个情形，并惹恼其他孩子。一天早上，在被告知她将不被邀请参加另一个孩子的生日聚会后，玛丽哭了起来，并跑去找她的老师卡拉。卡拉安慰了她。在玛丽平静下来后，卡拉问她是否愿意在班会上向全班同学寻求帮助，玛丽说她愿意。在班会上，玛丽说她在交朋友方面遇到了困难，而且没有人喜欢她。卡拉向全班同学征求帮助玛丽的主意，孩子们踊跃地进行了头脑风暴。一个

---

[1] 马里奥·蒙台梭利是玛利亚·蒙台梭利的独子。——译者注

孩子提出要和玛丽一起吃午饭；另一个孩子建议她要友好地请求别人和她一起玩或一起工作；还有一个孩子建议她与朋友交谈时要用友好的语言。玛丽选择了友好地请求和别的孩子一起工作或玩耍。那天下午，卡拉观察到玛丽向一群孩子询问是否能和他们一起玩。他们同意了。

为什么在班会之后，孩子们对玛丽比以前更友好？

1. 在一个结构化的群体环境里——孩子们在这里学习社会和情感技能——寻求帮助，能引发共情，特别是当他们可以在一个"真实"（而非虚构）的情形里练习这些技能时。
2. 班会的召开，是为了让孩子们互相"帮助"。科学研究已经证明，受到鼓励后，人们会自然而然地想要帮助他人（利他主义）。
3. 当孩子们被正式地教授和鼓励来发展他们天生的专注于解决问题的渴望时，他们会感觉被赋予了力量，就像他们必须被教授和支持来发展他们天生的学习语言的渴望一样。

学龄前班会的直接目的，是创建一种社会-情感环境，通过社会兴趣和服务他人（孩子帮助孩子）来培养归属感和价值感。这包括解决问题能力、健全的判断力、共情能力，以及其他的社会-情感技能。

在第3章，我们发现了不良行为的根源：一个行为不良的孩子是一个丧失信心的孩子。孩子们在寻找归属感和价值感，但却经常遇到困难，因为他们才刚开始学习基本的社会技能，包括如何交朋友以及如何成为集体的一员。班会的结构使之可以直接和间接地教给孩子们优雅与礼仪的技能。班会无法消除不良行为或者错误，但会创造一种归属感、价值感和连接，并提供机会练习社会-情感技能，从而减少不良行为。班会还可以促进合作与相互尊重，因为孩子们参与了解决问题。

班会在混龄班中的优势

蒙台梭利教室的混龄班提供了一个独特的、大多数学龄前教室所不具备的机会：年龄较大的孩子可以帮助年龄较小的孩子，并且为其做出榜样。五六岁的孩子已经开始发展推理能力。他们比年龄较小的同伴掌握了更多的语言和技能，而且有些孩子已经进入社会化的敏感期。年龄较小的学生密切关注着他们，并听从他们的引导。

一旦班会成为班级文化的一部分，你会发现年龄较大的学生变成了优秀的问题解决者，而且更愿意发挥积极的领导角色。正如第15章所讨论的，班会的一大好处是，它为年龄较大的孩子提供了一个具体的结构，来发展其建设性的领导技能。这在第三年的学生没能自然而然地发挥领导者角色的那些年尤其有帮助。正如鲁道夫·德雷克斯所说："孩子们需要被教导如何成为有效的领导者。"

学龄前孩子的班会解决的问题种类

在班会上，孩子们通过互相帮助解决问题来培养连接感，学习人际关系和领导技能。在学前班会上可以解决两种类型的问题：个人问题和影响整个集体的问题。

个人问题指的是特定的孩子所遇到的问题。例如，一个孩子可能在外出活动时间穿户外装备时遇到困难，或者一个孩子（比如玛丽）可能在交朋友方面遇到问题。在班会上，孩子可以请同学们帮助自己解决问题。正如你可以想象的那样，其他孩子都很乐意帮忙。几乎没有问题是大部分孩子没有经历过的，所以解决这些问题能帮助教室里的每个人。

影响整个集体的问题通常与日常惯例、基本规则或者整个班级遵循的流程有关。例如，在工作周期教室里太吵，孩子们没把自己的工作收好，或者吃加餐的时间太长。在班会上，学生和老师都可以提出影响整个班级的问题。解决集体问题有助于孩子们形成价值感，因为他们知道自己的贡献对班级是有影响的。

学龄前孩子的班会程式

学龄前孩子的班会简短而温馨。它们在积极的氛围中开始，中间是共同解决问题环节，并在积极的氛围中结束。班会有四个部分：首先，学生们花时间互相鼓励和感谢，从而培养一种连接感。然后是检查上一次班会上的问题的解决方案，接着是一个简短的共同解决问题环节，在这个环节孩子们互相帮助。会议持续约10分钟，最后以一个连接活动结束。

1. 致谢和感激
2. 跟进上一次班会的解决方案
3. 议程内容
   - 分享问题，其他人倾听
   - 认可感受
   - 一起用头脑风暴想出解决方案
4. 连接活动

致谢和感激

在班会的这个部分，孩子们会花时间来感谢同学们的贡献。这是一个特别时刻，孩子们学习如何互相鼓励以及给予和接受致谢，并且开始意识到每个人对集体有多么重要。对于年龄最小的学生，用简单的语言描述什么是致谢和感激是很有帮助的。例如："我们今天要花时间对我们的朋友们说谢谢，或者告诉他们我们感激他们的一些事。"老师随后会在圆圈内传递一个发言棒。当发言棒传到一个孩子那里，就轮到他发言。他可以致谢或表达感激，或者选择说"过"，如果愿意的话。当孩子说了致谢或感激（或者说"过"）之后，要把发言棒传给身旁的人。这样继续下去，直到每个人都有机会分享。以下是孩子们在班会的这个环节发言的一些例子：

乔娜尔，谢谢你今天和我一起工作。
特丽莎，谢谢你帮我穿鞋。
多里安，你真的很会搭乐高堡垒。

孩子们第一次学习说致谢和感激时，可能会说诸如"一郎，我真的很喜欢你闪闪发光的裤子"之类的话。这在学习阶段是可以的。但是，随着孩子们年龄的增长，你可以教他们"更高层次"的致谢——感谢他人为自我提升或者有所贡献所做的事。

年龄最小的学生也许不能马上理解致谢和感激的目的或者概念。你可能会听到这样的话语：

我们要养一只新的小狗。
妈妈的生日是今天。
我想夸夸我的弟弟真可爱。

当这种情况发生时，你可以简单地微笑并且感谢孩子的分享，以便他们为自己做出了贡献而感到高兴。到了学年中期，大多数年龄较小的孩子会开始说出更直接、更有意义和更相关的致谢和感激。教孩子先说出他们所要称呼的孩子的名字，有助于他们直接表达致谢和感激。

在介绍班会的这个部分时，老师可以展示如何优雅地接受致谢。当孩子收到致谢时，他们只需说："谢谢。"这是我们很多成年人仍然难以掌握的一项社会技能！

跟进上一次班会的解决方案

接下来，老师会检查近期问题的解决方案是否起作用。如果不起作用，就把它们再次放回到议程上进行解决。如果起作用，老师通常会说一句简短的鼓励的话语。"我们很努力地寻找解决这个问题的办法，而且我们一起把它解决了！"这种简短的话语能帮助老师和学生们记住，犯错误是学习的机会，以及一起解决问题是多么有效。

议程内容

在班会的第三部分，孩子们有机会就个人问题或者影响整个集体的问题寻求帮助。议程是在上学的日子里编写的。当孩子们有一个问题想要列入议程时，老师会把它记录下来。议程内容按照列入议程的顺序进行处理（最早的问题最先处理）。老师从议程中选择下一项内容，并询问孩子是否愿意分享他们的问题以及他们有什么感受。

孩子分享他们的问题，大家给出解决问题的建议。如果是一个个人问题，解决方案将交给寻求帮助的学生。如果问题影响到整个班级，全班都有机会投票来决定解决方案。每次班会的时间通常够解决一个问题。学龄前孩子的班会要简短而温馨。

学龄前孩子的班会的直接目的，是给孩子们一个机会，让他们从集体中获得和接受帮助，同时培养归属感和价值感。间接目的是真正解决问题（年龄较小的孩子能够学会成为一个不可思议的解决问题能手）。

我们来看两个例子。第一个是个人问题，第二个是影响整个班级的问题。

个人问题

（1）分享问题，其他人倾听。

老师从议程上选择下一个问题。这是丹妮尔的问题：麦迪选择尼古拉斯作为工作伙伴，而没有选择她。当选择解决方案时，丹妮尔要选一个她认为最有效的方案。

老师：丹妮尔，议程上的下一个是你的问题。你还想得到全班同学的帮助吗？

丹妮尔：是的。

老师：你能用"烦恼与愿望"来告诉我们你的问题吗？

丹妮尔：我不喜欢麦迪在和我一起工作时离开并和尼古拉斯一起工作。尼古拉斯说我不能和他们一起工作，因为那是张两人桌。我希望能和他们两个人一起工作。

（2）**认可**。这个环节，老师通常会提两个问题，为孩子们提供认可和看问题的视角。每个问题仅需举手就能回答。首先，老师问是否有人也遇到过这个问题或类似的问题；然后，问是否有人造成过这个问题或类似的问题。

老师：当你想和朋友一起工作时，他们却选择和别人一起工作，有人遇到过这种情况吗？

大多数孩子都会举起手来，给予请求帮助的孩子认可。

老师：有人曾经一直和朋友一起工作，然后决定想要和别人一起工作？

同样，大多数孩子会举手，这会让其他孩子知道他们并不孤单。这一步很重要，因为它让孩子们感觉在班会上承担责任是安全的。大多数孩子的感情和身体都曾被人伤害过，大多数孩子也曾伤害过别人的感情或身体。犯错误没关系，我们就是这样学习的！

（3）**一起用头脑风暴想出解决方案**。接下来，老师向大家征求有助于解决问题的主意。孩子们喜欢帮助解决问题，而且通常都渴望参与。可以在圆圈内传递一个发言棒来收集主意，这样每个孩子都有机会发言，还能让那些沉默寡言的孩子有机会做出贡献。如果发言棒传递一圈太耗时，寻求特定数量的主意是保持会议简短的一个有帮助的方法（记住，要简短而温馨）。在孩子们分享了他们的想法之后，老师向那个寻求帮助的孩子重述这些建议，并请他选择一个来尝试。

在重述建议时，年龄较小的孩子往往会选择最后说的那条，因为那是他们记得住的。所以，当你给年龄较小的孩子重述建议时，可以考虑将你觉得最有效的建议放在最后说。

老师：我想问问大家有什么主意可以帮助丹妮尔。谁有主意要分享？

马可：你可以问问老师，能不能搬把椅子，把它变成三人桌。

拉齐亚：你可以找别人一起工作。我可以和你一起工作。

约翰：你可以告诉你妈妈。

老师：丹妮尔，你想尝试哪条建议？你是想征求父母的意见，找别人一起工作，还是问老师你能不能搬一把椅子过来？

丹妮尔：我会问问老师能不能搬把椅子过来。

老师：丹妮尔，谢谢你让我们帮助你解决这个问题。我们会在下一次班会上跟你核实，看看这个解决方案有没有起作用。

如果还有时间，你可以邀请另一位需要帮助的学生。

集体问题

（1）**分享问题，其他人倾听**。影响整个班集体的问题的解决方式与解决个人问题的解决方式相同，除了全班投票选出他们认为最有帮助的解决方案之外。萨曼莎把一个问题列入了议程。她注意到，在上午的工作周期里，教室里变得非常吵闹。

老师：在今天的议程上，萨曼莎有一个问题。萨曼莎，看来你遇到了在工作周期里教室太吵闹的问题。你愿意用"烦恼与愿望"来跟我们说说这个问题吗？

萨曼莎：是的，我不喜欢大家都很吵闹。我在数金珠的时候，都忘了数到哪儿了。我希望能安静一些，这样我才能集中精力。

（2）**认可**。老师同样会问两个问题，来为问题涉及的各方——遇到问题的人和造成问题的人，提供认可。和之前一样，孩子们举手就能回答。

老师：有多少孩子因为工作周期太吵而感到沮丧？
老师：有多少孩子在工作周期可能有点太吵闹了？

（3）**一起用头脑风暴想出解决方案**。这个时候，老师要求全班同学想出如何解决这个问题的主意。当孩子们提建议时，大人要把这些主意写在黑板上，让孩子们看到（即使他们还不识字）。在圈内传递一个发言棒，让每个人都有机会参与。虽然给所有的孩子一个做贡献的机会是目标，但如果将发言棒传递一圈太耗时，可以要求特定数量的建议作为让会议保持简短和温馨的一个方法。在写下建议后，老师读出这些主意，并要求孩子们考虑他们认为哪个解决方案最有效。接下来老师再次读出每条建议，并进行投票。

老师：我们能提出一些建议来帮助解决这个问题吗？谁能想出一个可以让教室更加安静的主意？

耶利米：我认为我们应该挂一个标语，上面写"请保持安静"。

莉莉：我们可以设一个"噪音监督员"的工作。他们帮忙确保大家都知道要保持安静。我可以帮忙。

艾萨克：我们可以用一个手势来要求朋友们安静一些。

马修：我们可以告诉老师，如果太吵了的话。

波奇：我的小狗总是很吵。

黑兹尔：在我哥哥班里，他们会把灯关上再打开，来要求所有人保持安静。

老师：谢谢你们的想法。我要读一下这些建议。在我给你们读的过程中，请想一想你们认为哪一个最有效。读完这些建议后，我会再慢慢地读一遍，而且我们将进行投票。

好了，这些主意是：我们可以用一个特别的手势来请朋友们更安静一些；我们可以快速地开灯和关灯，来要求朋友们保持安静；我们可以告诉老师；我们可以挂一个牌子，上面写"请保持安静"；或者我们可以有一个"噪音监督员"。

你们准备好投票了吗？有多少人认为我们应该有一个特别的手势来请朋友们保持安静？有多少人认为我们应该快速关灯和开灯，来请朋友们保持安静？有多少人认为应该告诉老师？有多少人认为我们应该挂个牌子，上面写"请保持安静"？有多少人认为我们应该有个"噪音监督员"？

老师统计票数，然后分享集体选定的解决方案。

老师：好的，看来我们要尝试用一个特别的手势来请朋友们保持安静。在圆圈活动里我们用的是和平信号（用食指和中指做一个"V"）。如果你们想用这个信号，就请举手。我们明天就开始吧。谢谢大家，谢谢你们的帮助。

很多年龄较小的孩子没有能力记住所有的建议，特别是在学年刚开始的时候。这没关系。班会的直接目的是通过给孩子们一个做贡献的机会，来创造一个有归属感和价值感的环境。解决问题的技能在这样的环境里将自然而然地培养出来，而且年龄较小的孩子们将开始理解投票过程，因为年龄稍大的伙伴为他们示范了这种技能。

简要说明：提出来的解决方案的阅读顺序将影响哪些方案被选中。在解决一个群体问题时，可以考虑首先宣读那些你认为最有效的建议。年龄较小的孩子迫不及待地想参与和投票，所以他们大多会投给你读出的第一条建议。（你还会发现，很多孩子会投票支持不止一个解决方案，有时会投给所有的解决方案）。在解决个人问题时，可以考虑最后读最有效的那个解决方案，因为年龄较小的孩子通常会重复老师最后读出的解决方案。

连接活动

学龄前孩子班会的最后一部分是一个简短的连接活动。如果你的班级比较活跃，那非常适合玩"西蒙说""小狗狗"或"博物馆标签"等简单有趣的小游戏。你也可以用一首歌或者阅读一本书来结束。要让它有趣，且让人期待，以便班会在连接中开始，并在连接中结束。

有效班会的建议

时长、频率和时机

学龄前孩子的班会应简短而温馨，持续10~12分钟。这对于年龄最小的孩子来说是一个合理的时间，他们可以坐下来并参与对话。幸运的是，学龄前学生的话语通常都很简短而且直接，这有助于班会的开展。

如果可能的话，每天在学龄前教室里召开班会是很有帮助的。因为这个年龄段的孩子仍然活在"当下"，尽可能快地解决问题有助于让解决问题流程和他们建立关联。如果你做不到每天开班会，那至少每周开3次班会将有助于孩子们学习与班会相关的惯例和技能。定期召开班会的另一个理由是，孩子们真的很喜欢这些会议！

如果日程安排允许的话，一天当中召开班会的理想时间是在三小时工作周期快要结束时。这样，那些中午回家的孩子也有机会参加会议。

班会节奏的一个例子

是的，班会的每个部分都需要做很多解释。你如何才能在与孩子们的发展阶段相适应的时间长度里完成这一切呢？稍加练习，这会比你想象得更容易。下面是一个学龄前班会的节奏示例。

（1）致谢和感激（4分钟）

（2）跟进先前的解决方案（1分钟）

（3）议程内容（5分钟）

（4）连接活动（根据你的班级情况，时间可长可短）

议 程

在学龄前孩子的班会上，孩子们一整天都可以把他们的问题列入议程。以下是一些可能被列入议程的问题：

- 大家吃加餐时间太长了。
- 迪伦打我。
- 有人在工作毯上走。
- 我被推下滑梯。
- 加餐不够吃。
- 朋友说我不能参加她的生日聚会。

学龄前教室里的议程通常被展示在孩子们容易看到的地方。由于很多学龄前孩子还不会写字，老师会替他们把问题写在议程上。很多老师用夹板和纸张来保存议程。当然，也欢迎那些会写字的学生写下他们自己的问题。孩子们把自己的问题放到议程上，这也提供了一个自然的冷静期。当问题在班会上被提及时，孩子们已经自己解决了的情况并不少见。这种情况发生时，一定要对孩子解决自己的问题表示鼓励。

使用发言棒

发言棒用来表明轮到谁发言。有些班级使用小的毛绒动物、装饰过的一根小木棒或者一个小的贵重物件来充当发言棒。（要避免使用大的毛绒动物，因为小孩子往往会把自己的脸往上蹭，从而传播大量细菌）。拿着发言棒的孩子拥有发言权。通常情况下，在孩子们分享的过程中，发言棒会在圆圈内传递，以便每个人都有机会发言。对于没有发言棒的学生来说，这也是一个提示，让他们在那些有发言棒的人说话时倾听。

做记录

大人把班会上提出和选择的建议记录下来很有帮助。大多数班级都使用一个专门的记事本来记录提出的解决方案。在每次班会开始时，老师会回顾上一周的问题解决情况。这让孩子们有机会回顾他们的问题解决方案，来看看它们是否起作用。如果一个解决方案不起作用，问题涉及的学生或者全班同学可以把它放回到议程上进行更多讨论。对之前不起作用的解决方案的"研究"，能帮助他们想出另一个可能起作用的解决方案。

围成圆圈

与蒙台梭利班级里所有的小组聚会一样，学龄前孩子的班会也以圆圈形式进行。这会给每个人看到彼此的机会，从而促进坦率而直接的交流，并创造一个平等和民主的氛围。没有谁有荣誉席位，而且圆圈里的每个人都被鼓励参与。两岁半和3岁的新生在开学之初可能需要一些练习才能围坐在圆圈里，因为围坐本身就是一种技能。

沟通技能

只要有可能，就要鼓励孩子们在班会上分享自己的问题时使用"烦恼与愿望"（第13章）。这有助于促进积极沟通，并帮助其他孩子以开放的心态倾听发言者。

我没有机会使用新的浇筑工具让我感到烦恼。我希望今天下午能用上它。

引入班会

可以想象，如果你在学年伊始就开始引入班会，那你需要慢慢来。9月份，当你试图举行圆圈活动时，可能会有几个年幼的学龄前孩子在地上打滚。不要担心，这种情况每年都有。

当班上大多数孩子都能坐着完成一个简短的圆圈活动后，就可以引入班会了。给学龄前的孩子引入班会最好的方法是一步一步来。先示范如何进行班会的每个部分，然后给大家时间练习。下面这个日程安排示例可能会有帮助。

- 9月（或学年的第1个月）：介绍致谢和感激，并且做一个连接活动。每天练习。
- 10月上半月（或学年的第2个月）：介绍个人问题的议程内容。从模拟问题开始，然后在全班准备好后开始解决真实的问题。
- 11月上半月（或学年的第3个月）：介绍影响整个班级的问题的议程内容。同样，从模拟问题开始，然后在全班准备好后开始解决真实问题。

你会发现，像这样的时间表在第一年会很有效，具体取决于你教室里孩子们的准备程度。当班会成为你们班级文化的一部分，每年引入班会的时间会缩短。经过两年的班会实践，你的班里可能已经有一半以上的学生有了至少一整年的班会经验，而且那些第二年和第三年的学生将以身作则，起到示范的作用。

学龄前孩子的班会：问与答

1.每天我都有其他的圆圈活动或者会议。再加一次班会好像太多了。我应该都进行吗？

正面管教班会与其他圆圈活动或会议不同。大多数圆圈活动是由老师发起的；老师介绍"主题"并引导讨论，学生可能参与，也可能不参与。

正面管教班会是由学生发起的。换句话说，孩子们被教给关注自己每天看到的"好"的东西，并且在班会时间分享致谢。他们通过添加那些自己担忧的问题（老师偶尔也会添加一些）来创建议程。孩子们一起用头脑风暴想出解决方案，并选择对他们最管用的方案。很多社会-情感技能都可以在正面管教班会上练习。

2.班会真的有必要每天开吗？

孩子们仅仅通过零星练习就能学会任何技能吗？班会在持续而频繁地举行的情况下最有效。作为班级文化的一部分，班会可以培养社会-情感独立性以及归属感和价值感，进而减少不良行为，并促进正常化。因此，班会减少了老师花在处理富有挑战性的行为上的时间。大多数蒙台梭利老师很快就会明白，学生们在班会上练习的技能和他们能学习的任何其他科目一样重要（如果不是更重要的话）。

在安排班会时，要花点时间评估你每天进行的圆圈活动的次数，以及它们的效果如何。以班级为单位开会并没有错；通过参与集体活动可以学习很多重要技能。然而，由于学龄前教室里的孩子们需要行动的自由和独立，并且经由具体的体验来学习，因此，尽最大可能减少圆圈活动时间，并尽最大可能增加独立活动时间非常重要。

在我（奇普）的学校里，我们强烈感觉到班会是准备社会-情感环境的一个关键因素，然而，我们很难在日程安排中找出时间。我们考虑了学龄前教室一天所举行的圆圈活动次数，以及我们在这些圆圈活动里都做了什么。我们发现，一些圆圈活动并不是很有成效，而且已经在无意中成为班级文化的一部分。例如，我们争论过把月历介绍给学龄前孩子的效果。小孩子们真的理解以30天为周期的时间标识吗？我们的结论是，他们不理解，而且从发展的角度来看，时间的概念更适合小学教室。我们还得出结论，生活实践课如果是单独呈现给孩子们，而不是在群体中呈现时，效果最好。

通过在蒙台梭利教育理念的背景下审视我们的圆圈活动，我们发现，我们有很多时间召开班会。最后，孩子们变得更加独立，长期的不良行为的发生次数减少了，而且老师们也有更多时间来上课和促进正常化。

3.3岁的孩子参加班会是不是太小了？

在学年伊始，很多年龄较小的孩子只是跟随或者观察班会，直到他们在发展方面做好准备，并体验过这个流程。这些年龄较小的孩子刚刚开始发展推理和解决问题能力。然而，解决问题是班会的间接目的。学龄前班会的直接目的，是创造一种社会-情感环境，来培养孩子的归属感（爱）和价值感（责任），进而减少孩子为寻找归属感和价值感而做出的拙劣尝试（不良行为）。

我们想重述在《3~6岁孩子的正面管教》一书中讲过的一个故事。一群3岁、4岁和5岁的孩子正围成一个圆圈，讨论大家乱扔操场上的碎木片的问题。4岁和5岁的孩子想出了很多解决这个问题的好办法，然后，一个4岁的孩子说："我今天的麦片粥里有香蕉。"然后把发言棒传给下一个人。这在发展方面是典型而且恰当的行为。随着他们的发展，他们很快就能提出更多有帮助的建议。与此同时，他们通过榜样学习，并成为集体的一分子。

班会提供了在真实世界中练习和示范你教给学生们的那些礼仪礼貌课程内容的机会。它们也可以被用来当作观察学生们可能需要介绍和复习哪些礼仪礼貌课程的时间。

4. 老师可以把问题列入议程吗？

当然可以。老师是集体的一部分。虽然老师要注意不要垄断议程，但是，偶尔把问题放入议程上可以向孩子们展示你也需要帮助——他们喜欢提供帮助！

5. 老师应该参与致谢与感激环节吗？

当然。然而，在学龄前教室里，除非你的班级很小，否则你在向个别孩子致谢时就要当心。如果你向一个孩子致谢或者表达感激，其他孩子可能会感觉被忽视。可以考虑对整个班级而非个别孩子进行致谢或感激。不过，一天当中有很多机会可以向个别孩子说鼓励的话语。

6. 如果一个孩子在致谢和感激环节没有得到致谢怎么办？

介绍"给予"（Give）、"获得"（Get）或"过"（Pass）这个活动。这意味着，当发言棒在圆圈内传递时，他们可以选择"给予致谢"、"要求获得致谢"或"过"。重要的是，要等到所有人都有机会练习向他人致谢后，再介绍"给予""获得"或说"过"，因为你要确保孩子不会因为不知道怎么致谢而直接说"过"。

当第一次介绍"给予""获得"或"过"活动时，我（简）担心可能会有孩子要求"获得"致谢，而没人回应。但情况恰恰相反。那么多孩子举手给予致谢（甚至对那些不太受欢迎的孩子），以至于我们不得不限制一个孩子选择致谢者的时间。

"给予""获得"或"过"是一个很好的机会，可以教孩子要求他们想要的东西，并让其余孩子表达关心、共情和助人为乐。

7.在介绍班会的解决问题部分时，我应该用真实的问题吗？

在介绍和练习解决问题时，要用模拟的问题。然而，在你们练习几次这个过程之后，就可以开始解决真实的问题了。

8.在解决问题时，孩子们应该点出其他孩子的名字吗？这不会让他们觉得尴尬吗？

不提孩子的名字的问题在于，孩子们对班级里的交往动态非常敏感。他们往往知道这个"某人"是谁。如果不知道，他们可能会对谁是这个"某人"感到好奇。这可能会让学生被"谁干的"分散注意力，而不是帮助去解决真正的问题。

另外，孩子们可以学会欣赏别人说出自己的名字，因为他们知道他们会得到有用的主意——而且他们可以选择他们最喜欢的解决方案。

9.如果孩子们不愿意来参加班会怎么办？

如果有几个年龄较小的学生不想参加，那为什么不让他们在圆圈外观察呢？有些孩子需要先观察集体活动，然后才觉得自己可以舒服地参与其中。对于这些孩子来说，如果给他们自由，让他们在觉得准备好的时候再加入，他们通常会在某一天迫不及待地加入，并且再也不会错过任何一次班会。大多数孩子都喜欢班会。有几位老师注意到，当议程上没有添加任何问题时，学生们会说："我们还可以致谢啊。"

对于那些不想参加的年龄稍大的孩子，你可以简单地说，全班同学都会从他们的建议中获益，而且如果他们想在如何解决问题方面发表自己的意见，那他们就需要参与。

10.如果孩子提到家里的个人敏感问题怎么办？

这种情况偶尔会发生。一个孩子可能会透露他的父母正在离婚，或父母一方被解雇，或一个家庭成员被逮捕。当这种情况发生时，如果你觉得合适，可以问问这个孩子是否需要大家的帮助。如果孩子确实想要帮助，可以请任何有同样感受的人举手。你一定非常担心。还有其他人在为家里的问题担心吗？尽管其他孩子可能没有经历过同样的情形，但大多数孩子都曾为自己的家人担心过。然后，你可以询问是否有人愿意帮忙提出一些建议。孩子的天性是很善良地。要赋予他们力量去帮助一位伤心的同学，为他们提供了一个表达同情和为社会成员服务的机会。还可以帮助一位伤心的孩子感受到关爱和连接。如果你觉得提出的问题不适合孩子们的年龄，你可以简单地表达自己的关切，然后问问孩子能否在会后找你谈谈。

问题讨论

1. 当你被允许参加那些会对你和你的环境产生影响的决策过程时，你会有什么感受？
2. 作为一个参加班会的孩子，你可能会有什么感受？
3. 你认为在学龄前孩子的班会上可能会出现哪些障碍？你有什么办法来克服这些障碍？
4. 作为班会的结果，孩子们对于自己及自己在集体中的地位可能会做出哪些决定？
5. 参加班会的孩子可能会发展出什么品格？
6. 你认为在一天中的什么时间举行班会最有效？
7. 你有哪些集体课或圆圈活动可以用不同的方式进行，以便为班会留出时间？

第17章

小学生与十几岁孩子的班会

> 我们必须看到一个人在社会中所处的位置，因为没有哪个人的发展能脱离社会的影响。这就好比营养之于身体——我们可以谈论食物，但如果没有食物，我们的胃就没有东西可消化。尽管我们有肺，但没有空气我们也无法呼吸。
>
> ——玛利亚·蒙台梭利

> 我们可以对他人的需求变得敏感；我们可以感觉自己是值得的、是被尊重和感激的。我们可以学会减轻他人的困难。不是通过语言，而是通过行动。我们必须为广泛建立人类尊严、相互尊重和相互帮助而努力，才能真正拥有一个"民主社会"。
>
> ——鲁道夫·德雷克斯

妮娅靠在椅背上，两眼盯着电脑屏幕。当了10年的蒙台梭利老师，她从来没收到过这样的电子邮件。邮件是佐伊写的，她是妮娅班上11岁学生夏洛特的母亲。佐伊非常愤怒。有人在学校打开了夏洛特的午餐盒，并在她的三明治里放了一些野樱桃。尽管这些小小的红色浆果并不致命，但有轻微的毒性，如果夏洛特吃下去的话，可能会让她生病。邮件里充斥着如果不对涉事学生迅速采取惩罚措施的话，夏洛特就退学并诉诸法律行动的威胁。妮娅心烦意乱。那么多人会受到影响。

第二天，妮娅去见了校长雷蒙德。他们一起找出了那两个把浆果放进夏洛特的三明治里的孩子，并制订了一个计划，来和这些孩子及其父母一起解决这个问题。雷蒙德多年来一直在践行正面管教，他对妮娅说："你把注意力放在孩子们身上，我来操心父母们的问题。我们会作为一个集体来解决这个问题，就像我们解决每一个问题一样。"

当天晚些时候，雷蒙德单独会见了与该事件有关的所有孩子及其父母。他向大家保证，学校将会严肃对待这件事，而且学校的工作重点将放在重建一个安全的情感环境以及修复被破坏的信任和人际关系上。夏洛特的母亲告诉雷蒙德，她希望这几个女孩受到惩罚。雷蒙德回答说："听起来你想要确保做了这件事的孩子们明白她们做的事情非常严重，也希望夏洛特明白她得到了支持。"

夏洛特的妈妈回答说："是的，这就是我想要的。"

雷蒙德说："这也是我们想要的。如果我向你保证能达到这样的结果，你能让我来决定具体怎么做吗？"夏洛特的母亲很不情愿地同意了。

在第二天的班会上，夏洛特向大家解释了发生的事情。她告诉安娜贝尔和玲自己有多么伤心，而且那件事让她感到多么害怕。安娜贝尔和玲都很懊悔。她俩对夏洛特故意把她俩排除在另一群朋友之外一直感到很生气，但没有意识到她们的行为有多严重。她俩都向夏洛特和班上其他同学道了歉。当轮到其他孩子分享他们的感受时，很多学生解释说这个事件让他们感到多么不安全，有些学生尝试认可夏洛特的感受。一个孩子对夏洛特说："我对发生在你身上的事情感到很抱歉。你一定感到非常孤独和害怕。这件事本不该发生。但是，我理解安娜贝尔和玲有多么生气，因为你鼓动你的其他朋友排挤她们。"另一个孩子则表示后悔在听说了往夏洛特的三明治里放野樱桃的计划后没有告诉任何一个大人。

就像中小学教室里的很多社会或行为问题一样，这个问题不仅影响了直接涉及的人；它还在整个教室里产生了连锁反应。在每个人分享了自己的想法和感受后，妮娅问夏洛特、安娜贝尔和玲，她们是否想要全班同学的帮助，来寻找能帮助她们修复关系和解决问题的办法。她们都说需要。班里每个同学都有机会提出一些支持性的主意。有些主意是专门给夏洛特、安娜贝尔或者玲的，有些是给她们所有人的。

这些主意包括：

当你与某个人出现问题时，直接跟对方说。
在事情变得严重之前，把问题带到班会上来寻求帮助。
如果你知道有什么不安全的事情，要告诉大人。
多花时间和其他朋友相处。
当有人提出不安全的想法时，要说"不"。
安娜贝尔、夏洛特和玲要开会讨论一下她们的友谊。
玲和安娜贝尔给夏洛特家写一封道歉信。

在孩子们列出了解决方案之后，夏洛特、玲和安娜贝尔分别选择了她们认为对自己最有效的主意。夏洛特选择多花时间与其他朋友相处。玲和安娜贝尔选择如果她们遇到问题时，直接找夏洛特在和平桌上沟通，而且安娜贝尔承认，她希望练习在被迫接受自己不认同的事情时说"不"。

那天晚上，妮娅给夏洛特的母亲佐伊打了电话，并给班上所有其他父母发了一封邮件，向他们解释了班会上发生的事情，以及每个人（不仅仅是直接涉及的孩子）从中学到了什么。接下来的一周，妮娅和雷蒙德与佐伊见了面。当她走进办公室时显得放松了很多。会议很短，最后佐伊说："感谢你们让夏洛特和我们全家感觉得到了支持。夏洛特从这次经历中学到了很多，也做出了一些非常成熟的决定。我虽然对那几个女孩还有些生气，但我很高兴她们不用被开除就能从中学到一些东西。你们在这创造了一个特别的环境。"

蒙台梭利教室里的班会

在这个年龄段，教育的另一个方面涉及孩子对道德领域的探索，对善恶的区分。他不再轻易被动地吸收印象，而是希望自己去理解，不满足于仅接受事实。随着道德活动的发展，他希望运用自己的判断，而这种判断往往和老师的迥然不同。

——玛利亚·蒙台梭利

随着孩子进入第二个发展阶段，他们的社会关系具有新的意义和重要性。他们通过与人交往来学习！玛利亚·蒙台梭利将这个发展阶段昵称为"粗鲁时代"。她并不是说所有小学年龄的孩子都很粗鲁，而是说，当他们试图从集体（学校、家庭等）中寻找归属感时，他们通过犯错误来学习——犯很多错误。他们与同伴和大人建立关系的尝试往往令人尴尬，而且看上去很粗鲁。

随着孩子接近青春期，同伴关系会更加复杂，而且人际交往问题也更加微妙。同伴关系成为影响学生行为的重要因素，而且在同伴和大人的适当支持下，学生将有能力解决自己的问题。如果大人施加过多的控制，他们就会面临权力之争和不良行为的循环。想象一下，如果妮娅和雷蒙德对安娜贝尔和玲采取惩罚性的方式，班里的学生会有什么反应？如果安娜贝尔和玲停课后回来，她们会有什么样的行为？

在这个发展的关键时期，小学生和十几岁的学生需要在支持、引导和独立性方面取得平衡。班会就提供了这种平衡。当学生们互相帮助解决困难的人际纷争时，独立性得到了尊重。同伴压力转化为同伴支持。在班会的结构中，老师能够担任引导者的角色，而不是充当法官和陪审团，从而营造一种相互尊重的氛围。

班会解决的问题类型

在小学生或十几岁孩子的教室里，班会议程上可能会出现几种不同类型的问题。一般情况下，它们可以分为四类：

- 个人问题：学生可以寻求集体的帮助，来解决影响他们个人的问题。例如：一个在工作周期里难以完成工作的学生，一个在集体中存在问题的学生，一个没有被选中参加户外游戏的学生，一个在交友方面有困难的学生等。
- 影响整个群体的问题：这是那些影响全班的问题。班级问题的例子可能包括：学生没把自己的工作收好，课程时间太长，学生在圆圈活动中干扰他人，学生把教室的铅笔带回家，班级事务没有完成，等等。
- 人际关系问题：这是那些发生在两个或多个学生之间的

社交冲突。有时，学生间的冲突会影响到整个班级，影响班级文化，就像夏洛特、安娜贝尔和玲的例子。当学生需要帮助解决冲突时，他们可以通过班会向全班同学寻求帮助，班会提供了一种结构化的方式，来尊重而且有效地处理这类冲突。

- 主意：有时候，学生可能会有一个主意，他们想向老师和集体提出来。这个主意可能不是一个问题的解决方案，而只是一种让事情变得更好的方法，或者是促进一个已经进展得很好的事情的一个计划。例如：社会实践的主意、增强当前学习领域的方法（如一个科学项目）、庆祝生日的新方法或举行特别庆祝活动的建议。（真实案例见第291—293页的实地考察故事）。

班会程式

班会程式包括四个部分。会议开始时，学生们相互致谢和感激，以便建立连接并感受到鼓励。接下来是检查先前的解决方案，然后是解决问题环节，在这个环节，全班同学互相帮助和支持彼此。会议最后以一个连接活动结束。

1. 致谢和感激
2. 跟进先前的解决方案
3. 议程内容
    - 分享问题，其他人倾听
    - 讨论
    - 一起用头脑风暴想出解决方案

4.连接活动

致谢和感激

班会以致谢和感激开始；这会营造一种集体感和连接感，并为有效而民主地解决问题提供一片合作与帮助的沃土。这是一种特别的仪式，孩子们在离开你的班级很久以后都会记得。

班会主持人以这个问题开场："有人愿意开始表达致谢和感激吗？"然后，一个发言棒会在圆圈内传递，每个人都有机会对班里的其他人表达致谢或感激。学生可以说"过"，如果他们愿意的话。

当每个人都有机会给予致谢或感激后，主持人或老师可以问："有人没有得到致谢或感激并且需要得到吗？" 这可能是一个非常感人的时刻。如果有人举手，主持人或老师可以问："有人想对_____（刚才举手孩子的名字）表达致谢或感激吗？"当这种社会-情感环境鼓励归属感和价值感时，孩子们会变得如此善良和有教养，太让人惊讶了。

班会中的"致谢和感激"部分听起来是这样的：

威尔，谢谢你今天给我做拼写测试。
拉娜，你今天在动物研究方面工作非常努力。做得不错。
米格尔，我真的很感谢你今天早上帮我解决了问题。
杜伊娜，你喂豚鼠时那么细心，我很感激。

直接、有意义和具体的致谢可以帮助接受致谢的人产生连接感。直接，是指学生直接对他们要表达致谢或感激的人说话。注意，在上面的致谢和感激中，说话人首先会称呼对方的名字。这有助于避免陷入敷衍或没有人情味儿的陷阱，比如"我要感谢玛利亚帮助我学数学。" 有意义指的是，致谢或感激是因为对他人产生了影响。具体是指，致谢或感激是针对某一具体行为的。所以，与其说："山姆，你真是个好朋友，谢谢你。"学生可以说："山姆，谢谢你今天早上听我倾诉。你是个好朋友。"

有些班集体还利用班会中致谢和感激这个环节来给学生提供做出弥补或道歉的机会。有时学生或老师会当众犯错，而班会提供了一个支持和开放的环境，让他们可以当众做出弥补。

妮娅班上的学生们对她充满了信任和尊重，因为她总能迅速地为自己的错误承担责任。就在与夏洛特、安娜贝尔和玲会面前不久，妮娅在地理课上对不断打断她讲课的杰瑞米失去了耐心。那天晚些时候，在班会上，当轮到妮娅给予致谢和感激时，她利用这个机会向杰瑞米道歉："杰瑞米，今天上午我在地理课上冲你发脾气了。我要求你尊重别人，但我却没有尊重你。你当时一定觉得很尴尬，也很受伤。我向你道歉。"

跟进上一次班会的解决方案

班会的第二部分用来回顾过去的问题。秘书（见第286页的"学生在班会上可担任的职位"）回顾之前解决过的问题，并询问所选择的解决方案是否有效。如果无效，有两个选择：如果该问题需要更多讨论，可重新列入班会议程；或让涉事学生尝试之前提出来并被写入班会笔记的其他解决方案。通过回顾过去的问题，孩子们有机会从自己的错误中学习并验证他们的成功。

议程内容

接下来，全班进入班会的解决问题部分。

（1）**分享问题，其他人倾听**：解决问题流程的第一步，是议程上下一个问题的涉事方分享他们的问题及其对问题的感受。鼓励孩子们用"我"句式来分享他们的感受。夏洛特就是这样与安娜贝尔和玲分享她的问题的："安娜贝尔，玲，当我发现你们在我的三明治里放了野樱桃时，我感觉受到了伤害和不安全。我很担心你们生气到想要伤害我。我想和你们找到一种方式来解决这个问题，并且再次感到安全。"

以下是孩子们可能会说的话的另外一些例子：

我很担心，因为我们从操场回教室时，队伍里有很多人推推搡搡，而且还有人受伤了。我想找到一种更安全的方式进教室。

当我的研究主题被嘲笑时，我感到很尴尬。我希望我们能找到一种方法，以便对喜欢不同事物的人更友好。

（2）**讨论**：在夏洛特用"我"句式分享了她的问题后，妮娅问："你需要全班同学的帮助吗？"夏洛特点头，于是，发言棒在圆圈里传递，让每个人都有机会参与讨论。

讨论是一个重要步骤，而且应该鼓励全班同学讨论而不解决。最终，这个步骤能构建共情、理解和澄清，并有助于确保在头脑风暴的过程中提出的解决方案有效。

讨论而不解决可以提供：

①认可遇到该问题的人。

我理解你有什么感受，夏洛特。我以前也曾被朋友伤害过。

②对该问题的不同看法。

这也让我感到不安全。我们把午餐放到储藏室里，我从没想过会发生这种事儿。

③洞察问题产生的原因。

夏洛特，我想知道，如果你没有排斥安娜贝尔和玲，她们是否还会这么生气。

④一个承担责任的安全的地方。

我听说了这件事，而我什么也没做。对不起。

当学生无须提示就开始承担责任，你就知道班会取得了特别的成就。妮娅创造了一个基于信任和相互尊重的环境，一个专注于解决方案而不是责怪谁的环境。她的学生对承担责任感到安全，因为他们知道没人会在班会上惹上麻烦。他们能够共同努力找到一个严重的社交问题的解决方法，而且还强化了错误是难得的学习机会的理念！

如果大家把讨论这一步进行得很好，原有问题的解决方案往往会变得不言自明。寻求帮助解决问题的孩子可能会决定他们不需要集体想办法了。那也没关系。

（3）**一起用头脑风暴想出解决方案**：讨论过后，专注于解决方案的过程包括三个步骤：

①头脑风暴
②评估
③选择

头脑风暴：在这个过程中，老师或主持人会询问，是否有人愿意开始进行头脑风暴，然后将发言棒递给这个人。这个学生提出自己的解决方案，然后把发言棒传给他左侧或右侧的人，而拿到发言棒的同学要么提出一个解决方案，要么沿相同方向继续传递下去。解决方案提出后，秘书将它们写在课堂笔记本上，而书记员（在干擦板、活动挂图、黑板上等）写下来，以便全班同学都能看到。

重要的是，学生在头脑风暴的过程中提出建议应该不受评判。学生们应该只提出解决方案，并且不评论其他学生的建议，即使是正面的评论。这样可以保护头脑风暴的创造性过程，并提供一个安全环境，让所有人都能做贡献。一个学生觉得很愚蠢的主意，可能会给另一个学生带来灵感。在头脑风暴过程中，主意一个接着一个被提出来，而在这个过程中对它们进行任何评论都会打断思路，导致更胆小的学生保持沉默，而不是积极参与。

在为夏洛特、安娜贝尔和玲做头脑风暴的过程中，提出了下列建议：

当你与某个人出现问题时，直接跟对方说。

在事情变得严重之前，把问题带到班会上来寻求帮助。

安娜贝尔和玲应该被停课。

如果你知道有什么不安全的事情，要告诉大人。

随它去吧；野樱桃没什么大不了的。

多花时间和其他朋友相处。

当有人提出不安全的想法时，要说"不"。

学校应该购买带密码锁的储物柜。

安娜贝尔、夏洛特和玲要开会讨论一下她们的友谊。

玲和安娜贝尔给夏洛特家写一封道歉信。

评估：一些用头脑风暴想出来的建议显然是有问题的。当它们被提出来时，妮娅并没有立刻发表评论。经过等待，她和学生能够评估解决方案，而不是评估提出该方案的人。回想一下我们在第8章介绍的3R1H 标准；这些标准可以用在班会的头脑风暴环节。

所有的建议应该是：

合理（Reasonable）

尊重（Respectful）

相关（Relatedful）

有帮助（Helpful）

回顾上述用头脑风暴想出的解决方案，妮娅要求学生们注意其中是否有不符合3R1H的解决方案。学生们确认了三个不符合标准的方案，秘书将它们划掉了：

一个解决方案不是"有帮助"的：安娜贝尔和玲应

该被停课。

一个解决方案对夏洛特"不尊重":随它去吧,野樱桃没什么大不了的。

一个解决方案"不合理":学校应该购买带密码锁的储物柜。

选择:经过3R1H评估后,到了选择一个解决方案的时候了。当学生收到建议,他们会选择他们觉得对自己最有效的解决方案。当夏洛特、安娜贝尔和玲选择解决方案时,她们各自选择了一个她们觉得对自己和事态最有帮助的解决方案。

当老师们第一次了解班会时,他们经常会问:"你如何避免班会变成惩罚性的?"这个问题的背后存在着误解。他们想象的是全班同学替那个把问题列入议程的学生做决定。实际上,由于学生们总是选择那些他们认为对自己最有效的解决方案,所以这并不是惩罚性的。

如果问题是一个群体问题(影响整个集体的问题),那么全班同学会投票选出他们认为最有效的解决方案。通常,简单多数原则就很好。如果一个解决方案最终无效,记住要在下一次班会上审查该问题。可以从原来的清单中选择另一个解决方案,也可以将问题重新列入议程。

连接活动

要在乐观的基调和与学生的连接中开始和结束班会。在班会结束时，全班可以做一个简短的集体游戏，做一个团建活动，或者用这点时间规划一次班级聚会或郊游活动。学生还可以自愿朗读一篇他们写的作品，或诵读一首他们记得住的诗歌。有些老师利用这段时间进行展示和介绍。妮娅以一个2分钟的悬疑故事，让学生们猜"谁是凶手"结束了班会。

有效班会的建议

时长、频率和时机

小学生和十几岁孩子的班会通常持续20~25分钟。建议在一个固定的事件前开始，例如，课间休息或午餐之前，原因有二：1) 这提供了一个确定的结束时间；2)当孩子们尊重地参与了这个过程，他们可能想延时，从而占用其他宝贵的学习时间。如果他们还意犹未尽，而且已经到了吃午饭或回家的时间，他们就可以在第二天的班会上继续今天的讨论。这实际上是有益的，可以留出更多时间来"冷静下来"或思考更多的解决方案。

班会应该每周举行3~5次。定期而频繁地召开班会为所有学生提供了他们所需要的持续练习，因为他们是通过互相帮助来培养解决问题能力的。学生在社交和情感上变得更加独立，这有助于正常化。而且，当学生知道尽管问题依然相关，他们会得到帮助来解决他们的问题时，他们就会对这个过程产生信任。当惯例说了算的时候，老师就不必做"上司"了。

班会节奏的一个示例

是的，班会的每个部分都有很多解释说明。你如何才能在与孩子们的发展阶段相适应的时间完成这一切？稍加练习，这会比你想象的要容易。以下是一个小学或中学班会的进度范例：

1. 致谢和感激（5分钟）
2. 跟进先前的解决方案（2~3分钟）
3. 议程内容（10~12分钟）
4. 连接活动（2分钟）

准时开始和准时结束班会，能促进自我调节、合作和相互尊重。

议 程

当小学生或者十几岁的学生在一天当中遇到问题时，他们可以把它们列入班会议程。很多老师用一个容器（有盖子或罩子）来存放议程。孩子们在一张纸上写下他们的议题、名字和日期，并将其放进盒子里。这提供了一种私密感。议题将按照放入盒子的先后顺序进行处理。

你是否曾经遇到过这种情况，一个学生在你正帮助另一个学生解决重要问题时来到你身边，要求你帮助他解决一个似乎很重要的问题，而你感到左右为难？班会议程为这种情况提供了自然的支持。老师可以简单地说："看起来你需要帮助。发生了什么事？"学生做出解释。老师回答说："这听起来很重要。你想把它列入班会议程吗？"

这种情况下，每个人都被照顾到了。鼓励学生使用班会议程，既传递给学生他们的问题将得到解决的信息，又让老师尊重地把注意力放回到正与他一起工作的学生身上。这样做对两名学生都表达了同情和理解。

学生在班会上可担任的职位

随着小学生和十几岁的学生了解了班会流程，他们很快就能承担起帮助召开班会的责任。以下是学生能够承担的一些重要角色：

主持人：主要负责议程的推进。他们宣布会议开始，带领全班完成议程，并确保讨论在正确的轨道上。一个大人会作为共同主持人始终在场，以便在必要时介入并保持会议的安全。在一些教室里，主持人是第三年学生的一项特别工作，这有助于这些学生在教室里发挥领导作用，而且能起到一种"成人礼"的作用。学生们非常期待担任这个角色。

计时员：该学生使用计时器来跟踪会议在限定时间内的进度。有些班级会为整个会议设定总体时间目标，而其他班级则为议程的每个部分分别设定时间目标。尊重的会议会准时开始、准时结束！

议程管理员：如果班级使用议程箱，议程管理员要按时间和日期顺序对问题进行排序，并在解决问题的时候，让全班知道议程上的下一个问题是谁的。

记录员：记录员负责在白板或画板上按顺序写下会议的头脑风暴环节想出的所有主意。这样，学生可以先自己阅读头脑风暴想出的所有解决方案，然后再选择他们认为最有效的。

秘书：除了记录员要在白板或画板上写下头脑风暴想出的

解决方案之外，另一名学生应该在一个笔记本上记录所有的解决方案，以备将来参考。在稍后的班会中，当全班同学对问题进行跟进时，可以参考该列表。要把该笔记本放在教室里每个人都可以拿到的地方。

发言棒

发言棒用来确定轮到哪个人发言。轮到的人可以发言，不会被打断。发言的人说完后，就把发言棒传给旁边的人，直到圆圈内每个人都有机会发言或选择说"过"。

在用头脑风暴想出解决方案的过程中，可以考虑让发言棒在圆圈内传递两轮，以便让学生有机会添加别的解决方案，或者提出他们第一轮没想到的解决方案。

解决问题环节的建议

（1）对于小学生，当全班投票选择解决方案时，可以考虑让他们把头低下，以便他们不跟风朋友或其他人投票。
（2）始终要让单个学生或全班同学选择他们认为对自己最有帮助的解决方案。有时你可能会感到不舒服，但犯错误是学习的机会。通过这种方式，班会就可以自我纠错。

解决人际关系问题

妮娅刚开始运用正面管教时，没有用班会来解决人际关系问题。她担心学生在同伴面前被"指名道姓"可能会很尴尬，而且可能会变成一种惩罚。但是，到了第二年，妮娅与布赖森之间出现了问题。他在伤害其他学生。这是一个小班，所以影响很大，且一直持续。父母们都在抱怨，而布赖森被排除在了学生们在校外的社交活动之外。她尝试了她知道的所有办法来帮助解决问题：一对一的冲突解决、小组解决问题、与布赖森单独谈话，以及同伴调解。似乎都无济于事。最后，在无计可施之际，她向另一位老师汤姆寻求建议。汤姆建议她使用班会。妮娅表达了对使用班会解决人际关系问题的担忧。汤姆表示理解，并提出三个建议，来保证班会安全而富有成效：

1.主持会议时，要求学生在彼此交谈时使用"我"句式。
2.确保学生们直接对彼此说话，而不是以第三人称谈论他人。
3.始终让学生自己选择解决方案。

妮娅将信将疑，但愿意试试，因为她已经无计可施了。几天后，一名学生在班会上提出了和布赖森之间的问题。妮娅采纳了汤姆的建议，而且班会比她预期的要好得多。孩子们都迫不及待地帮助布赖森和另一名学生。在同学们的帮助下，布赖森的行为几乎立即开始改善，而且其他孩子也开始让他参与他们的工作和玩耍。父母们对布赖森的抱怨开始消失，而布赖森则开始收到参加游戏聚会和生日派对的邀请。妮娅心服口服，而且从那以后一直使用班会来解决人际关系问题。

正如妮娅和其他人发现的那样，在蒙台梭利教室里，让全班同学都参与互相帮助解决人际关系问题是非常重要的，原因有很多：

1.在小学和中学班级里，通常一场冲突会涉及多个学生。

在传统的一对一冲突解决模式下，未直接涉及的学生不参与解决问题的过程。这意味着一个问题可能无法得到彻底解决，从而导致该问题在日后再次显现出来。同样，未直接涉及的学生也错过了在解决冲突的过程中学习那些重要的社会和人生技能的机会。

2. 一个问题无论是在班会上被公开讨论，还是在操场上被以流言碎语的方式谈论，它都会在教室里被学生讨论（而且有时在停车场被父母讨论）。当问题在班会中得到公开而且积极的讨论，在大人的协助下，它更有可能得到有效而尊重的解决。班会大大减少了学生和大人说闲话和产生误解的可能性。

3. 每个人都能从帮助其他同学解决人际冲突问题中获益。当一个学生把人际冲突或社交问题列入议程时，参加班会的大多数学生很可能已经遇到或正遇到同类型的问题。仅仅通过观察帮助其他学生，他们就能学到宝贵的社会和人生技能。

4. 在很多蒙台梭利学校，不同组别的孩子们会一起升级，他们的社交网络可能不会每年都发生巨大变化。这意味着有些社交动态和持续的冲突会跟随着他们的学业升级而带到其他地方。班会通过把这一挑战转化为机会，让大家得以解决当前的社交模式。

5. 学生有着不同于大人的观点和优先事项。他们在教室的"底层"进行互动。因此，他们对解决方案有不同的见解，而且有时这种见解可以帮助解决那些大人自己可能无法解决的问题。

6. 而且，随着孩子年龄的增长，他们与同伴的关系变得越来越重要，学生不太可能让大人参与进来。今天，社交媒体和短信对话都发生在校外，往往不受大人的监管。这意味着老师和父母更有可能对教室里的社交冲突和难题感到意外。班会为这些信息提供了一个公开的场所，让问题能够在积极、直接和支持的氛围中得到解决。

7. 班会有助于提升父母的信心，增强与父母的积极沟通。在有效地使用班会的班级里，人际关系问题可以得到积极而公开的解决，而且学生会感到被赋予了力量并得到了支持。这意味着他们不太可能因人际冲突而垂头丧气地回家。当父母了解这个过程并看到它起作用后，他们也会被赋予力量，通过建议孩子去班会寻求帮助，来帮孩子解决人际交往难题。在家长教育之夜（parent education nights）举行模拟班会，将帮助父母看到班会是多么有效。

解决影响全班的问题

在本章中，我们故意使用了一个微妙的人际关系问题作为班会案例，因为它给了我们一个机会来讨论举行一个有效班会所需要的各种不同技能和要素。在解决影响全班的问题时，全班同学会作为一个整体对解决方案进行投票。在大多情况下，老师用简单多数原则来表决。

在妮娅班上，汤米在完成工作时遇到了困难，因为其他学生把缺失了零件或缺失了材料的工作放回架子上。他注意到其他学生也遇到了同样的问题。他把这个问题列入班会议程。全班讨论了这个问题，并决定这是一个影响整个集体的问题。全班同学进行了头脑风暴，并投票决定在每个工作托盘上放一个小小的、塑封的检查清单，这样学生们就可以在把工作放回架子之前确保它是完整的。为工作制作塑封检查清单就成了一项班级事务。

解决个人问题

个人问题解决起来简单而直接。向班会寻求帮助的同学可以和大家分享自己的问题，得到大家的反馈，然后，全班同学用头脑风暴想出一些主意，来帮助解决问题。做完头脑风暴后，寻求帮助的学生选择一个他认为对自己最有效的解决方案。

伊丽莎白感到自己被一些同学排斥。她和妮娅谈过这件事，妮娅建议她向全班同学寻求帮助。伊丽莎白把自己的问题列入了班会议程。当班会上谈到她的问题时，伊丽莎白分享了自己感到多么伤心，并就交朋友问题寻求帮助。几位学生对伊丽莎白表达了共情和理解。他们也有过被排斥的经历。有几个学生说，他们喜欢伊丽莎白，但又担心对伊丽莎白说"不"，因为每次他们说"不"她就哭。他们分享说，他们暗中排斥伊丽莎白，而不是对她说"不"，以避免她的反应。他们道了歉。然后，全班同学用头脑风暴想出了一些主意，以便在伊丽莎白感到被排挤时帮助她。伊丽莎白选择在感到伤心时使用和平桌来解决问题。

探讨提出的主意

有时，学生会在班会上提出一个主意，而不是一个问题。例如，我（奇普）教的小学高年级正在学十三个殖民地。一位名叫布里安娜的学生有一个社会实践的主意，她把它列入了班会议程。在班会上，布里安娜问我是否考虑带全班去弗吉尼亚州的詹姆斯敦①进行实地考察。全班13名学生中有12人选择对詹姆斯敦定居点进行研究，班里掀起了一股探索的热潮。

我的第一个念头是否定这个主意，因为詹姆斯敦距离我们学校有13小时的车程，而且这将是一次昂贵的长距离旅行。谁来资助这次旅行？父母们会同意让他们上小学高年级的孩子走这么远吗？然而，我也深受鼓舞，我的学生们是如此投入，对我和班会流程是如此信任，才会提出这个问题。我解释说我们可以探讨这个主意。

我们需要做的第一件事，是得到父母们的同意。我告诉孩子们，如果我们要去的话，我们需要父母们的一致同意。毕竟，这个地方离家很远啊！我给父母们发了邮件，而且一天内，每个人都对这次旅行给予了热情支持。

我把这个消息告诉了班里的同学，大家都很激动。我说："等等，别高兴得太早。这个主意可不便宜呢。我们需要计算一下花销。然后我们要搞明白如何支付这笔钱。"我们把这次旅行所有可能的费用列了一个清单，每个学生研究一个费用项目。在下次班会上，我们对花销进行了审核和汇总。总花费超过了4000美元。我说："我们必须筹集这笔钱。这不在学校的预算之内。"

在后续的班会上，我们讨论了筹集资金的主意。全班决定，每个学生都要负责筹集自己的旅行费用，可以通过为邻居和朋友打工来挣钱。在接下来的几个月里，孩子们洗车、打扫房屋、为花园除草和做家务来赚取旅费。

随着旅行将近，我们制订了旅行计划，并在每次班会结束

---

① 美国殖民地遗址。——译者注

时清点筹款金额。那年5月，在筹集到4000美元后，所有13名学生、一位陪同家长和我一起登上了一辆客车，前往弗吉尼亚州！

　　毫无疑问，这是我当老师以来最喜欢的回忆之一。当我们长途跋涉抵达弗吉尼亚州时，孩子们都兴高采烈。他们感到非常自豪和能干。我也为他们感到骄傲。他们通过辛苦努力终于来到了这里。如果我没有组织班会讨论，这个主意就永远不会变成现实。

小学生与十几岁孩子的班会：问与答

1. 如果我举办其他类型的集体会议呢？

　　这个问题经常被问到。我们的经验是，大多数老师都发现，当班会成为班级文化的一部分时，其他类型的集体会议就会变得多余。正面管教班会不仅树立了集体意识，而且还能教给孩子重要的社会和人生技能，比如，共情能力、解决问题能力、沟通、合作和相互尊重。最重要的是，班会培养了社会兴趣，而这会产生归属感和价值感，减少不良行为，增强合作和相互尊重。当学生感觉更好时，他们在人际交往和学业上都会做得更好。

2. 我可以改变班会程式吗？

　　你喜欢怎么做，就可以怎么做！然而，我们建议，在做出任何重大改变之前，先保持班会的结构和程式一段时间。班会的程式和结构由很多富有才华和经验的教育工作者精心打磨了很多年。很多"小问题"已经为你解决了。我们几乎没有听到任何人提出过做改变的反馈，因为他们发现这个程式和结构太有效了。事实上，大多情况下，老师在班会的某些环节遇到困难，是因为他们添加了自己的曲解或遗漏了一些东西。

3.我担心的是保持上午的工作周期不受到干扰的问题。

这很好，你应该感到担心！三个小时的工作周期对于正常化至关重要。通过减少你在工作周期中花在解决冲突和管理不良行为上的时间，班会可以帮助你在课堂上更有效率。当学生感受到归属感和价值感时，他们会更加投入。你用于授课和直接与学生一起工作的时间会增加，而且班会将帮你保护上午的工作周期不受打扰，促进正常化。关于什么时候召开班会，你可以看看第16个问题。

4.我如何在班会上教社会技能？

在头几次班会上，孩子们将学习成功开班会的技巧。如果每天都开班会，他们学习和掌握这些技巧的效果是最好的，这样他们就能持续练习。

在第80~83页，有一份学生可以学习的优雅与礼仪技能清单，它们对学生在班集体中交友和建立关系很有帮助。可以考虑在班会中使用以下程式来教优雅与礼仪技能。

①介绍和示范该技能。

我想向你们展示一种尊重地打断他人的方法，这样他们在和别人说完话后，更有可能给你们积极的关注。老师将她的一只手轻轻放在某个人的肩膀上，然后拿开，并耐心地等待。

②询问学生，如果有人不知道这种社交技巧，他们可能会怎么做。

一个不知道如何尊重地打断别人的人可能会怎么做？

那会是个什么场景？

③邀请学生担任志愿者，让他们角色扮演一个缺乏礼仪礼

貌技能的学生打断他人的情形。

④询问每个角色扮演者有什么想法、感受和决定。请其他人分享。

米兰达,当你被弗朗西斯打断,她开始与你说话时,你有什么感受?你有什么想法和决定?

弗朗西斯,当米兰达从你身边走开,你有什么感受?有什么想法和决定?

还有人想谈谈自己观察到什么吗?

⑤让志愿者再次进行角色扮演,但这次,让学生使用恰当的优雅与礼仪技能。

⑥询问每个角色扮演者有什么想法、感受和决定。请其他人分享。

米兰达,当你被弗朗西斯打断,而且她把手放在你的肩膀上时,你有什么感受?你有什么想法和决定?

弗朗西斯,当米兰达回应你时,你有什么感受?有什么想法和决定?

还有人愿意谈谈自己观察到什么吗?

学生们喜欢角色扮演。让他们用优雅与礼仪技能进行一次这样的体验,会让他们理解为什么这些社会技能是有效的。有句话说得好(常被认为是孔子所说):"吾听吾忘,吾见吾记,吾做吾悟。"①

---

① 这句话流传甚广,但译者未查到具体出处。有一种说法认为这句话出自《荀子·儒效》中的:"不闻不若闻之,闻之不若见之,见之不若知之,知之不若行之。学至于行之而止矣。"——译者注

5.如果我需要帮助解决问题怎么办？

欢迎老师把自己的问题列入议程。当我（简）在一所小学担任辅导员时，我被称为"损坏的唱片"[①]，因为每当老师就一个问题向我征求意见，我通常会回答："把它列入班会议程，让孩子们来解决。"

老师也是集体的一部分！不过，要小心。如果你的问题占用了超过20%的时间，学生们可能会开始认为会议是以老师为中心的。所以，你要自己做好判断。

老师们常常惊讶于学生像他们一样关心班里的难题。而且，老师们经常发现，随着他们的学生通过在班会上解决问题来分担班级管理的责任，他们自己的压力水平降低了。中小学生是关爱班级的，而且他们也是有能力的！

6.我应该在什么时候允许讨论人际关系问题？

只要你觉得你能轻松自在地主持班会，而且你觉得学生们理解了班会流程。很多中小学老师要等几个月，才会将社交和人际关系问题引入班会。在解决真正的问题之前，一定要用模拟问题进行练习，并公开讨论如何确保班会安全且富有成效。记住，当学生在班会上相互沟通时，要确保他们直接与对方说话，并使用"我"句式。

7.我应该在班会上点出学生的姓名吗？

是的。一开始，你可能想提供"一般性的"挑战，这样孩子们就可以练习尊重地解决问题。一旦学生相信解决问题是一个尊重的过程，而且明白如果遇到挑战，他们可以选择自己认

[①] 意思是反复说同样的话。——译者注

为最有帮助的解决方案，那么让所有"顾问"关注自己的挑战会让他们感觉良好。

8.如果学生在班会上被点名，如何避免他的感情受到伤害？

如果孩子直接和他点到名字的人对话并使用"我"句式，这种直接的交流结构将带来坦率、友好和尊重的沟通，这多么让人惊讶啊。它还会教给主动沟通的人如何做到坚定与和善并行——这是很多大人需要帮助才能掌握的技能。

9.如果学生们开始围攻一个学生，我该怎么办？

深入全面地教给学生第13章所述的沟通技巧，将大大减少这种情况发生的可能性。然而，如果真的发生，最有可能发生在议题的讨论环节。解决这个问题的一个有效方法是简单地重新引导对话。你可以直接这样说："我注意到，威尔收到了很多关于他在这个问题中所起作用的反馈。还有其他人曾经有_____过吗？我们也一定要给利亚姆一些反馈，这样他也可以从这个情形中学习。"

10.班会上出现不尊重的行为怎么办？

对于老师来说，这是一个可以列入班会议程的好问题。如果出现了与班会有关的问题，那就放到班会上来解决！如果一个具体的学生不断在扰乱班会，可以考虑使用"坚持到底的4个步骤"（参见第8章）直接和该学生一起解决问题。

11.如果议程堆积如山怎么办？

如果你发现议程堆积如山，可以考虑以下几点：
- 确保你或主持人询问提出该问题的学生是否需要讨论和和共同解决问题的帮助，或者只是想分享他们的问题或提出要求。
- 把问题带给大家。会议的某些环节是否耗时太长？学生没有在班会之外解决问题吗？你每周有足够次数的班会吗？
- 如果只是问题积压，而且会议的效率并没有真正问题，可以考虑在一周日程表上添加几次班会来赶上进度。一定要征求班里同学们的意见。
- 班级可能要考虑要求学生们在班会之外先尝试解决问题，不行再寻求大家的帮助。

12.每次班会可以解决多少问题？

比解决问题更重要的是学习解决问题的过程。当学生学会了这个解决问题的过程，他们通常无需把问题列入议程就能解决问题。有些老师抱怨，当议程上没有任何挑战时，这就是一个问题，因为他们的学生无法继续练习解决问题的技能。

此外，有些学生只是想分享自己的问题，或者向班集体提出一个要求；这些问题通常只需要一两分钟。如果问题需要讨论，需要帮助来解决问题，通常它会占用整个班会，或者偶尔会占用下一次班会。

13.如果议程上没有内容怎么办？

无论如何一定要召开班会。学生总是可以表达致谢的。然而，如果这个问题反复出现，而且你担心学生们在避免把问题列入议程，那就把它作为一个议题在班会上提出，并找出原因。

14.如果有问题需要立刻关注怎么办？

只要有可能，要尽你的最大努力尊重议程的顺序。然而，你会不时地遇到需要立即关注的议题。这里有几个建议：

- 征得议程上问题排在下一个的学生的同意，以便解决这个紧急问题，然后征求全班同学的同意。
- 考虑在没有安排班会的那天多开一次班会。
- 征得全班同学同意，在下次班会上解决两个问题，也就是说，班会可能需要延时。

15.孩子们可以提和老师有关的问题吗？

当然可以。事实上，如果他们在一年里没有提出一些和你有关的问题，那你才应该担心。如果课堂在本质上是真正民主的，而且大人与学生之间是相互尊重、相互合作的，那么学生提出和老师有关的问题是很自然的。以下是一些学生可能提出的问题示例：

- 你的课太长了。
- 你布置的后续工作花费的时间比你说的要长得多。
- 最近的科学课似乎很无聊。
- 我认为上周我们解决问题时，你站在了本尼那边。
- 你没有遵守周五的课间休息时间多待15分钟的班级决定。

16.我们应该在一天当中的什么时间开班会？

班会不应打断上午的工作周期。大多数老师在工作周期结束时、在午餐后或者在下午早些时候的课间休息时间召开班会。在一天结束时召开班会可能会有些棘手，因为学生们都很疲惫，而且未解决的问题可能会被孩子带回家，而不是留在教室里，这会让你收到更多电子邮件！

17.看起来要在20~25分钟内完成很多事情。怎样才能完成

议程呢？

这种情况通常不会发生，如果你们每天都开班会的话。即使你们今天只完成了议程上的一个议题，等到第二天再处理下一个问题也不难。这甚至可以是一个优势：如果它是一个"热点"问题，那就有了更多的冷却时间，对于普通挑战，则有了更多思考解决方案的时间。如果你们很难按时完成班会以及你们需要做的事情，可以考虑把这个问题列入议程，让全班都参与进来。可以尝试下面几个主意来让班会高效进行：

- 为班会的每个环节设定时间目标，并使用计时器来保持进度。
- 开练习会议，练习你们的时间安排。
- 全班一起制定一个班会分享指南，要留意发言的清晰、简洁和完整。这需要练习，即使对大人也是如此。

18.如果孩子与别的班的学生或工作人员产生问题该怎么办？

如果议程上的问题涉及的工作人员没有出席班会，应该推迟该问题，直到那个人能参加；在当事人不在场的情况下解决问题是不尊重的。有时，如果一个问题涉及多个班级，就可以召开一次联合班会。当两个或多个班级在课间休息时共用一个户外区域，而且出现的问题会影响所有同时在户外的人的时候，通常可以这样做。其他班级的孩子可以被邀请参加另一个班级的班会，但明智的做法是请这个孩子的老师一起来参加。

19.如何获得父母对班会的支持？

考虑在放学后为父母举办一个"家长教育时间"。在这段时间里，你们可以讨论什么是班会、它如何运作，以及它有什么好处。随后进行一次模拟班会（使用一个真实问题），来让他们亲身体验并分享他们的经验。你可能还想为这次活动录制一次班会。我（奇普）曾经这样操作过，父母们对学生解决真实问题的能力总是感到印象深刻。

20. 学生们不认真对待班会怎么办？

这是班会议程上的另一个好议题。找出学生不认真对待班会的原因。他们有什么顾虑？可以考虑将你们的下一次班会录下来，看看你能否找到一种模式或趋势。如果可以，把它带回班里，和学生一起观看视频回放。学生对班会过程失去兴趣或尊重的一些常见原因有：

- 会议时间过长。
- 在分享问题时或在班会的讨论和头脑风暴环节，学生们以第三人称谈论彼此，而不是直接对话。
- 学生不使用"我"句式，语气变得充满指责。
- 当学生发表不尊重他人的言论时，老师没有进行干预。
- 在班会的致谢和感激环节，学生给出挖苦性的、含混的或不真诚的致谢。
- 建议的解决方案不相关或没有帮助，学生们开始对班会失去信心。如果你发现是这种情况，这最可能是因为问题的原因或本质没有在班会的讨论环节被发现。记住，讨论而不解决。

21. 一旦我们开始开班会后，需要多长时间才能顺利进行？

如果你一开始就花时间教并练习班会议程的各个部分，你会发现班会在很短时间内就能顺利进行。随着班会成为班级文化的一部分，每年都会变得越来越顺利。到了第三年，你的最高一级的学生将自然地发挥领导作用，帮助教并示范在班会中学到的技能。

22.如何鼓励孩子为自己在问题中扮演的角色承担责任？

为承担责任营造安全氛围的一个非常有效的方法是，在进行讨论和头脑风暴之前问两个问题：

①有多少人遇到过这个问题（或类似的问题）？
②有多少人造成了这个问题（或类似的问题）？

例如，假设一个学生的问题是大家都不把工作放回原处，这意味着其他人在需要时会找不到。在要求讨论之前，老师可以简单地问：

有多少人因为一个教具没有被放回原处而很难找到？
有多少人忘记把教具放回原处？

学生们用举手来回答。当学生听到这两个问题时，他们就知道犯错误是没关系的。老师问完这两个问题后，学生们通常会坦率地分享他们是否遇到过这样的问题，或造成过这样的问题。

23.所有的问题都需要进行讨论和头脑风暴吗？

不需要。有时候，学生可能只是想给全班提个醒或提个要求。例如，如果学生很难找到铅笔用，可以提这样的要求：我放学后扫地时，在架子下面发现了铅笔。我注意到有些人在需要铅笔时却很难找到。我想请大家在完成工作后把铅笔放回物料架。

学生在分享自己的问题时,老师或学生主持人可以问:你是需要解决问题的帮助,还是想提个要求或者给大家提个醒?

问题讨论

1. 作为大人，当你参与做出对你和周围环境／情况有影响的决策时，你有什么感受？
2. 你曾经为那种为组织或部门做所有决定而不让受影响的人参与的人工作过吗？在那种环境下工作是什么感觉？
3. 你认为在开班会的过程中，可能会遇到哪些障碍？用头脑风暴想出有助于克服其中一些障碍的想法。
4. 你认为一天中哪个时间最适合你们班开班会？一周中哪几天最适合？
5. 练习活动：假装你是一名学生，和几位老师一起从头到尾练习开几次班会。讨论一下这个经历。作为学生参加班会是什么感觉？成为班级的一分子会有什么感觉？你对自己在教室里的行为可能会做出什么决定？

结束语

追求进步，而非完美

你在本书中读到的故事都是真实的。它们生动地说明了如何成功地应用正面管教工具。其中许多故事也说明了我们很多人在解决实际问题的道路上所犯的常见错误。正面管教的基本原则之一是孩子们在一个把错误当作学习机会的环境中会茁壮成长。大人亦是如此。

我们都会在教室里遇到不良行为；这是每年我们在开学第一天欢迎学生时肯定会发生的事情。可以肯定的另外一件事情是，无论我们从事蒙台梭利教学或践行正面管教多久，我们都会在应对不良行为时犯错。我们面对的是人类的行为，而人类的行为是混乱的；没有人能够完美地处理每一种情形。然而，好消息是，我们面对的挑战和不完美不一定会让我们丧失信心。如果我们有一个明确定义的管教方法，能反映我们所有孩子（和大人）都应得到尊严和尊重的对待的信念，那么这些挑战和不完美就可以成为我们最好的老师。这种方法在全球很多蒙台梭利学校中都很有效，而且我们希望本书中的工具和原则能够帮助你实施这种方法。

正面管教的工具和原则并不是技巧。我们的管教方法实际上是一种培养健康和尊重的关系的方法，它基于玛利亚·蒙台梭利和阿尔弗雷德·阿德勒所倡导并经过神经科学验证的人类行为的既定准则。正面管教是我们在创建班集体的道路上取得进展的指南，在这个班集体里，孩子和大人都能找到归属感和价值感并发现自己多么能干。

当你开始在你的班级或学校使用正面管教时，我们想给你一些鼓励和建议。

1. **你并不孤单**。作为蒙台梭利教育者，管理学生行为的工作可能是最困难也最重要的任务。这是一个我们所有人都会遇到困难的领域。即使是经验最丰富的老师也会被一个难以打交道的班级弄得措手不及，让他们觉得好像自己又是新手上路。
2. **正面管教技能是可以教授和学习的**。你并不需要"魔法粉"，也不需要生来就具备这些技能。这些工具实用、容易获得、有效，而且它们与蒙台梭利的信念和实践相一致。好消息是，和蒙台梭利教育一样，正面管教已被成功使用和检验了几十年。
3. **慢慢开始**。从那些对你有意义而且你觉得舒服的工具开始。继续复习本书中的原则和工具，并且在你感到舒适和获得成功时实施更多。
4. **使用错误目的表**（见第36~37页）。这是与正面管教保持

"连接"的最佳方法之一，因为行为背后的信念非常重要。可以把错误目的表放在剪贴板上，并随身携带。找出你班上行为不当的孩子的错误目的，以便你能有效地对他们做出回应和鼓励。

5. **要有犯错误的勇气**。一些工具和技能一开始可能会让你感到不舒服或反直觉。发展新技能需要时间，尤其是那些挑战我们改变自己行为的技能。当你刚开始将正面管教工具付诸实践时，你会取得一些成功。你也会遇到一些挑战。这没关系。要给自己足够的空间去学习和犯错误。任何值得做的事情都值得不完美地去做。记住，不是每一种工具每一次对每一个孩子都有效。要不断练习。练习带来进步，对学生和老师来说都是如此。

6. **不要把婴儿和洗澡水一起倒掉**。当老师们开始在班级里实施正面管教，他们会发现立刻就取得了一些成功，因为合作和协作增加了。然后，几周后，事情往往变得更糟，而不是更好。学生们开始反击。这个时候很容易变得丧失信心，并且像谚语说的那样，把婴儿和洗澡水一起倒掉，回到一开始不起作用的老方法。要避免这种诱惑，并且不要担心，这种临时倒退是意料之中的。当老师对他们的互动方式做出积极改变时，学生们一开始会做出积极的回应。然后，学生们就开始试探界限；经过试探的界限才是界限。学生们想知道大人会做到前后一致，言行一致。所以不要放弃。要相信这个过程。在使用本书中的工具时，要始终如一地保持和善而坚定。当学生们体验到你前后一致，他们就会感到安全，并且他们也会再次合作和协作。

7. **当心是什么在起作用**。我们都有一些非正面管教的"工具"，它们当下有效，能在短期内控制住孩子们或局面。然而，控制虽然可能在当时"奏效"，但很少长期有效，而且无法让孩子形成自我管理能力。正面管教工具长期有效，而且它能帮助孩子们培养自我管理、独立、合作、尊重和承担责任的能力。

8. **教给别人**。这是加深你对正面管教原则和实践的理解最好的方法之一。可以通过分享错误目的表和分享你的成功经验来帮助同事。可以教助教了解沉默的力量。可以向父母展示如何使用"坚持到底的4个步骤"来和孩子达成约定。

9. **照顾好自己**。"自我关爱"得到这么多广播宣传，以至于它在老师中成了一个笑话，尤其是我们这些喜欢讽刺的人。这并不影响它的功效。睡个好觉，早上花点时间安静一下，或跑跑步/散散步，可能是你在任何一天中给学生（和自己）的最大礼物。

10. **参加一个工作坊**。毫无疑问，学习正面管教的原则和实践的最好方法，就是亲身体验。你可以访问www.chipdelorenzo.com，了解专门为蒙台梭利教育工作者、父母和学校举办的即将开始的工作坊的信息。可以访问正面管教协会网站（www.positivediscipline.org），了解其他正面管教工作坊和资源的信息。

孩子有能力发展出更美好的人性，并且能给我们提供有形的证据来证明这一可能性。他向我们展示了人类成长的真正过程。随着孩子获得对事物的热爱，而且随着他们内在秩序感、纪律感和自我控制能力的发展，我们看到孩子们完全改变了……孩子既是人类的希望，也是人类的承诺。

——玛利亚·蒙台梭利

《正面管教》

如何不惩罚、不娇纵地有效管教孩子

畅销美国 400 多万册　被翻译为 16 种语言畅销全球
中文版畅销已超 500 万册

自1981年本书第一版出版以来，《正面管教》已经成为管教孩子的"黄金准则"。正面管教是一种既不惩罚也不娇纵的管教方法……孩子只有在一种和善而坚定的气氛中，才能培养出自律、责任感、合作以及自己解决问题的能力，才能学会使他们受益终生的社会技能和人生技能，才能取得良好的学业成绩……如何运用正面管教方法使孩子获得这种能力，就是这本书的主要内容。

简·尼尔森，教育学博士，杰出的心理学家、教育家，加利福尼亚婚姻和家庭执业心理治疗师，美国"正面管教协会"的创始人。曾经担任过10年的有关儿童发展的小学、大学心理咨询教师，是众多育儿及养育杂志的顾问。

[美] 简·尼尔森　著
玉冰　译
北京联合出版公司
定价：38.00 元

《正面管教 A–Z》

日常养育难题的 1001 个解决方案

家庭教育畅销书《正面管教》作者力作
以实例讲解不惩罚、不娇纵管教孩子的"黄金准则"

无论你多么爱自己的孩子，在日常养育中，都会有一些让你愤怒、沮丧的时刻，也会有让你绝望的时候。

你是怎么做的？

本书译自英文原版的第3版（2007年出版），包括了最新的信息。你会从中找到不惩罚、不娇纵地解决各种日常养育挑战的实用办法。主题目录，按照A-Z的汉语拼音顺序排列，方便查找。你可以迅速找到自己面临的问题，挑出来阅读；也可以通读整本书，为将来可能遇到的问题及其预防做好准备。每个养育难题，都包括6步详细的指导：理解你的孩子、你自己和情形，建议，预防问题的出现，孩子们能够学到的生活技能，养育要点，开阔思路。

[美] 简·尼尔森　琳·洛特
　　斯蒂芬·格伦　著
花莹莹　译
北京联合出版公司
定价：45.00 元

《0~3岁孩子的正面管教》

养育0~3岁孩子的"黄金准则"

家庭教育畅销书《正面管教》作者力作

从出生到3岁，是对孩子的一生具有极其重要影响的3年，是孩子的身体、大脑、情感发育和发展的一个至关重要的阶段，也是会让父母们感到疑惑、劳神费力、充满挑战，甚至艰难的一段时期。

正面管教是一种有效而充满关爱、支持的养育方式，自1981年问世以来，已经成为了养育孩子的"黄金准则"，其理论、理念和方法在全世界各地都被越来越多的父母和老师们接受，受到了越来越多父母和老师们的欢迎。

本书全面、详细地介绍了0~3岁孩子的身体、大脑、情感发育和发展的特点，以及如何将正面管教的理念和工具应用于0~3岁孩子的养育中。它将给你提供一种有效而充满关爱、支持的方式，指导你和孩子一起度过这忙碌而令人兴奋的三年。

无论你是一位父母、幼儿园老师，还是一位照料孩子的人，本书都会使你和孩子受益终生。

[美]简·尼尔森
谢丽尔·欧文
罗丝琳·安·达菲 著
花莹莹 译
北京联合出版公司
定价：42.00元

《3~6岁孩子的正面管教》

养育3~6岁孩子的"黄金准则"

家庭教育畅销书《正面管教》作者力作

3~6岁的孩子是迷人、可爱的小人儿。他们能分享想法、显示出好奇心、运用崭露头角的幽默感、建立自己的人际关系，并向他们身边的人敞开喜爱和快乐的怀抱。他们还会固执、违抗、令人困惑并让人毫无办法。

正面管教会教给你提供有效而关爱的方式，来指导你的孩子度过这忙碌并且充满挑战的几年。

无论你是一位父母、一位老师或一位照料孩子的人，你都能从本书中发现那些你能真正运用，并且能帮助你给予孩子最好的人生起点的理念和技巧。

[美]简·尼尔森
谢丽尔·欧文
罗丝琳·安·达菲 著
娟子 译
北京联合出版公司
定价：42.00元

《十几岁孩子的正面管教》

教给十几岁的孩子人生技能

家庭教育畅销书《正面管教》作者力作
养育十几岁孩子的"黄金准则"

度过十几岁的阶段,对你和你的青春期的孩子来说,可能会像经过一个"战区"。青春期是成长中的一个重要过程。在这个阶段,十几岁的孩子会努力探究自己是谁,并要独立于父母。你的责任,是让自己十几岁的孩子为人生做好准备。

问题是,大多数父母在这个阶段对孩子采用的养育方法,使得情况不是更好,而是更糟了……

本书将帮助你在一种肯定你自己的价值、肯定孩子价值的相互尊重的环境中,教育、支持你的十几岁的孩子,并接受这个过程中的挑战,帮助你的十几岁孩子最大限度地成为具有高度适应能力的成年人。

[美]简·尼尔森
琳·洛特 著
尹莉莉 译
北京联合出版公司出版
定价:35.00元

《教室里的正面管教》

培养孩子们学习的勇气、激情和人生技能

家庭教育畅销书《正面管教》作者力作
造就理想班级氛围的"黄金准则"
本书入选中国教育新闻网、中国教师报联合推荐
2014年度"影响教师100本书"TOP10

很多人认为学校的目的就是学习功课,而各种纪律规定应该以学生取得优异的学习成绩为目的。因此,老师们普遍实行的是以奖励和惩罚为基础的管教方法,其目的是为了控制学生。然而,研究表明,除非教给孩子们社会和情感技能,否则他们学习起来会很艰难,并且纪律问题会越来越多。

正面管教是一种不同的方式,它把重点放在创建一个相互尊重和支持的班集体,激发学生们的内在动力去追求学业和社会的成功,使教室成为一个培育人、愉悦和快乐的学习和成长的场所。

这是一种经过数十年实践检验,使全世界数以百万计的教师和学生受益的黄金准则。

[美]简·尼尔森 琳·洛特
斯蒂芬·格伦 著
梁帅 译
北京联合出版公司出版
定价:30.00元

《正面管教教师指南 A-Z》

教室里行为问题的 1001 个解决方案

家庭教育畅销书《正面管教》作者力作
以实例讲解造就理想班级氛围的"黄金准则"

[美] 简·尼尔森
琳达·埃斯科巴
凯特·奥托兰
罗丝琳·安·达菲
黛博拉·欧文－索科奇 著
郑淑丽 译
北京联合出版公司出版
定价：55.00 元

本书包括两个部分：

第一部分，介绍的是正面管教的基本原理和基本方法，包括鼓励、错误目的、奖励和惩罚、和善而坚定、社会责任感、分派班级事务、积极的暂停、特别时光、班会，等等。

第二部分，是教室里常见的各种行为问题及其处理方法，按照A-Z的汉语拼音顺序排列，以方便查找。你可以迅速找到自己面临的问题，有针对性地阅读，立即解决自己的难题；也可以通读本书，为将来可能遇到的问题及其预防做好准备。

每个行为问题及其解决，基本都包括5个部分：
- 讨论。就一个具体行为问题出现的情形及原因进行讨论。
- 建议。依据正面管教的理论和原则，给出解决问题的建议。
- 提前计划，预防未来的问题。着眼于如何预防问题的发生。
- 用班会解决问题。老师和学生们用班会解决相应问题的真实故事。
- 激发灵感的故事。老师和学生们用正面管教工具解决相关问题的真实故事。

《正面管教教师工具》

造就理想班级氛围的有效工具
让学生掌握社会——情感技能、
取得学业成功的 44 种有效方法

家庭教育畅销书《正面管教》作者力作

[美] 简·尼尔森
凯莉·格夫洛埃尔 著
胡海霞 胡美艳 译
北京联合出版公司出版
定价：45.00 元

如何处理学生的不良行为，是教师们经常会遇到的一个巨大挑战。他们通常的做法是惩罚不良行为，奖励好行为。然而，研究表明，无论惩罚还是奖励，都会降低学生的内在动力、合作精神、自控力，以及独立解决问题的能力。

在本书中，作者将以阿德勒心理学为基础的正面管教方法，具体化为教师们在日常教学中可以实际应用的44个工具，每个工具都有具体的说明和世界各地的教师运用该工具解决问题的实例，以及心理学和各种研究的依据。帮助老师们不惩罚、不娇纵地有效管教班级，解决班级管理中遇到的各种令人头疼的问题，最终培养出孩子们的自律、责任感、合作以及自己解决问题的能力，并取得学业的成功。

《正面管教教师工具卡》

教室管理的52个工具

家庭教育畅销书《正面管教》作者力作

该套卡片是将《正面管教》在教室里的运用,以卡片的形式呈现出来。在每张卡片上有对应工具的简要介绍,以及具体的使用方法和相关示例,在卡片后还配有一副形象而生动的插图。

该套卡片既适合教师单独集中时间学习,也适合与其他教师共同讨论。既可以放置于办公桌上,也可以随身携带,随时使用。它是尼尔森博士为教师量身定制的"工具百宝箱"。

[美] 简·尼尔森
　　　凯莉·格夫洛埃尔
　　　阿伦·巴考尔
　　　比尔·肖尔 著
张宏武 译
北京联合出版公司出版
定价:35.00元

《正面管教养育工具》

赋予孩子力量、培养孩子能力的49种有效方法

家庭教育畅销书《正面管教》作者力作
不惩罚、不娇纵养育孩子的有效工具

正面管教是一种不惩罚、不娇纵的管教孩子的方式,是为了培养孩子们的自律、责任感、合作能力,以及自己解决问题的能力,让他们学会受益终生的社会技能和人生技能,并取得良好的学业成绩。

1981年,简·尼尔森博士出版《正面管教》一书,使正面管教的理念逐渐为越来越多的人接受并奉行。如今,正面管教已经成了管教孩子的"黄金准则"。其理念和方法已经传播到将近70个国家和地区,包括美国、英国、冰岛、荷兰、德国、瑞士、法国、摩洛哥、西班牙、墨西哥、厄瓜多尔、哥伦比亚、秘鲁、智利、巴西、加拿大、中国、埃及、韩国。由简·尼尔森博士作为创始人的"正面管教协会",如今已经有了法国分会和中国分会。

本书对经过多年实际检验的49个最有效的正面管教养育工具作了详细介绍。

[美] 简·尼尔森
　　　玛丽·尼尔森·坦博斯基
　　　布拉德·安吉 著
花莹莹 杨森 张丛林 林展 译
北京联合出版公司出版
定价:42.00元

《单亲家庭的正面管教》

让单亲家庭的孩子健康、快乐、茁壮成长

家庭教育畅销书《正面管教》作者力作
单亲父母养育孩子的"黄金准则"

单亲家庭不是"破碎的家庭",单亲家庭的孩子也不是注定会失败和令人失望的,有了努力、爱和正面管教养育技能,单亲父母们就能够把自己的孩子培养成有能力的、满足的、成功的人,让单亲家庭成为平静、安全、充满爱的家,而单亲父母自己也会成为一位更健康、平静的父母——以及一个更快乐的人。

《单亲家庭的正面管教》是家庭教育畅销书《正面管教》作者简·尼尔森的又一力作。自从《正面管教》于1981年出版以来,正面管教理念已经成为养育孩子的"黄金准则",让全球数以百万计的父母、孩子、老师获益。

《单亲家庭的正面管教》是简·尼尔森博士与另外两位作者详细介绍如何将正面管教的理念和工具用于单亲家庭的一部杰作。

[美] 简·尼尔森 谢丽尔·欧文
卡萝尔·德尔泽尔 著
杨森 张丛林 林展 译
北京联合出版公司
定价: 37.00元

《特殊需求孩子的正面管教》

帮助孩子学会有价值的社会和人生技能

家庭教育畅销书《正面管教》作者力作

每一个孩子都应该有一个幸福而充实的人生。特殊需求的孩子们有能力积极成长和改变。

运用正面管教的理念和工具,特殊需求的孩子们就能够培养出一种越来越强的能力,为自己的人生承担起责任。在这个过程中,他们会与自己的家里、学校里和群体里的重要的人建立起深入的、令人满意的、合作的关系,从而实现自己的潜能。

[美] 简·尼尔森 史蒂文·福斯特
艾琳·拉斐尔 著
甄颖 译
北京联合出版公司
定价: 32.00元

《正面管教工具卡》

提高养育技能的 52 张卡片

家庭教育畅销书《正面管教》作者力作

该套卡片是将《正面管教》在实际中的运用，以卡片的形式呈现出来。在每张卡片上有对相应工具的简要介绍，以及具体的使用办法和相关示例，在卡片上还配有一幅形象而生动的插图。

1981年，简·尼尔森博士出版《正面管教》一书，使正面管教的理念逐渐为越来越多的人接受并奉行。如今，正面管教已经成了管教孩子的"黄金准则"。其理念和方法已经传播到将近70个国家和地区，包括：美国、英国、冰岛、荷兰、德国、瑞士、法国、摩洛哥、西班牙、墨西哥、厄瓜多尔、哥伦比亚、秘鲁、智利、巴西、加拿大、中国、埃及、韩国。

[美] 简·尼尔森
　　艾德里安·加西亚　著
[美] 葆拉·格雷　绘
张宏武　译
定价：35.00 元

《孩子，把你的手给我》

与孩子实现真正有效沟通的方法

畅销美国 500 多万册的教子经典，以 31 种语言畅销全世界彻底改变父母与孩子沟通方式的巨著

本书自2004年9月由京华出版社自美国引进以来，仅依靠父母和老师的口口相传，就一直高居当当网、卓越网的排行榜。

吉诺特先生是心理学博士、临床心理学家、儿童心理学家、儿科医生；纽约大学研究生院兼职心理学教授、艾德尔菲大学博士后。吉诺特博士的一生并不长，他将其短短的一生致力于儿童心理的研究以及对父母和教师的教育。

父母和孩子之间充满了无休止的小麻烦、阶段性的冲突，以及突如其来的危机……我们相信，只有心理不正常的父母才会做出伤害孩子的反应。但是，不幸的是，即使是那些爱孩子的、为了孩子好的父母也会责备、羞辱、谴责、嘲笑、威胁、收买、惩罚孩子，给孩子定性，或者对孩子唠叨说教……当父母遇到需要具体方法解决具体问题时，那些陈词滥调，像"给孩子更多的爱"、"给她更多关注"或者"给他更多时间"是毫无帮助的。

多年来，我们一直在与父母和孩子打交道，有时是以个人的形式，有时是以指导小组的形式，有时以养育讲习班的形式。这本书就是这些经验的结晶。这是一个实用的指南，给所有面临日常状况和精神难题的父母提供具体的建议和可取的解决方法。

——摘自《孩子，把你的手给我》一书的"引言"

[美] 海姆·G·吉诺特　著
张雪兰　译
北京联合出版公司
定价：32.00 元

《孩子，把你的手给我（Ⅱ）》

与十几岁孩子实现真正有效沟通的方法

《孩子，把你的手给我》作者的又一部巨著
彻底改变父母与十几岁孩子的沟通方式

本书是海姆·G·吉诺特博士的又一部经典著作，连续高踞《纽约时报》畅销书排行榜25周，并被翻译成31种语言畅销全球，是父母与十几岁孩子实现真正有效沟通的圣经。

十几岁是一个骚动而混乱、充满压力和风暴的时期，孩子注定会反抗权威和习俗——父母的帮助会被怨恨，指导会被拒绝，关注会被当做攻击。海姆·G·吉诺特博士就如何对十几岁的孩子提供帮助、指导，与孩子沟通提供了详细、有效、具体、可行的方法。

[美] 海姆·G·吉诺特 著
张雪兰 译
北京联合出版公司
定价：26.00元

《孩子，把你的手给我（Ⅲ）》

老师与学生实现真正有效沟通的方法

《孩子，把你的手给我》作者最后一部经典巨著
以31种语言畅销全球
彻底改变老师与学生的沟通方式
美国父母和教师协会推荐读物

本书是海姆·G·吉诺特博士的最后一部经典著作，彻底改变了老师与学生的沟通方式，是美国父母和教师协会推荐给全美教师和父母的读物。

老师如何与学生沟通，具有决定性的重要意义。老师们需要具体的技巧，以便有效而人性化地处理教学中随时都会出现的事情——令人烦恼的小事、日常的冲突和突然的危机。在出现问题时，理论是没有用的，有用的只有技巧，如何获得这些技巧来改善教学状况和课堂生活就是本书的主要内容。

书中所讲述的沟通技巧，不仅适用于老师与学生、家长与孩子之间的交流，而且也可以灵活运用于所有的人际交往中，是一种普遍适用的沟通技巧。

[美] 海姆·G·吉诺特 著
张雪兰 译
北京联合出版公司
定价：35.00元

《如何培养孩子的社会能力》

教孩子学会解决冲突和与人相处的技巧

简单小游戏　成就一生大能力
美国全国畅销书（The National Bestseller）
荣获四项美国国家级大奖的经典之作
美国"家长的选择（Parents'Choice Award）"图书奖

[美] 默娜·B. 舒尔
特里萨·弗伊·
迪吉若尼莫　著
张雪兰　译
北京联合出版公司
定价：30.00 元

社会能力就是孩子解决冲突和与人相处的能力，人是社会动物，没有社会能力的孩子很难取得成功。舒尔博士提出的"我能解决问题"法，以教给孩子解决冲突和与人相处的思考技巧为核心，在长达30多年的时间里，在全美各地以及许多其他国家，让家长和孩子们获益匪浅。与其他的养育办法不同，"我能解决问题"法不是由家长或老师告诉孩子怎么想或者怎么做，而是通过对话、游戏和活动等独特的方式教给孩子自己学会怎样解决问题，如何处理与朋友、老师和家人之间的日常冲突，以及寻找各种解决办法并考虑后果，并且能够理解别人的感受。让孩子学会与人和谐相处，成长为一个社会能力强、充满自信的人。

默娜·B.舒尔博士，儿童发展心理学家，美国亚拉尼大学心理学教授。她为家长和老师们设计的一套"我能解决问题"训练计划，以及她和乔治·斯派维克（George Spivack）一起所做出的开创性研究，荣获了一项美国心理健康协会大奖、三项美国心理学协会大奖。

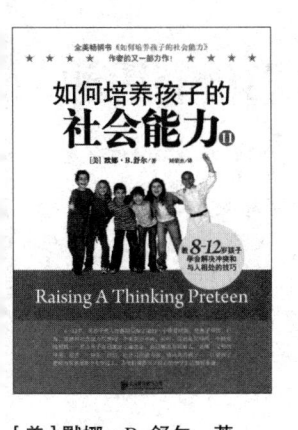

《如何培养孩子的社会能力（II）》

教 8~12 岁孩子学会解决冲突和与人相处的技巧

全美畅销书《如何培养孩子的社会能力》作者的又一部力作！
让怯懦、内向的孩子变得勇敢、开朗！
让脾气大、攻击性强的孩子变得平和、可亲！
培养一个快乐、自信、社会适应能力强、情商高的孩子

[美] 默娜·B. 舒尔　著
刘荣杰　译
北京联合出版公司
定价：35.00 元

8~12岁，是孩子进入青春期反叛之前的一个重要时期，是孩子身体、行为、情感和社会能力发展的一个重要分水岭。同时，这也是父母的一个极好的契机——教会孩子自己做出正确决定，自己解决与同龄人、老师、父母的冲突，培养一个快乐、自信、社会适应能力强、情商高的孩子——以便孩子把精力更多地集中在学习上，为他们期待而又担心的中学生活做好准备。

本书详细、具体地介绍了将"我能解决问题"法运用于8~12岁孩子的方法和效果。

《如何培养孩子的社会能力（Ⅲ）》
荣获美国4项心理学大奖的"我能解决问题"法在107个情景中的运用

教孩子学会解决冲突和与人相处的技巧

这是全美畅销书《如何培养孩子的社会能力》作者默娜·B.舒尔博士的又一部力作。在本书中，舒尔博士将荣获美国4项心理学大奖的"我能解决问题"法运用到孩子生活中的107个重要情景，围绕处理感受、处理并预防问题、在家里培养孩子与人相处的能力、培养人生技能四个主题，向父母们介绍如何培养孩子解决冲突和与人相处的能力和技巧。

社会能力就是孩子解决冲突和与人相处的能力，人是社会动物，没有社会能力的孩子很难取得成功。

舒尔博士提出的"我能解决问题"法，以教给孩子解决冲突和与人相处的思考技巧为核心，在长达30多年的时间里，在美国各地以及世界其他国家，让家长和孩子们获益匪浅。

[美] 默娜·B.舒尔 著
陆新爱 译
北京联合出版公司
定价：50.00元

《培养孩子大能力的210个活动》
让孩子具备在学校和人生中取得成就的品质

畅销美国30余万册 被4000多所幼儿园和小学采用

这是一本实用的家庭教育指南，专门为3~12岁的孩子设计，通过210个简单易行、有用有趣的活动，让孩子具备在学校和人生中取得成就的12种大能力：自信、积极性、努力、责任感、首创精神、坚持不懈、关爱、团队协作、常识、解决问题、专注、尊重。

美国前国务卿希拉里·克林顿、美国儿童权益保护协会创始人兼会长阿诺德·菲格、耶鲁大学心理学教授爱德华·齐格勒博士等权威人士人对本书赞誉有加。自出版以来，本书已经在美国卖出30多万册，被4000多所幼儿园和小学采用。

[美] 多萝茜·里奇 著
蒋玉国 陈吟静 译
北京联合出版公司
定价：45.00元

《孩子的心理急救》

及时解决孩子的焦虑、恐惧和担忧等问题
避免造成长期而严重的后果

孩子可能会因为各种原因而遭受焦虑、恐惧、不安等心理困扰，他们可能害怕考试、拒绝上学、担心被霸凌、怕看病、怕打针、怕蛇、怕蜘蛛、怕坐飞机……甚至焦虑到睡不着觉！

这些问题如果得不到及时解决，可能会造成很多长期且严重的后果：情感发育迟滞，社交活动受阻，学业受到影响，甚至影响孩子成年之后……

英国心理治疗师艾丽西亚·伊顿自2004年起就在伦敦著名的哈利街开设心理诊所，专门帮助孩子们解决心理问题。

她把临床工作中经常使用的积极心理学、认知行为疗法、正念疗法、心理感觉疗法、催眠疗法和神经语言程序学等领域的治疗技术简化为父母们也能操作的技巧和练习，并通过真实案例展示她帮助孩子们摆脱焦虑、恐惧和不安的过程，以便父母和孩子们学习和掌握。

只要按照步骤操作，任何人都可以在第一时间帮助孩子缓解心理问题，让孩子更平静、更快乐、适应力更强，进而更轻松地应对日常生活中的压力。

另外，这些技巧和练习对成年人同样有效。

[英] 艾丽西亚·伊顿 著
美同 译
北京联合出版公司
定价：39.00 元

《5分钟亲子游戏》

5分钟，玩什么？怎么玩？
用游戏高质量陪伴孩子的童年

想陪孩子玩，却总也抽不出时间？不知道该陪孩子玩什么？

翻开这本书，只需5分钟，你就能准备好一个简单又好玩的小游戏，陪孩子尽情玩个够！

这是国际知名游戏设计达人"5分钟妈妈"黛西·厄普顿专门为1-5岁孩子设计的小游戏。

所有游戏取材简单，上手容易，准备和收拾都不超过5分钟，再忙碌的父母也能高质量地陪伴孩子！

游戏设计贴合孩子的发展阶段，可以培养孩子的好奇心和想象力，增强孩子的身体素质，还能让孩子在潜移默化中学拼读、认数字！

游戏还非常实用，可以教孩子轮流玩、寻求帮助等与人打交道的社会技能，和上厕所、穿衣服等生活技能！

让游戏陪伴孩子的童年，让欢乐成为亲子关系的底色。

[英] 黛西·厄普顿 著
美同 译
北京联合出版公司
定价：89.00 元

《如何读懂孩子的行为》

理解并解决孩子各种行为问题的方法

孩子为什么不好好吃、不好好睡？为什么尿床、随地大便？为什么说脏话？为什么撒谎、偷东西、欺负人？为什么不学习？……这些行为，都是孩子在以一种特殊的方式与父母沟通。

当孩子遇到问题时，他们的表达方式十分有限，往往用行为作为与大人沟通的一种方式……如何读懂孩子这些看似异常行为背后真实的感受和需求，如何解决孩子的这些问题，以及何时应该寻求专业帮助，就是本书的主要内容。

安吉拉·克利福德–波斯顿（Andrea Clifford-Poston），教育心理治疗师、儿童和家庭心理健康专家，在学校、医院和心理诊所与孩子和父母们打交道30多年；她曾在查林十字医院（Charing Cross Hospital，建立于1818年）的儿童发展中心担任过16年的主任教师，在罗汉普顿学院（Roehampton Institute）担任过多年音乐疗法的客座讲师，她还是《泰晤士报》"父母论坛"的长期客座专家，为众多儿童养育畅销杂志撰写专栏和文章，包括为"幼儿园世界（Nursery World）"撰写了4年专栏。

[美] 安吉拉·克利福德–波斯顿 著
王俊兰 译
北京联合出版公司
定价：32.00 元

《孩子是如何学习的》

畅销美国200多万册的教子经典，以14种语言畅销全世界

孩子们有一种符合他们自己状况的学习方式，他们对这种方式运用得很自然、很好。这种有效的学习方式会体现在孩子的游戏和试验中，体现在孩子学说话、学阅读、学运动、学绘画、学数学以及其他知识中……对孩子来说，这是他们最有效的学习方式……

约翰·霍特（1923～1985），是教育领域的作家和重要人物，著有10本著作，包括《孩子是如何失败的》、《孩子是如何学习的》、《永远不太晚》、《学而不倦》。他的作品被翻译成14种语言。《孩子是如何学习的》以及它的姊妹篇《孩子是如何失败的》销售超过两百万册，影响了整整一代老师和家长。

[美] 约翰·霍特 著
张雪兰 译
北京联合出版公司
定价：30.00 元

《帮助你的孩子爱上阅读》

0～16岁亲子阅读指导手册

没有阅读的童年是贫乏的——孩子将错过人生中最大的乐趣之一,以及阅读带来的巨大好处。

阅读不但是学习和教育的基础,而且是孩子未来可能取得成功的一个最重要的标志——比父母的教育背景或社会地位重要得多。这也是父母与自己的孩子建立亲情心理联结的一种神奇方式。

帮助你的孩子爱上阅读,是父母能给予自己孩子的一份最伟大的礼物,一份将伴随孩子一生的爱的礼物。

这是一本简单易懂而且非常实用的亲子阅读指导手册。作者根据不同年龄的孩子的发展特征,将0～16岁划分为0～4岁、5～7岁、8～11岁、12～16岁四个阶段,告诉父母们在各个年龄阶段应该如何培养孩子的阅读习惯,如何让孩子爱上阅读。

[美]爱丽森·戴维 著
宋苗 译
北京联合出版公司
定价:26.00元

《从出生到3岁》

婴幼儿能力发展与早期教育权威指南

畅销全球数百万册,被翻译成11种语言

没有任何问题比人的素质问题更加重要,而一个孩子出生后头3年的经历对于其基本人格的形成有着无可替代的影响……本书是唯一一本完全基于对家庭环境中的婴幼儿及其父母的直接研究而写成的,也是惟一一本经过大量实践检验的经典。本书将0~3岁分为7个阶段,对婴幼儿在每一个阶段的发展特点和父母应该怎样做以及不应该做什么进行了详细的介绍。

本书第一版问世于1975年,一经出版,就立即成为了一部经典之作。伯顿·L.怀特基于自己37年的观察和研究,在这本详细的指导手册中描述了0~3岁婴幼儿在每个月的心理、生理、社会能力和情感发展,为数千万名家长提供了支持和指导。现在,这本经过了全面修订和更新的著作包含了关于养育的最准确的信息与建议。

伯顿·L.怀特,哈佛大学"哈佛学前项目"总负责人,"父母教育中心"(位于美国马萨诸塞州牛顿市)主管,"密苏里'父母是孩子的老师'项目"的设计人。

[美]伯顿·L.怀特 著
宋苗 译
北京联合出版公司
定价:39.00元

《实用程序育儿法》

宝宝耳语专家教你解决宝宝喂养、睡眠、情感、教育难题

《妈妈宝宝》、《年轻妈妈之友》、《父母必读》、"北京汇智源教育"联合推荐

[美] 特蕾西·霍格
　　梅林达·布劳　著
北京联合出版公司
定价：42.00 元

　　本书倡导从宝宝的角度考虑问题，要观察、尊重宝宝，和宝宝沟通——即使宝宝还不会说话。在本书中，作者集自己近30年的经验，详细解释了0~3岁宝宝的喂养、睡眠、情感、教育等各方面问题的有效解决方法。

　　特蕾西·霍格（Tracy Hogg）世界闻名的实战型育儿专家，被称为"宝宝耳语专家"——她能"听懂"婴儿说话，理解婴儿的感受，看懂婴儿的真正需要。她致力于从婴幼儿的角度考虑问题，在帮助不计其数的新父母和婴幼儿解决问题的过程中，发展了一套独特而有效的育儿和护理方法。

　　梅林达·布劳，美国《孩子》杂志"新家庭（New Family）专栏"的专栏作家，记者。

《美国儿科医生育儿百科》

一部不可多得的育儿指南
详细介绍 0~5 岁宝宝的成长、发育、健康和行为

[美] 劳拉·沃尔瑟·内桑森 著
宋苗 译
北京联合出版公司
定价：89.00 元

　　一位执业超过30年的美国儿科医生，一部不可多得的育儿指南，详细介绍0~5岁宝宝的成长、发育、健康和行为。

　　全书共4篇。第1篇是孩子的发育与成长，将0~5岁分为11个阶段，详细介绍各阶段的特点、分离问题、设立限制、日常的发育、健康与疾病、机会之窗、健康检查、如果……怎么办，等等问题。第2篇是疾病与受伤，从父母的角度介绍孩子常见的疾病、受伤与处理方法。第3篇讨论的是父母与儿科医生之间反复出现的沟通不畅的问题，例如免疫接种、中耳炎、对抗行为等。第4篇是医学术语表，以日常语言让父母们准确了解相关医学术语。

以上图书各大书店、书城、网上书店有售。
团购请垂询：010-65868687　13910966237
Email: marketing@tianluebook.com
更多畅销经典图书，请关注天略图书微信公众号"天略童书馆"、天猫商城"天略图书旗舰店"（https://tianluetushu.tmall.com/）及小红书账号"天略图书"。